TRAITÉ COMPLÉMENTAIRE

DE

PHOTOGRAPHIE PRATIQUE

DU MÊME AUTEUR

Traité élémentaire de Photographie pratique, in-18 jésus, 420 pages, 189 figures, broché . . . . **3 fr.**

<small>Principes de la photographie. — Le matériel : choix, essai, entretien. — Surfaces sensibles : plaques, pellicules, papiers, halo, orthochromatisme. — Le laboratoire. — Préparation des bains. — Le sujet : photographie artistique, paysage, portrait, intérieurs, photographie documentaire, reproductions. — L'obtention du négatif : mise au point, temps de pose, développement, éclaircissement, renforcement, affaiblissement. — Le tirage des positifs sur papier : papiers aux sels d'argent à image apparente et à image latente; papiers aux sels de fer et aux sels de platine. — Montage et encadrement des épreuves sur papier. — Choix de formules et recettes.</small>

EN PRÉPARATION

Les applications de la photographie.

TRAITÉ COMPLÉMENTAIRE

DE

PHOTOGRAPHIE PRATIQUE

PAR

G.-H. NIEWENGLOWSKI

OFFICIER DE L'INSTRUCTION PUBLIQUE
PRÉPARATEUR DE CHIMIE A LA FACULTÉ DES SCIENCES DE L'UNIVERSITÉ DE PARIS
PROFESSEUR DE PHOTOGRAPHIE A L'ASSOCIATION PHILOTECHNIQUE
DIRECTEUR DE LA REVUE MENSUELLE « LA PHOTOGRAPHIE »

La photographie sans objectif. — Les objectifs anachromatiques. — Les procédés pigmentaires : photogrammes par saupoudrage; émaux photographiques; photogrammes en relief; papiers au charbon à couche épaisse et à couche mince; gomme bichromatée; ozotypie. — Montage à sec des photogrammes. — Photogrammes positifs sur verre. — Examen des photographies. — Photographie panoramique. — Photographie stéréoscopique. — Projections. — Agrandissements. — Photographie directe et indirecte des couleurs. — Choix de formules et recettes.

PARIS
GARNIER FRÈRES, LIBRAIRES-ÉDITEURS
6, RUE DES SAINTS-PÈRES, 6

1906

CHAPITRE I

La photographie sans objectif ou sténopéphotographie

1. — Nous avons vu, dans le *Traité élémentaire de photographie pratique*[1], que, si on perce une petite ouverture dans la paroi antérieure d'une caisse formant chambre noire, on voit l'image des objets extérieurs se peindre sur la paroi opposée (*fig.* 1).

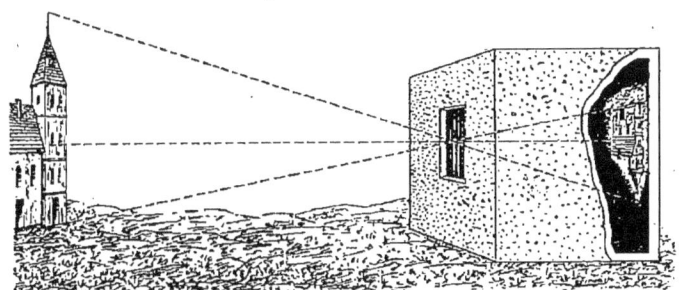

Fig. 1.

L'image est d'autant plus nette que l'ouverture est plus petite; pour que l'image d'un point produise sur notre œil la sensation d'un point, il faut que la tache lumineuse produite sur la paroi par le faisceau lumineux qu'il envoie à l'intérieur de la chambre noire ait des dimensions ne dépassant pas celles de

---

1. *Traité élémentaire de Photographie pratique*, **1**, p. 1.

la *surface de diffusion tolérée* [1]. Pour qu'il en soit ainsi, le diamètre de l'ouverture doit être de l'ordre du dixième de millimètre ; une telle ouverture laisse passer une quantité de lumière beaucoup trop faible pour pouvoir impressionner notre rétine ; mais elle est suffisante pour impressionner les surfaces sensibles que l'on emploie en photographie, grâce à la propriété que possèdent ces surfaces sensibles d'additionner en quelque sorte les impressions reçues.

Si l'image est d'autant plus nette que l'ouverture est plus étroite [2], on ne peut utiliser une ouverture dont le diamètre est inférieur à $\frac{3}{10^e}$ de millimètre. Les phénomènes de diffraction — que l'on trouvera décrits dans les traités de physique — interviennent en effet pour troubler l'image.

C'est BERRY qui semble avoir le premier eu l'idée, en 1855, d'enregistrer sur une surface sensible l'image produite par une petite ouverture.

Lord RAYLEIGH et ABNEY, en 1881, ont trouvé que si la distance de l'ouverture à la surface sensible était de 1 mètre, la netteté maxima était obtenue avec une ouverture ayant un diamètre de $0^m,0028$.

MÉHEUX, en 1886, a montré que le trou devait être de forme conique, très ouvert, à bords tranchants, nets et sans stries ; si le trou est cylindrique, la réflexion de la lumière sur les parois du cylindre diminue la netteté des images.

---

1. *Traité élémentaire de Photographie pratique*, **3,** p. 3.
2. L'image est aussi d'autant plus nette que l'écran qui la reçoit est plus loin de l'ouverture, la largeur des taches lumineuses augmentant très lentement avec la distance de l'écran à l'ouverture, l'écartement de deux taches voisines augmentant au contraire proportionnellement à cette distance.

2. — En 1888, le commandant Colson a étudié, théoriquement et expérimentalement, les conditions du maximum de netteté ; de ses recherches il a conclu :

Que *le maximum de netteté doit être obtenu avec une ouverture circulaire, ni trop grande, ni trop petite et que le diamètre donnant ce maximum de netteté doit varier suivant les distances de la surface sensible et de l'objet à l'ouverture* [1].

S'il s'agit d'objets éloignés, étant donnée une ouverture de diamètre d, le tirage F (distance de la surface sensible à l'ouverture) qui donne l'image de netteté maxima, est tel que [2] :

$$\frac{d^2}{F} = 0,00081,$$

---

1. R. Colson, conférence sur la photographie sans objectif, faite, le 27 décembre 1891, au Conservatoire national des Arts et Métiers. On trouvera la démonstration de cette formule dans l'ouvrage de M. Colson sur *la Photographie sans objectif*.

2. En réalité, M. Colson avait indiqué $\frac{d^2}{F} = 0,00081$ parce qu'il prenait pour valeur de la longueur d'onde de la raie g le nombre $0^{mm},00043$; dû à Fresnel ; or M. Mascart a montré que sa valeur est $0^{mm},00040$; c'est en adoptant cette valeur que nous sommes amenés à écrire $\frac{d^2}{F} = 0,00080$ avec M. Ach. Delamarre (*la Photographie*, numéro d'août 1902). Enfin nous ferons remarquer avec M. Delamarre que « les phénomènes de diffraction ne sont pas les seuls à considérer et qu'il n'est point prouvé — bien loin de là même — que leur action soit prépondérante. Il y a lieu, en effet, de tenir compte, dans la plus large mesure, d'une série de phénomènes étudiés par M. Sagnac, le distingué professeur de la Faculté des Sciences de Lille, lors de ses recherches sur les rayons X. Ces phénomènes consistent essentiellement en ce que l'impression en un point d'une couche sensible exposée à des radiations actiniques n'est pas uniquement déterminée par la valeur de l'éclairement réel produit en ce point par la radiation incidente. Elle dépend encore — même en négligeant l'irradiation — d'une certaine action à distance des points de la couche sensible voisins du point considéré. Cette action n'est pas ren-

ce qu'on peut écrire :

$$d^2 = 0,0008\,\text{F}$$

ou :

$$\text{F} = \frac{d^2}{0,0008} = 1250\,d.$$

Pour avoir le tirage de la chambre donnant l'image de netteté maxima, lorsqu'on photographie des objets lointains avec une ouverture de diamètre connu, *il suffit de multiplier* par 1250 *le carré du diamètre de l'ouverture, exprimé en millimètres.*

Si, par exemple, on dispose d'une ouverture de $0^{mm},5$, le tirage donnant l'image plus nette est :

$$0,5 \times 0,5 \times 1250 = 312^{mm},50.$$

S'il s'agit de photographier un objet situé à une distance p de l'ouverture, la formule qui donne le maximum de netteté est :

$$d^2 = \frac{0,0008\,pp'}{p+p'};$$

ou :

$$\frac{d^2}{0,0008} = \frac{pp'}{p+p'};$$

qu'on peut écrire :

$$\frac{1}{1.250\,d^2} = \frac{1}{p} + \frac{1}{p'};$$

---

forçante, comme celle de l'irradiation : elle est destructive. C'est là une loi d'expérience que M. Sagnac a déduite de nombreuses photographies ou radiographies.

« Il peut arriver, par exemple, qu'à la limite de séparation d'une pénombre et d'une région de pleine lumière, un maximum d'impression apparaisse formant une sorte de liseré intérieur qui semble préciser le contour de silhouette et, par conséquent, en augmenter la netteté. »

ou :
$$\frac{1}{p}+\frac{1}{p'}=\frac{1}{F};$$

formule analogue à celle qui relie les distances p et p' de l'objet et de l'image à un objectif.

Une ouverture de diamètre d se comporte donc comme un objectif de distance focale $F = 1.250 d^2$.

Voici les distances focales principales des ouvertures les plus employées :

Diamètres	$\frac{3^{mm}}{10}$	$\frac{4^{mm}}{10}$	$\frac{5^{mm}}{10}$	$\frac{6^{mm}}{10}$	$\frac{7^{mm}}{10}$	$\frac{8^{mm}}{10}$
Distances focales.	112mm	200mm	312mm	450mm	612mm	800mm

Le tableau ci-dessous donne, d'après M. Colson, pour chaque diamètre d, le tirage à employer F, ainsi que le minimum h de la distance à laquelle l'objet doit être placé (distance *hyperfocale*) et au-dessous duquel on doit appliquer la formule générale ; ces quantités sont exprimées en millimètres :

d	F	LIMITES DE F	h
mm.	mm.	mm.	mm.
0,2	50	30 à 50	130
0,3	110	80 à 150	450
0,4	200	150 à 250	1.000
0,5	300	250 à 370	2.000
0,6	440	370 à 520	3.300
0,7	610	520 à 700	4.920
0,8	800	700 à 900	6.200
0,9	1.080	900 à 1.110	11.240
1	1.230	1.100 à 1.360	15.110

3. — Le capitaine Abney, lord Rayleigh et Dallmeyer, par des considérations différentes de celles qui ont servi de base aux calculs de M. Colson, arrivent à la formule :

$$d^2 = 0{,}0016\,F$$

ou

$$F = d^2 \times 625$$

qui donne une valeur moitié pour le tirage de netteté maxima.

d (en millimètres)	COLSON			ABNEY		
	F	Ouverture relative	Temps de pose relatif	F	Ouverture relative	Temps de pose relatif
$\frac{3}{10}$	$11^{cm},11$	$\frac{f}{370}$	4' 27"	$5^{cm},25$	$\frac{f}{174}$	1' 1"
$\frac{4}{10}$	$19^{cm},72$	$\frac{f}{493}$	8' 0"	$9^{cm},26$	$\frac{f}{232}$	1' 45"
$\frac{5}{10}$	$30^{cm},86$	$\frac{f}{617}$	12' 24"	$14^{cm},47$	$\frac{f}{289}$	2' 45"
$\frac{6}{10}$	$44^{cm},44$	$\frac{f}{741}$	17' 55"	$20^{cm},25$	$\frac{f}{336}$	3' 45"

M. G. Isawa a montré que la netteté était sensiblement la même pour les tirages intermédiaires entre la distance focale calculée par Abney et la distance focale calculée par Colson. Le temps de pose étant moindre quand on applique la formule d'Abney, la netteté est moins diminuée par les vibrations de l'appareil.

La formule de M. R. Colson étant seule connue en France, tous les tableaux que nous donnons dans cet ouvrage ont été calculés en partant de cette formule.

4. — Avantages de la photographie sans objectif. — L'emploi d'une petite ouverture pour projeter l'image des objets à reproduire sur la surface sensible présente quelques avantages, que nous énumérons d'après la conférence de M. Colson déjà citée :

« 1° D'abord, caractère de très grande simplicité ; il est inutile d'insister sur ce point bien évident ;

2° L'image d'une ligne droite AB est une ligne droite ab ; car tout point C (*fig.* 2) pris sur AB, fait son image en c dans le plan AOB, c'est-à-dire sur ab.

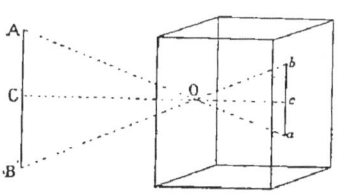

Fig. 2.

Il en résulte que les longues lignes droites des monuments et les longues perspectives sont rendues avec une exactitude mathématique ; il n'y a pas de déformation, même sur les bords du cliché. On sait qu'il n'en est pas ainsi, généralement, avec les objectifs.

Cette propriété peut être utilisée aussi pour les vues stéréoscopiques où l'on recherche l'exactitude de la perspective, et aussi pour la topographie en raison de cette exactitude et de la facilité avec laquelle on peut déterminer le point de vue, qui est le centre de l'ouverture.

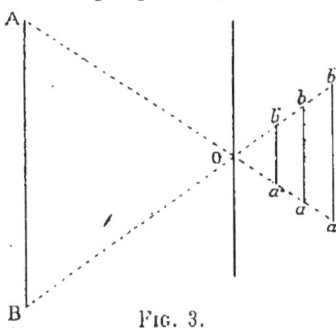

Fig. 3.

3° L'image d'un objet AB (*fig.* 3), placé à une certaine distance de l'ouverture O, ne se fait pas dans une position unique comme avec les objectifs ; elle a lieu en ab ou dans une des positions voisines telle que $a'b'$ ou $a''b''$. On peut ainsi faire varier entre certaines limites la distance de la surface sensible à l'ouverture et, par suite, la grandeur de l'image, puisque ces deux quantités sont proportionnelles.

4° On voit aussi que l'on peut faire varier le champ AOB (*fig. 4*), c'est-à-dire l'angle à l'intérieur duquel sont placés les objets qui forment leurs images sur la surface sensible.

Il en résulte encore que la surface sensible peut prendre soit une forme plane, soit une forme cylindrique, qui convient aux vues panoramiques. Par exemple, les points A, B, C (*fig. 5*) forment leurs images soit en a', b', c', sur une surface plane, soit en a, b, c sur une surface cylindrique qui jouit des propriétés recherchées pour les vues panoramiques; on sait que, dans ce cas, les angles horizontaux sont conservés; l'arc ab est proportionnel à l'angle AOB.

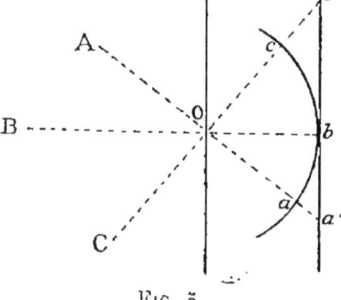

Fig. 5.

4° Les objets placés à des distances très différentes sont également au point. Cette propriété trouve son application dans les cas où l'on a à photographier en même temps des objets très rapprochés et d'autres éloignés.

5° Le champ est très étendu ; il atteint 90° avec une surface sensible plane et 120° avec une surface cylindrique. Le concours de cette propriété et de la précédente donne le moyen d'opérer lorsqu'on est obligé de se placer très près des objets à représenter ; il en est ainsi, en particulier, dans la reproduction de monuments ne laissant en avant d'eux qu'un emplacement étroit.

6° Enfin, le léger flou inhérent au procédé remplace la sécheresse de l'objectif par une harmonie artistique. »

5. — Matériel. — On trouve dans le commerce des plaques de métal percées de trous de divers diamètres, qu'il suffit de visser sur une planchette d'objectif préalablement percée. On donne à ces appareils le nom de *sténopés*. On trouve soit de simples plaques à une seule lumière (*fig.* 6), soit des plaques munies d'une seule ouverture et, en

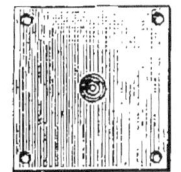

Fig. 6.

outre, d'un trou plus grand, qu'une coulisse permet d'obturer ; ce trou dit *trou viseur* sert à la mise en plaque ; mais le mieux est de se procurer un appareil composé d'une plaque fixe, avec une deuxième plaque rotative en métal à encliquetage d'arrêt, comportant plusieurs ouvertures de diamètres différents, tels que $\frac{3}{10}, \frac{4}{10}, \frac{5}{10}, \frac{6}{10}, \frac{7}{10}$ de millimètres et un trou plus grand, de 1 millimètre, servant de viseur.

Il existe aussi (*fig.* 7 et 8) des appareils pour vues simples et pour vues stéréoscopiques à double plaque rotative. Enfin, sous le nom de sténopé-viseur (*fig.* 9), on trouve des sténopés munis de lentilles placées entre les trous, chacune d'elles ayant la même distance focale qui porte le même numéro; ces lentilles servent à la mise en plaque et à la mise au point.

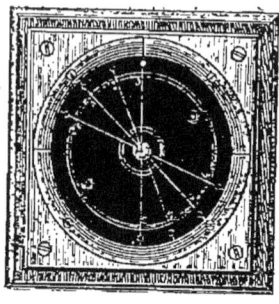 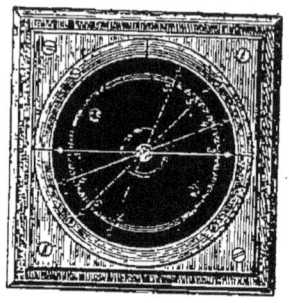

Fig. 7. — Dispositif pour vues simples.   Fig. 8. — Dispositif pour vues stéréoscopiques.

Avec les trous de $\frac{3}{10}$ de millimètre, qui n'exigent qu'un court tirage, on obtient des phototypes contenant un grand nombre d'objets, vus en petit.

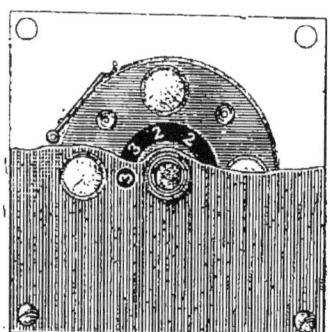

Fig. 9. — Sténopé-viseur.

Si on emploie des ouvertures plus grandes en se servant toujours du même format de surface sensible, comme on devra employer des distances focales plus longues, on obtiendra des images sur lesquelles les objets seront représentés de plus gros en plus gros, avec plus de détails, mais alors en moins grand nombre.

Si donc on voulait obtenir le même champ que celui obtenu au moyen du petit trou de $\frac{1}{10}$ de millimètre, il faudrait employer des surfaces sensibles et par suite une chambre noire d'un format d'autant plus grand.

Le tableau suivant donne les distances focales des principaux sténopés employés et les formats correspondants :

DIAMÈTRES DES TROUS	DISTANCES FOCALES DE CHAQUE TROU	DIAMÈTRE DES CIRCONFÉRENCES COUVERTES	CARRÉS INSCRITS DANS LES CIRCONFÉRENCES	FORMATS CORRESPONDANTS
3/10 de mill.	$0^m,11$	$0^m,22$	$0^m,15\ 1/2$	9×12
4 —	0 ,20	0 ,40	0 ,28	21×27
5 —	0 ,30	0 ,60	0 ,40	30×40
6 —	0 ,44	0 ,88	0 ,60	50×60
7 —	0 ,61	1 ,22	0 ,85	
8 —	0 ,80	1 ,60	1 ,12	
9 —	1 ,00	1 ,00	1 ,40	
1 mill.	1 ,23	2 ,46	1 ,70	
$1^{mm},1/2$	3 ,00	6 ,00	4 ,20	

Au lieu de s'adresser aux sténopés qu'on trouve dans le commerce, on peut en fabriquer soi-même très facilement.

Il suffit de suivre les indications suivantes que nous empruntons à M. Ach. Delamarre :

« Prenez une plaque mince de cuivre ou de zinc ($0^{mm},5$ à 1 millimètre d'épaisseur), et, à l'aide d'une petite fraise, diminuez son épaisseur au centre, de façon à la rendre aussi faible que possible. Cela fait, prenez une bonne aiguille d'acier que vous enfoncerez dans un bouchon de liège ; placez le tout au-dessus du trou que vous avez préparé et donnez un bon coup de marteau ; votre trou sera percé. S'il avait quelques bavures, vous les enlèveriez facilement avec de fine toile d'émeri.

Quel sera son diamètre?... Celui de l'aiguille naturellement? Mais alors comment mesurer le diamètre de l'aiguille? Un fervent du sténopé, M. Combe, va vous l'apprendre : prenez 25 aiguilles du même numéro que celle utilisée pour le percement du trou : étalez-les sur une feuille de papier les unes à côté des autres et mesurez exactement, à l'aide d'un double décimètre, la longueur qu'elles occupent; multipliez cette longueur par quatre, divisez le résultat par 100 et vous aurez le diamètre cherché.

Aucune difficulté ne se présente donc. Pour simplifier encore les manipulations cependant, et éviter le percement de la feuille de cuivre, on a proposé d'utiliser des morceaux de clinquant ; mais les bavures sont alors très délicates à enlever, et un amateur de Bordeaux, M. Malvezin, a eu l'ingénieuse idée d'employer une ouverture carrée, formée de bandes de clinquant découpées aux ciseaux. Voici comment il procède :

On fixe sur une planchette A (*fig.* 10) l'aiguille choisie, de façon qu'elle émerge environ par le milieu; placez par dessus une carte C percée en son centre (au moyen d'un morceau de fer rougi, par exemple) d'une ouverture circulaire D de 1 centimètre de diamètre. Cela fait, dans deux petits rectangles E et E' de clinquant, découpez au milieu de l'un des grands côtés une entaille *e* ou *e'* dont les côtés soient à angle droit, et d'une profondeur de 3 à 4 millimètres. On ne doit avoir aucune bavure. Collez l'un des petits rectangles de

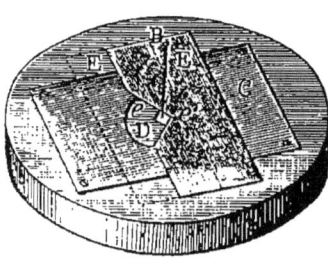

Fig. 10.

clinquant E sur la carte C, au milieu à peu près de l'ouverture D ; approchez l'entaille de l'aiguille de façon que les bords de cette entaille soient tangents au corps de l'aiguille ; enfin placez de même façon le second morceau de clinquant E'. Vous aurez alors une ouverture carrée ayant exactement même diamètre que l'aiguille.

Retirez l'aiguille, au moyen de pinces plates, et avec précaution, afin de ne pas déchirer le clinquant ; puis noircissez le côté de la carte et des feuilles de clinquant qui se trouvera à l'intérieur de la chambre noire ; enfin, pour consolider et protéger le tout, collez, à l'extérieur, un morceau de bristol, au milieu duquel vous aurez enlevé une ouverture circulaire de 2 à 3 millimètres de diamètre.

Voulez-vous, enfin, vous dispenser de construire vous-même le sténopé désiré ?..... Vous trouverez dans le commerce quelques modèles sérieusement construits. Un amateur, ajusteur sur métaux fort adroit, M. J. CABURET, à Héricourt, fabrique des plaquettes contenant une série de trous variés, répartis soit sur une lame rectiligne, soit sur un disque circulaire (*fig.* 11) ; c'est sans idée aucune de réclame que je donne son adresse. Ses sténopés comportent un obturateur d'une enfantine simplicité, que l'examen seul de la figure permet de comprendre. »

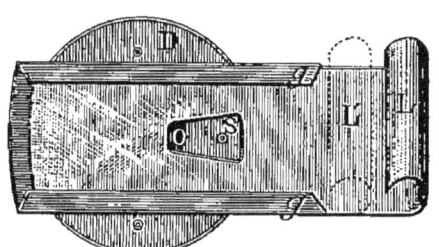

FIG. 11. — Sténopé de M. CABURET.

Le même constructeur a réalisé un sténopé à

ouverture variable qui est très perfectionné : il est formé d'une lame percée d'une ouverture carrée *abc* et munie de glissières G (*fig.* 12). Cette lame est

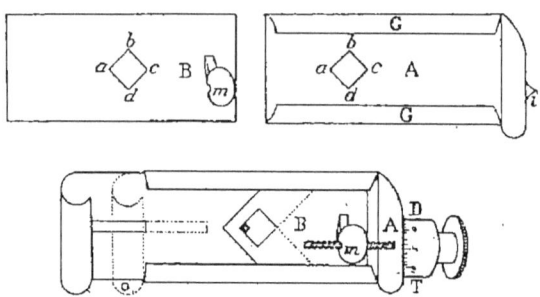

Fig. 12. — Sténopé à ouverture carrée variable de M. Caburet.

fixée sur la planchette d'objectif. Une seconde lame B, portant une ouverture analogue, glisse sur la première,

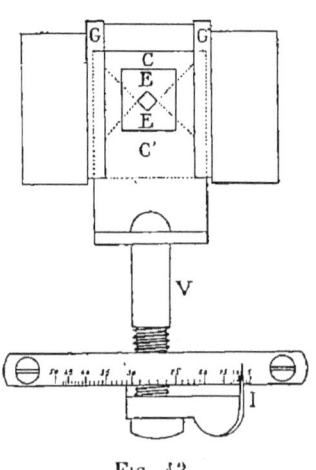

Fig. 13.

guidée par une vis. Celle-ci est munie d'un tambour T portant des divisions de 0 à 50, indiquant les ouvertures en centièmes de millimètres.

Ce sténopé est muni d'un obturateur simplement réalisé au moyen d'une lame de cuivre O, munie d'une fenêtre, qui glisse par dessus la plaque B.

M. Malvezin a décrit un modèle intéressant, basé sur le même principe que celui proposé antérieurement par M. Boles. Son sténopé, à ouverture carrée variable, est essentiellement constitué par une plaque de métal, bien plane C, percée en son centre d'une ouverture circulaire de 8 millimètres de diamètre (*fig.* 13 et 14); elle est fixée, au moyen de vis, sur la planchette de l'appareil, et sert de support à la lamelle de clinquant fixe E, découpée en V sur l'un de ses bords; une autre plaque mobile C', porte une lamelle de clinquant E', qui peut se superposer à la précédente, mais

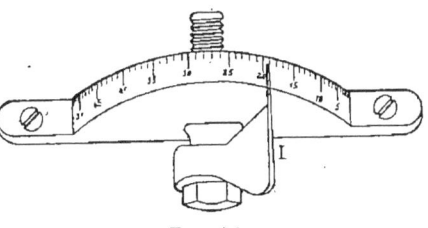

Fig. 14.

dont l'ouverture en V est taillée en sens contraire de façon à réaliser l'ouverture carrée désirée. La plaque mobile C' est guidée dans son déplacement, par les glissières G, G' formées par les bords rabattus de la plaque C. Ce déplacement est produit par une vis V, au pas de 1 millimètre dont la tête est solidaire de la lame mobile C', et qui tourne dans un demi-cercle (taraudé au même pas), qui est fixé sur la planchette d'appareil; un index I se déplace en même temps que la vis le long de ce cercle gradué et indique en centièmes de millimètre l'ouverture correspondante.

L'appareil peut donner toutes les ouvertures comprises entre 0 et 50 centièmes de millimètre, ce qui paraît suffisant pour une chambre touriste ordinaire.

6. — Temps de pose. — Il est assez difficile de donner des indications précises sur le temps de pose, celui-ci dépendant dans la photographie sans objectif comme dans la photographie avec objectif d'un très grand nombre de facteurs[1]. On ne peut guère donner qu'une idée de son ordre de grandeur. C'est ainsi qu'avec une ouverture sténopéique de $\frac{5}{10^e}$ de millimètres, un tirage de 30 centimètres (distance focale de cette ouverture), il faut environ pour enregistrer l'image sur plaque LUMIÈRE étiquette bleue.

Lointains	4 à 5 sec.
Objets clairs moins éloignés	10 à 15 —
Premiers plans éclairés	1 à 2 minutes
Premiers plans moins éclairés	4 à 5 —
Reproduction de gravures, à échelle égale.	15 —

Si on emploie des plaques LUMIÈRE *sigma*, le tiers des temps ci-dessus suffit.

Il est d'ailleurs facile de calculer les temps de pose relatifs aux diverses ouvertures et aux divers tirages, connaissant le temps de pose pour une ouverture et un tirage donné.

Supposons qu'avec une plaque LUMIÈRE *Sigma*, un sténopé de $\frac{3}{10}$ millimètres, avec un tirage de 10 centimètres exige une pose de 2 secondes pour obtenir une image complète sur les mêmes plaques avec un sténopé de $\frac{7}{10}$ et un tirage de 61 centimètres.

1° Nous calculerons d'abord quel doit être le temps de pose pour une ouverture de $\frac{3}{10}$ de millimètre et un tirage de 61 centimètres.

---

[1]. G.-H. NIEWENGLOWSKI, *Traité élémentaire de photographie pratique*, 112, p. 197.

La quantité de lumière reçue par la plaque étant en raison inverse du carré de la distance, le temps de pose doit être en raison directe du carré des distances. Il faut donc multiplier le temps de pose avec un tirage de 10 centimètres par le rapport

$$\frac{61^2}{10^2} = \frac{3724}{100} = 37,$$

en négligeant les chiffres décimaux.

Le temps de pose doit donc être :

$$37 \times 2 = 74 \text{ secondes.}$$

2° Nous calculerons ce que devient le temps de pose lorsque, conservant le tirage de 61 centimètres, nous passons de l'ouverture $\frac{3}{10}$ à l'ouverture $\frac{7}{10}$.

La quantité de lumière arrivant sur la plaque sensible étant proportionnelle à la surface de l'ouverture, c'est-à-dire au carré de son diamètre, le nouveau temps de pose est égal au premier multiplié par

$$\frac{3^2}{7^2} = \frac{9}{49},$$

soit :

$$74 \times \frac{9}{49} = 13^{\text{sec}},5.$$

Le tableau suivant permet de résoudre facilement tous les cas qui peuvent se présenter. Nous avons supposé qu'une ouverture de $\frac{3}{10}$ donnait sur plaque LUMIÈRE *Sigma* située à 10 centimètres de l'ouverture une image complète avec une pose de 1 seconde.

TEMPS DE POSE POUR LES DIVERSES OUVERTURES
ET LES TIRAGES CORRESPONDANTS

OUVERTURES	TIRAGES	LE TEMPS DE POSE DOIT ÊTRE MULTIPLIÉ PAR :	TEMPS DE POSE
$\frac{3}{10}$	100	4	1
$\frac{4}{10}$	200	$\frac{4}{1} \times \frac{9}{16}$	2",2
$\frac{5}{10}$	300	$\frac{9}{1} \times \frac{9}{25}$	3",2
$\frac{6}{10}$	440	$\frac{19}{1} \times \frac{9}{36}$	4",7
$\frac{7}{10}$	610	$\frac{37}{1} \times \frac{9}{49}$	6",7
$\frac{8}{10}$	800	$\frac{64}{1} \times \frac{9}{64}$	9"
$\frac{9}{10}$	1.000	$\frac{100}{1} \times \frac{9}{81}$	11",1
1	1.230	$\frac{160}{1} \times \frac{9}{100}$	14",4

Le Dr NOBLE a indiqué, dans *Camera Craft*, une méthode assez pratique pour se rendre compte du temps de pose. Il suppose connu le temps de pose nécessaire pour obtenir, dans les conditions où on opère une image complète avec un objectif diaphragmé à $\frac{f}{8}$ et indique dans le tableau ci-dessous les coefficients par lesquels il faut multiplier ce temps de pose, selon le tirage et le diamètre du trou employé; celui-ci est indiqué par le numéro de l'aiguille qui a servi à l'obtenir :

LA PHOTOGRAPHIE SANS OBJECTIF 19

NUMÉRO DE L'OUVERTURE	TIRAGE EXPRIMÉ EN CENTIMÈTRES									
	2,5	5	7,5	10	12,5	15	17,5	20	22,5	25
8	29	118	265	471	725	1.060	1.442	1.884	2.385	2.944
10	54	216	486	864	1.350	1.944	2.646	3.456	4.374	5.400
11	69	277	624	1.109	1.733	2.496	3.397	4.436	5.616	6.932
12	92	369	831	1.477	2.308	3.324	4.529	5.908	7.579	9.232

7. — Viseur focimétrique Delamarre. — Nous avons vu que pour la mise en plaque de l'image donnée par un sténopé, il fallait utiliser soit une ouverture ayant au moins 2 millimètres de diamètre, soit une lentille de même distance focale que le trou sténopéique employé. On est ainsi amené à des tâtonnements plus ou moins longs, et en outre il arrivera parfois qu'après avoir déplié tout le bagage photographique, on soit obligé de le remballer, le point de vue primitivement choisi ne plaisant pas.

On peut éviter ces ennuis par l'emploi du viseur focimétrique imaginé par M. Ach. DELAMARRE, qui a bien voulu décrire pour notre ouvrage son mode de construction :

« Il s'agit de résoudre instantanément le problème suivant :

Étant donnée une vue quelconque à photographier d'un point déterminé, *quel tirage* faut-il donner à la chambre noire et quelle *ouverture sténopéique* faut-il employer pour que le sujet entier soit contenu dans le format de la surface sensible employée?

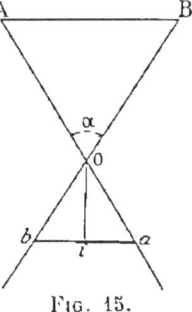

Fig. 15.

Soit AB ce sujet, et O le trou d'épingle (*fig.* 15). Pour que l'image de AB soit tout entière contenue sur la plaque, il faut que cette plaque se trouve placée dans une position telle que ab, de façon que les rayons lumineux AO et BO partis des extrémités du sujet AB, puissent encore, après avoir traversé le sténopé, la rencontrer en a et b.

Si la plaque était située plus loin de O, une partie seulement du sujet y serait contenue; si, au contraire, elle était située plus près, une portion de cette plaque resterait inutilisée.

Conclusion : Il y a un tirage de la chambre et un seul, qui satisfait à la condition énoncée d'encadrer le sujet entier dans la plaque.

Comme, d'autre part, on sait qu'à chaque ouverture sténopéique correspond un foyer ou un tirage qui donne le maximum de netteté, on conçoit qu'inversement, lorsque le tirage est déterminé par la condition précédemment énoncée, le diamètre du trou à employer est également déterminé.

Il suffit donc de trouver le tirage.

Or, si nous reprenons l'examen de la figure 15, nous constatons que le tirage (c'est-à-dire en somme la distance Oi de la plaque au trou O) est intimement lié : 1° à l'angle AOB sous lequel on voit le sujet AB du point O, 2° au format de la plaque employée [1].

Pour éviter de fastidieux calculs à mes lecteurs j'ai résumé, dans le tableau ci-contre, les distances focales (ou tirages) et les ouvertures correspondantes pour les formats classiques de 30×40 à 9×12 et pour des angles de 0° à 120°.

---

[1]. Pour les amateurs de calculs trigonométriques, je rappellerai simplement que si l'on appelle α l'angle embrassé AOB, on a :

$$oi = bi \, \text{tg} \left(90° - \frac{\alpha}{2}\right).$$

Or bi est connu ; c'est 9 centimètres pour une plaque 13×18,

LA PHOTOGRAPHIE SANS OBJECTIF

ANGLES	FORMATS								
	30 × 40		24 × 30		18 × 24		13 × 18		9 × 12
	Foyers en millimètres	Ouvertures en 1/10e de millimètre	Foyers en millimètres	Ouvertures en 1/10e de millimètre	Foyers en millimètres	Ouvertures en 1/10e de millimètre	Foyers en millimètres	Ouvertures en 1/10e de millimètre	Foyers en millimètres	Ouvertures en 1/10e de millimètre
5°	4.580	19,26	3.435	16,67	2.748	14,9	2.061	12,9	1.374	10,5
10°	2.364	13,8	1.773	11,9	1.419	10,7	1.064	9,2	709	7,5
15°	1.518	11	1.138	9,6	910	8,5	683	7,4	455	6
20°	1.154	9,6	866	8,3	692	7,5	519	6,4	346	5,2
25°	902	8,5	676	7,3	541	6,5	406	5,6	270	4,5
30°	755	7,8	565	6,7	453	6	339	5,1	226	4,2
40°	554	6,6	415	5,7	332	5,1	249	4,4	166	3,6
50°	432	5,9	323	5	259	4,5	194	3,8	129	3,1
60°	348	5,3	260	4,4	209	4,1	156	3,4	104	2,9
70°	298	4,9	215	4,1	172	3,7	129	3,1	86	2,6
80°	239	4,3	180	3,7	144	3,3	108	2,9	72	2,4
90°	201	4	150	3,4	120	3,1	90	2,7	60	2,2
100°	168	3,6	125	3,1	100	2,8	75	2,4	50	2
110°	140	3,3	105	2,9	84	2,6	63	2,2	42	1,8
120°	115	3	85	2,6	69	2,3	51	2	34	1,6

Prenons maintenant une feuille de papier, et traçons d'un point O comme centre un arc de cercle AB, embrassant un angle de 120° (maximum de l'angle que l'on pourra pratiquement utiliser), et divisons cet arc de cercle de 10' en 10°, en plaçant le zéro en A par exemple et menons les rayons allant de O à chacune de ces divisions; à 1 centimètre environ de ce premier arc de cercle, décrivons en un

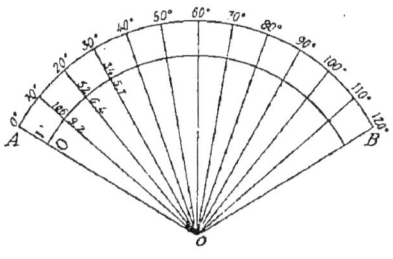

Fig. 16.

12 centimètres pour 18 × 24, 15 centimètres pour 24 × 30, etc. On conçoit donc qu'il soit facile de calculer le *tirage Oi*, ou *foyer*, pour les diverses valeurs de l'angle embrassé et pour le format de l'appareil dont on dispose.

second, ayant toujours même centre (*fig.* 16); de chaque côté de ce second arc de cercle nous inscrirons, le long du rayon : 1° le tirage correspondant à l'angle indiqué; 2° l'ouverture à employer.

Dès lors, lorsque nous voudrons déterminer sur le terrain le tirage à adopter, on voit qu'il suffira de diriger le rayon OA vers l'extrémité gauche du sujet et de garder quelle division du cercle gradué coupe le rayon visuel partant de O pour aller à l'extrémité droite du même sujet. On trouvera immédiatement l'indication cherchée.

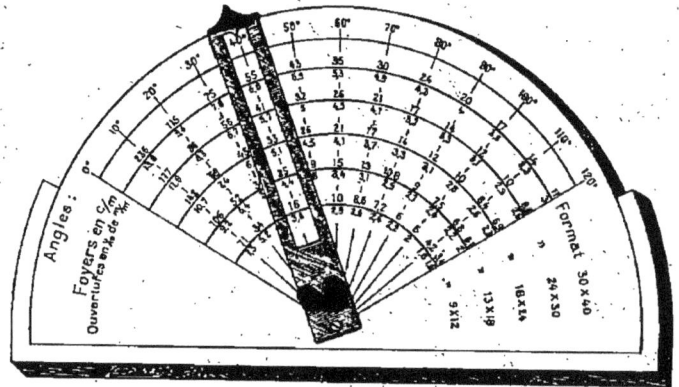

FIG. 17. — Viseur focimétrique, Ach. DELANARRE.

On pourra tracer d'autres arcs de cercle, de rayons plus petits, pour les différents formats des appareils dont on dispose.

C'est ainsi que dans le modèle que représente la figure 17, j'ai indiqué les données correspondant aux cinq formats classiques depuis le 9×12 jusqu'au 30×40. Chacun établira un *diagramme* analogue pour ses besoins personnels, en utilisant les données du tableau inséré plus haut. Rien n'est plus simple. Il me reste maintenant à mettre à contribution les petits talents de constructeur dont disposent mes lecteurs, qui sont certainement gens adroits et industrieux comme tout vrai disciple de sainte Véronique.

Dans une planchette de bois de 3 à 4 millimètres d'épaisseur, on découpera un demi-cercle ayant un rayon supérieur de 1 centimètre environ à celui de la circonférence de graduation en degrés du diagramme, et on y collera soigneusement ce dernier.

Puis on prendra une lamelle de zinc ou de cuivre de 8 à 10 millimètres de largeur, et d'une longueur de 8 à 9 centimètres, découpée à ses extrémités suivant le profil ci-contre (*fig.* 18) et percée d'un petit

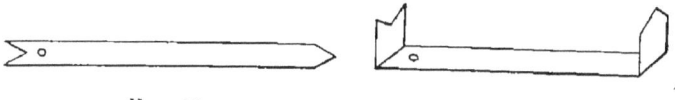

Fig. 18.   Fig. 19.

trou du côté de la queue de poisson. On relèvera ensuite les extrémités de façon à les amener dans une position perpendiculaire au plan de la lame (*fig.* 19); on aura ainsi à peu de frais constitué l'alidade de notre viseur, qu'il n'y aura plus qu'à fixer sur la planchette (où le diagramme a été préalablement collé) au moyen d'une vis passée dans le trou et fixée au centre du diagramme (centre des arcs de cercles).

L'usage du viseur est tellement simple qu'il est vraiment presque inutile d'insister. Tenant horizontalement la planchette de la main gauche, le coude collé à la poitrine pour éviter tout mouvement involontaire, et l'alidade coïncidant avec le zéro de la graduation en degrés, on vise l'extrémité gauche du sujet à photographier; puis, sans déplacer la planchette on amène, avec la main droite, l'alidade jusqu'à ce que sa ligne de visée rencontre l'extrémité droite du sujet. Il n'y a plus alors qu'à lire, sur le diagramme, en même temps que l'angle embrassé quel tirage on doit donner à la chambre et quelle ouverture il faut employer.

Cette manière d'opérer évite de monter l'appareil et permet ainsi de ne l'installer sur le pied qu'après avoir décidé de l'emplacement choisi.

Mais, le plus fréquemment, la chambre sera déjà dépliée et mise en station quand on fera usage du viseur; dans ce cas, alors, il y a avantage à poser ce dernier sur la partie horizontale du cadre de la glace dépolie, où l'on a une plus grande stabilité pour les visées. Il suffira de coller

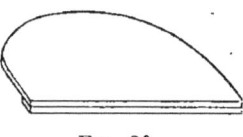

Fig. 20.

sous la planchette (et suivant le bord rectiligne), une réglette B qui formera taquet d'arrêt (*fig.* 20); quand on posera le viseur sur la chambre, il suffira de le pousser en avant jusqu'à ce que la réglette vienne buter contre le cadre arrière et assure ainsi une fixité complète.

Le viseur focimétrique ainsi décrit est susceptible de quelques améliorations, que je me ferais un reproche de ne pas indiquer, car elles contribuent à en rendre l'usage plus commode. Ces perfectionnements ont d'ailleurs trait à la construction de l'ali-

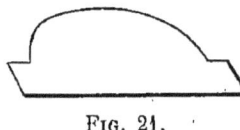

Fig. 21.

dade et le diagramme reste toujours le même. Néanmoins la planchette sur laquelle il est collé se modifie un peu comme profil (*fig.* 21), de façon à limiter les déplacements de l'alidade et à permettre en particulier de ramener immédiatement celle-ci à zéro sans tâtonnements.

Quant à l'alidade, on la constitue alors par une lamelle de cuivre recourbée selon le profil indiqué ci-contre (*fig.* 22); on voit que l'extrémité opposée au centre de rotation se replie pour passer derrière la planchette, ce qui donne plus de fixité et de rigidité à l'ensemble en même temps que plus de précision au mouvement. La pointe, qui sert à faire la visée est

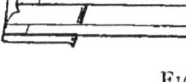

Fig. 22.

rapportée et soudée sur l'alidade. Enfin l'alidade elle-même est percée suivant son axe d'une fenêtre de 7 millimètres de largeur qui permet ainsi la lecture des chiffres inscrits sur le diagramme directement et sans être obligé de la déplacer après la visée, comme c'était le cas avec l'alidade de zinc, qui était pleine. Ajoutons enfin qu'une petite pointe marque l'axe de la fenêtre qui coïncide précisément avec la ligne visée. La planchette est découpée de façon que lorsqu'on ramène l'alidade au zéro, elle soit arrêtée par le redan, et vienne y buter exactement; le redan de droite doit arrêter l'alidade, quand la ligne de visée coïncide avec le rayon de l'angle de 120°.

Cet intéressant perfectionnement m'a été indiqué par un très adroit amateur, doublé d'un mécanicien émérite, M. Caburet, qui étudie actuellement sur mes indications un modèle d'alidade plus perfectionné encore, dans lequel les deux parties verticales, servant à la visée, seront montées à charnières, ce qui permettra de plier l'appareil tout entier et de ne lui faire occuper qu'une épaisseur de quelques millimètres, ce qui facilitera beaucoup son rangement dans le bagage photographique. La réalisation de ce modèle ne sera peut-être plus à la portée de tout le monde, mais on pourra se le procurer dans le commerce ».

8. — Applications du sténopé. — Le sténopé peut être utilisé à la photographie de *monuments;* il présente, à ce point de vue, l'avantage de reproduire correctement les lignes droites et d'avoir un champ très étendu, ce qui permet d'opérer même avec un faible recul.

Il est très pratique pour l'obtention des vues *panoramiques ;* nous étudierons cette application au chapitre consacré à la *Photographie panoramique;* nous verrons aussi qu'il permet aisément l'obtention de vues *stéréoscopiques*.

Nous ne dirons rien de ses applications aux levers topographiques, qui sortiraient du cadre de cet ouvrage.

En ce qui concerne le *portrait*, la netteté, tirant un peu sur le flou, donnée par le sténopé, présente, dans l'effet général de l'image, une harmonie comparable à celle du portrait à l'huile. Néanmoins, jusqu'à présent, on n'a guère fait de portraits avec le sténopé ; c'est que le temps de pose était un peu long ; mais, depuis l'apparition des plaques *Sigma*, le temps de pose n'est plus un obstacle pour la production de portraits sans objectif.

La sténopéphotographie permet, enfin, de transformer un dessin au trait, tel qu'une gravure présentant des hachures noires sur fond blanc en une reproduction à modelé continu. D'après M. R. Colson, c'est l'ouverture de $\frac{4}{10}$ millimètre qui donne les meilleurs résultats pour la reproduction des gravures sur bois. Le tableau page 28 donne les distances du modèle et de la surface sensible au sténopé, dans les divers cas :

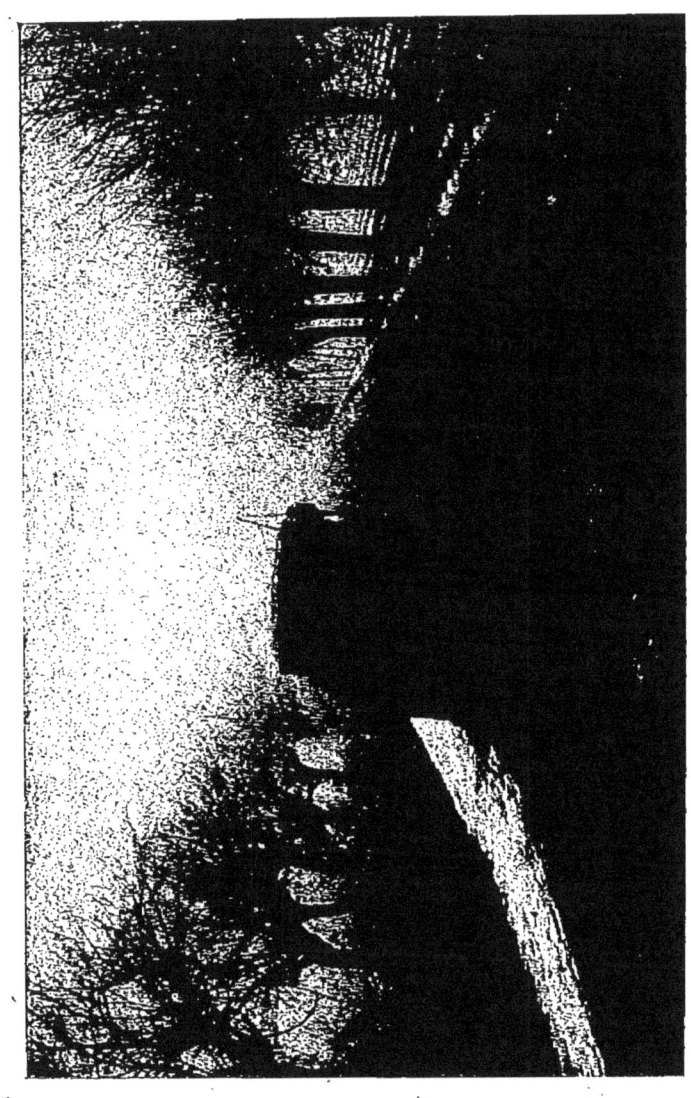

Phot. Witt. Em. Rnò-Guzzurano, Turin.   Fig. 23. — Matin d'hiver.   Prop. art. réservée.
Sténopéphotographie. (Épreuve directe sans objectif.)

ÉCHELLE DE REPRODUCTION	TIRAGE	DISTANCE DU MODÈLE
$\frac{2}{1}$	60 centimètres	30 centimètres
$\frac{1}{1}$	40 —	40 —
$\frac{1}{2}$	30 —	60 —
$\frac{1}{3}$	27 —	81 —
$\frac{1}{4}$	—	100 —
$\frac{1}{5}$	20 —	100 —

Les temps de pose sont, en opérant par temps ordinaire, dans l'atelier, sur plaque *Sigma* :

Reproduction à échelle égale...... 5 minutes
— — double..... 10 . —
— — moitié..... 3 —

Si la gravure est exposée au soleil, on peut diminuer ces temps de pose; il faut les doubler, s'il s'agit de reproduire un tableau ou une photographie.

9. — Diaphragmes infinitésimaux. — En plaçant contre le sténopé une lentille convergente, on augmente un peu la netteté des images. On est ainsi amené à utiliser un objectif ordinaire *très fortement* diaphragmé.

Dans une intéressante communication à la Société photographique de Dijon, que nous reproduisons, MM. P. M. et R. V. ont montré qu'en effet, si l'on introduit dans un objectif des diaphragmes extrêmement petits, les rayons lumineux sont diffractés, et la netteté est légèrement altérée; l'aspect de l'image est alors celui que donne le sténopé.

Sans insister plus longtemps sur les qualités que

présente l'image au point de vue artistique, il ne semble pas inutile d'appeler l'attention sur les avantages de ces diaphragmes infinitésimaux.

1° *La profondeur de foyer est considérable*. — La mise au point est partout. Avec un objectif de $0^m,21$ de foyer, muni d'un diaphragme de 1/2 millimètre, des photographies ont été prises en donnant à la chambre des tirages de $0^m,13$ à $0^m,30$. L'angle de champ devient ainsi variable dans des limites très étendues, et on peut le modifier suivant le sujet. S'agit-il de reproduire un monument que l'on ne peut embrasser en entier, faute de recul? on diminue le tirage de la chambre, et l'objectif se transforme en grand angulaire. Est-ce, au contraire, une vue éloignée, pour laquelle il faudrait un objectif à longue distance focale. On augmente le tirage de plusieurs centimètres au-delà de la mise au point normale.

2° *La profondeur de champ est considérable*. — Tous les objets sont au point, depuis la courte distance jusqu'à l'infini.

Voici maintenant quelles sont les règles à suivre et les précautions à prendre pour utiliser les très petits diaphragmes. Le trou aura 1 ou 1/2 millimètre de diamètre. S'il est pratiqué dans une feuille de métal, il faudra avoir soin de tarauder l'ouverture en forme d'entonnoir, afin que les rayons obliques ne soient pas arrêtés par les bords du trou. Si le diaphragme est en carton, on évide le centre et on le remplace par du papier noir très mince ; on perce le papier avec une aiguille rougie au feu. Les bords de l'ouverture doivent être très nets.

Pour faire la mise en plaque, on place sur l'objectif un diaphragme moyen, on fait la mise au point sur le verre dépoli, et, en manœuvrant la crémaillère, on examine dans quel sens et dans quelle mesure il convient de modifier le tirage pour que le sujet soit bien présenté. Malgré le trouble de l'image, on se rend assez bien compte du tableau dans ses grandes lignes.

Pour évaluer le temps de pose, on aura calculé le rapport entre l'ouverture du sténopé et celle de l'un des diaphragmes; admettons que ce rapport soit représenté par le chiffre 20. Le temps de pose étant inversement proportionnel au carré du diamètre de l'ouverture, il faudra tenir compte de ce premier facteur en posant, 400 fois plus de temps avec le sténopé. Il faut, en second lieu, tenir compte de la longueur du tirage. Si l'on donne à la chambre un tirage moitié moindre que celui que comporte l'objectif, il faudra poser quatre fois moins de temps, soit, en résumé, $\frac{400}{4} = 100$ fois plus qu'avec l'objectif. Si, au contraire, le tirage est augmenté dans la proportion de 2 à 3, on multipliera le temps de pose par $\frac{9}{4}$, soit au cas particulier $\frac{3.600}{4}$ ou 900. Au lieu d'une pose de $\frac{1}{20}$ de seconde, par exemple, avec le plus grand diaphragme, on fera ainsi une pose de 5 secondes dans un cas et de 45 secondes dans l'autre cas.

Lorsque le diaphragme est placé en avant des lentilles comme dans l'objectif simple, il peut arriver que les rayons les plus obliques soient arrêtés par la monture même de l'objectif; il ne faut pas alors s'étonner qu'en réduisant le tirage la plaque ne soit pas entièrement couverte; mais on s'en apercevra facilement en faisant la mise en plaque avec un grand diaphragme, comme il vient d'être dit.

10. — Sténopé et téléphotographie.

— En associant au sténopé non plus une lentille convergente, mais une lentille divergente, on augmente la grandeur des images obtenues sans être astreint à un tirage exagéré de la chambre noire qui en diminue la stabilité et augmente le temps de pose.

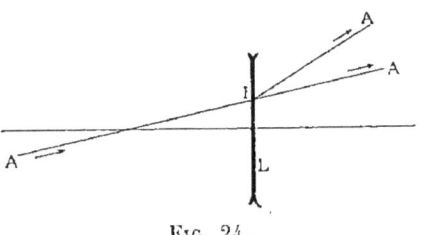

Fig. 24.

Soit AO (*fig.* 24) un rayon lumineux traversant le sténopé O ; si on place sur son trajet une lentille divergente, au lieu de suivre le trajet primitif AOIA', il est dévié suivant IA".

Il en résulte : 1° qu'avec le même tirage de la chambre noire, on peut obtenir une image plus grande ; 2° ou bien on peut obtenir une image de même grandeur, avec un moindre tirage.

L'amplification dépend de la puissance de la lentille divergente employée et de sa position.

Le Dr H. d'Arcy Power qui a, dans la revue américaine *Cramera Craft*, le premier attiré l'attention sur cette association du sténopé et de la lentille divergente, a déterminé expérimentalement ces deux facteurs de la façon suivante : « J'ai, dit-il, placé un positif obtenu par contact, d'un négatif de moi-même, dans mon appareil d'agrandissement à la lumière solaire et j'ai substitué à la lentille ma série de trous d'épingle. En me servant du trou d'épingle n° 1 qui a 1 millimètre de diamètre, j'obtins une image bien nette mesurant 100 millimètres de la ligne des cheveux au devant de la chemise. En plaçant maintenant une lentille divergente de 10 dioptries[1] à 12 millimètres derrière le trou d'épingle, l'image sera agrandie immédiatement sur l'écran dans la taille de 125 millimètres. Si l'on recule la lentille en arrière, l'image croît jusqu'à 190 millimètres. Je n'ai pu aller plus loin parce que l'ombre de la lentille était projetée sur l'image et le dénaturait. J'ai alors essayé des lentilles plus puissantes, les résultats sont exposés dans le tableau suivant qui résume mes essais :

PUISSANCE de LA LENTILLE	GRANDEUR DE L'IMAGE du sténopé	GRANDEUR DE L'IMAGE du sténopé et d'une lentille à 0^m,012 derrière le trou	GRANDEUR DE L'IMAGE du sténopé et d'une lentille à 0^m,050 derrière le trou
10 dioptries	0^m,100	0^m,125	0^m,190
16 —	0 ,100	0 ,132	0 ,205
20 —	0 ,100	0 ,150	0 ,255

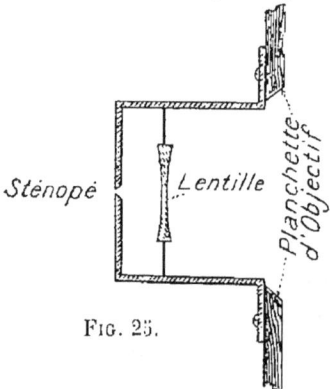

Fig. 25.

La mise en pratique du procédé est très simple. Le D^r d'Harcy Power conseille d'utiliser une monture ordinaire de téléobjectif qui permet de déplacer aisément la lentille divergente; mais il est facile d'imaginer un système coulissant constitué au besoin par deux simples tubes de carton, facile à établir soi-même (*fig.* 25)[2].

1. Rappelons que la *dioptrie* est la puissance d'une lentille ayant 1 mètre de distance focale. Une lentille de 10 dioptries est une lentille ayant une distance focale de 10 centimètres ; une lentille de 20 dioptries a une distance focale de 5 centimètres.
2. On peut aussi très bien étudier la puissance d'un tel système en assimilant le sténopé à un système convergent, vis-à-vis

11. — Transformisme et photocaricatures.

Il y a une quinzaine d'années, l'infatigable chercheur duquel la lentille concave joue le même rôle que dans les téléobjectifs.

Soit, par exemple, ab l'image, au maximum de netteté que fournirait le trou d'aiguille employé seul. La théorie des lentilles divergentes nous apprend que, pour avoir une image agrandie réelle, il faut que ab se trouve placé entre la lentille L et son foyer postérieur F_2. En construisant l'image de ab suivant la méthode classique on obtient l'image amplifiée AB.

Appelons f la longueur focale de la lentille divergente, D la distance de cette lentille au trou d'aiguille, et F la distance de mise au point correspondant à la grosseur du trou d'aiguille employé (F = $0a$), enfin désignons par G l'amplification, nous aurons :

$$G = \frac{AB}{ab} = \frac{AI}{aI} \quad (1)$$

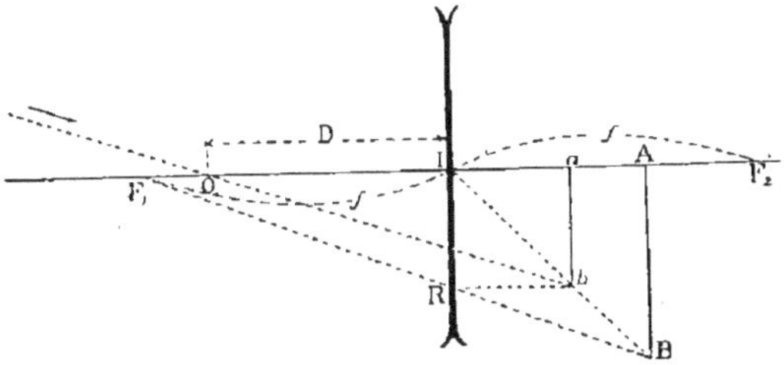

Mais, d'autre part, on sait que AI, aI et f sont liés par la relation fondamentale :

$$\frac{1}{AI} - \frac{1}{aI} = \frac{1}{f} \quad (2)$$

Fig. 26.

et la figure nous donne :

$$aI = F - D. \quad (3)$$

Nous pouvons alors parfaitement éliminer AI et aI entre les équations (1), (2) et (3) et obtenir la valeur du grossissement G en fonction des données qui nous sont connues D, F et f. On obtient alors :

$$G = \frac{f}{F - D + f}.$$

De cette formule nous déduisons :

1° Que l'amplification est d'autant plus grande que la lentille est plus rapprochée de ab, c'est-à-dire du plan focal du sténopé ;

2° Que l'amplification est aussi d'autant plus grande que f, longueur focale de la lentille divergente, est plus grand.

Je signale en passant que l'on peut utiliser également une lentille convergente, à condition de s'arranger pour que l'image primaire ab se forme en avant de cette lentille à une distance entre sa longueur focale f et le double de f. Le grossissement sera d'autant plus grand que l'image primaire se formera plus près du foyer antérieur de la lentille (Ach. DELAMARRE, *la Photographie*, 1ᵉʳ juin 1905).

qu'est M. L. Ducos du Hauron communiquait à la Société française de Photographie un phénomène optique très intéressant, qu'il venait de découvrir et qu'il formulait ainsi : « Lorsque, dans un local abrité « contre les clartés du dehors, un filet de lumière « s'introduit, non point par l'orifice qui serait percé « dans le volet, mais par l'intersection de deux fentes, « différemment dirigées, pratiquées dans deux « écrans successifs plus ou moins espacés entre eux, « il se produit, sur la surface où s'épanouit ce filet « de lumière, une image caractérisée par le *chan-* « *gement des proportions relatives des choses représen-* « *tées.* » Tel était le principe du *transformisme*, quelque peu oublié aujourd'hui, et qui cependant, en ouvrant les portes à l'Idéal et à la Fantaisie, permet d'obtenir des photocaricatures très bien réussies et en général de déformer *scientifiquement* un sujet donné.

Au premier abord, il semble que deux fentes très minces, disposées perpendiculairement l'une à l'autre par exemple, dans deux écrans espacés de quelques centimètres, devraient se comporter comme un trou unique, déterminé par leur intersection et agir alors comme un sténopé. Il n'en est rien cependant, car il faudrait pour cela que la distance des deux écrans soit presque nulle.

Si, au contraire, un espace de dix centimètres les sépare, l'image qui se forme sur la surface réceptrice est constituée par des rayons émergeant d'une multitude de points d'intersection, et il y a un étalement, un épanouissement de cette image.

Si, par exemple, la fente la plus voisine de l'image est horizontale, et l'autre, située en avant, est une fente verticale, l'image sera amplifiée dans le sens de la largeur. « Cette modification, dit M. Ducos du Hauron, provient de ce que des deux éléments ou traînées de rayons qui concourent à la formation de l'image, l'élément horizontal s'introduisant par la fente verticale qui est la plus éloignée de cette image, s'y épanouit avec des dimensions proportionnelles à son éloignement, tandis que l'élément vertical, s'introduisant par la fente horizontale, se projette avec des dimensions réduites. »

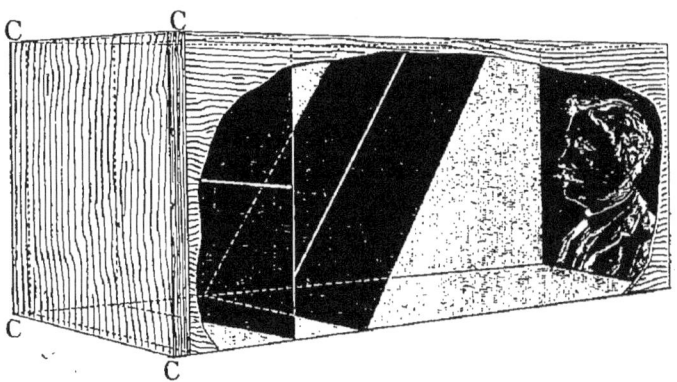

Fig. 27. — Dispositif pour photocaricatures.

Si les fentes, au lieu d'être rectilignes, étaient courbes, on obtiendrait une ondulation.

On conçoit donc que l'on puisse varier les effets à l'infini et selon sa volonté, puisque l'on est maître du sens de la déformation, et que si le transformisme permet de faire des « portraits-charges », il permet aussi, en revanche, de corriger et d'embellir le modèle.

Le matériel est d'une grande simplicité, et tout amateur peut le construire lui-même à bien peu de frais, car il se compose d'une caisse allongée de forme rectangulaire, ouverte à l'une des extrémités pour y placer, dans une rainure disposée à cet effet, le cliché à transformer. (Notons, en passant, qu'il est bon de disposer, dans une seconde rainure, un verre dépoli destiné à tamiser et à régulariser la lumière.) A l'arrière s'adapte la surface sensible. Enfin les écrans percés de fente sont installés dans la partie médiane de la boîte ? on capitonnera, intérieurement, les parois de drap noir très épais, et il sera dès lors facile d'y faire tenir les écrans par simple pression.

Pour faciliter les manœuvres, le dessus de la caisse pourra être mobile (en l'adaptant à emboitement il n'y aura pas de fuites à craindre), et un volet à coulisse, placé à l'arrière, protègera la surface sensible.

Les fentes des écrans auront environ un tiers de millimètre ; il est inutile, et même nuisible, d'en exagérer l'étroitesse, car la diffraction qui ne manquerait pas de se manifester ferait perdre de la netteté.

Il n'y a pas lieu de se préoccuper de distance focale, ni de mise au point ; les images sont toujours nettes, à condition simplement que les fentes soient exemptes de bavures ; je conseille, à cet effet, de les découper dans du papier noir mince que l'on collera ensuite sur de vieux clichés.

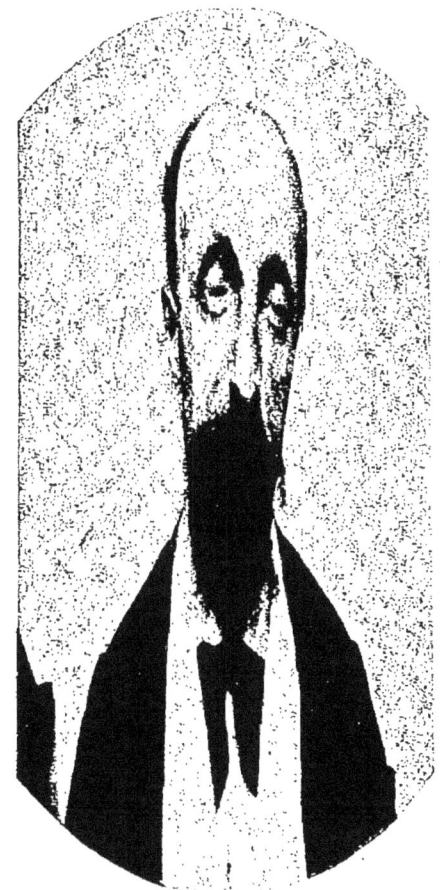

Fig. 28. — Photocaricature (*Négatif* Ducos du Hauron).

CHAPITRE II

Les Objectifs anachromatiques

12. — Le savant, qu'il soit physicien, chimiste, naturaliste ou astronome, ne peut que se déclarer satisfait de la perfection qu'atteint actuellement la fabrication de l'objectif photographique.

En effet, comme rectitude des lignes, comme fidélité de rendu, comme finesse de détails, il n'y a plus rien à désirer. Mais cette exactitude mathématique, cette netteté rigoureuse de tous les plans de l'image, cette reproduction inexorable de traits, de points imperceptibles à l'œil nu sont loin de plaire à *l'artiste cherchant plutôt à interpréter la nature* qu'à la reproduire plus exactement qu'il ne la voit.

Comme le dit M. Puyo dans d'intéressants articles qu'il a publiés dans *la Revue de photographie*, sous le titre : *la Photographie synthétique* [1] : « C'est pourquoi l'objectif qui copie si bien une carte de géographie ne nous donne pas fidèlement la représentation d'un arbre ou d'un visage. Non, l'arbre que j'ai vu vivant et respirant dans la brise n'est pas cet objet en zinc ; cette armée de feuilles toutes pareilles qui insistent pour que je les regarde maintenant une à une, n'est pas si nombreuse que cela, l'objectif a dû en ajouter ; de même qu'il a mis sur ce visage des rides, des taches

---

[1]. *Revue de photographie*, 11e année, 1904, n°s 4, 5, 6.

et des tares que mon œil n'a jamais perçues, occupé qu'il était ailleurs, intéressé par le jeu des lumières et des ombres dans les creux et sur les reliefs. Parce que trop minutieux et surtout parce que trop impartial, l'objectif ne fait pas ressemblant. »

Aussi, depuis longtemps, le photographe artiste cherche-t-il à *rendre la nature d'une façon plus personnelle, plus large, à estomper les contours trop brutaux* que donnent les objectifs modernes, *tout en conservant la vérité de dessin* donnée par la photographie.

Nous avons vu que l'emploi du sténopé est un des moyens d'atteindre ce but ; un autre moyen est fourni par les objectifs anachromatiques.

Ces objectifs sont formés de simples lentilles en crown, non corrigées de l'aberration chromatique [1].

L'étude de ces objectifs anachromatiques a été faite surtout par M. Leclerc de Pulligny et par le commandant Puyo.

13. — **Le flou chromatique.** — M. Leclerc de Pulligny, sous le titre : *le Flou chromatique*, a consacré un très intéressant article aux objectifs anachromatiques dans le numéro de mars 1902 du *Bulletin du Photo-Club*. Nous ne pouvons mieux faire que de résumer cette étude et d'en reproduire les principaux passages.

Considérons l'ouverture DD' du diaphragme d'un objectif (*fig.* 27). Un point A de l'objet photographié, envoie sur l'objectif, un cône ADD' de lumière blanche. En traversant l'objectif, la lumière blanche est décom-

---

[1]. Voir *Traité élémentaire de photographie pratique*, **18**, p. 17. Rappelons que le *crown-glass* est un verre à base de silicate de potassium et de calcium avec lequel on fait les lorgnons ; on pourrait utiliser aussi des lentilles anachromatiques en *flint glass*, verre à base de plomb ; mais on trouve une plus grande variété de lentilles en crown dans le commerce.

posée et le faisceau émergent est composé de *cônes* correspondant aux diverses lumières colorées. C'est ainsi que la lumière violette forme l'image du point A en A′v, la lumière jaune en A′j, la lumière rouge en A′r; la lumière ultra-violette forme son image en A′u.

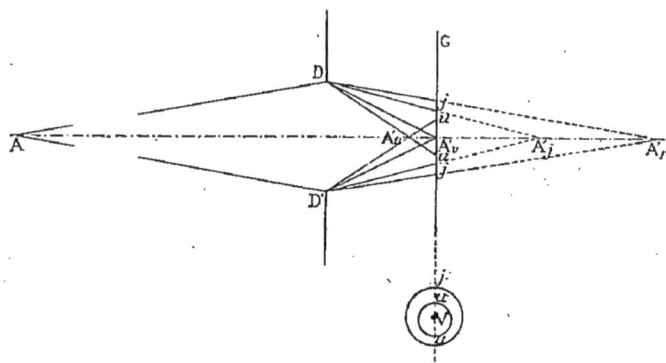

Fig. 29. — Flou chromatique.

Si nous recevons l'image violette A′v sur une plaque sensible, elle sera entourée d'un petit cercle produit par l'action des lumières des divers cônes colorés. C'est ainsi que la lumière jaune impressionne la plaque, faiblement il est vrai, sur la surface du cercle *jj*; la lumière ultra-violette impressionne la plaque suivant un cercle *uu*, produisant une auréole qui se superpose partiellement à celle produite par la lumière jaune. Il en est de même pour les diverses lumières comprises entre le jaune et l'ultra-violet, de sorte que l'image A′v est entourée d'une auréole *dégradée*.

« Si nous considérons une suite de points brillants formant une ligne, l'image de cette ligne sera bordée

---

1. G.-H. NIEWENGLOWSKI, *Traité élémentaire de photographie pratique*, 18, page 17.

d'une frange dégradée, véritable *estompage* analogue au frottis dont le dessinateur enveloppe amoureusement les lignes de son crayon.

« Mais nous avons vu que la mise au point sur la glace dépolie se faisait sur l'image jaune en $A'j$[1]. Il faut donc, après la mise au point, avancer la glace dépolie de la quantité $A'j \, A'v$ avant de la remplacer par la plaque sensible. Si on ne fait pas cette *correction* indispensable, on obtient une mauvaise image, à peu près celle qu'on aurait en mettant au point avec un objectif *achromatique* à grande ouverture, puis en reculant la glace de $\frac{2F}{100}$ avant d'exposer. Le flou est excessif et mal réparti.

« Il faut donc une correction : quant à la valeur de celle-ci, le calcul montre que, pour une lentille faite de *crown*, pour des rayons sensiblement parallèles à l'axe et convergent au foyer principal, en provenance par conséquent de points situés au-delà de la distance hyperfocale, la correction nécessaire est égale à :

$$\Delta F = 0,0176 \, F = \frac{F}{57},$$

F étant la longueur focale principale correspondant à la lumière jaune.

« En pratique, et pour des calculs de tête, on peut prendre

$$\Delta F = 0,018 \, F = \frac{F}{55} = \frac{2F}{100}\left(1 - \frac{1}{10}\right),$$

ou même

$$\Delta F = 0,02 \, F = \frac{2F}{100}.$$

« L'expérience montre que ces corrections donnent des résultats satisfaisants avec les lentilles plan-convexe du commerce, même dans les grands diamètres pour lesquels leur épaisseur est notable.

« Si l'on essaie de photographier des objets plus rapprochés, sans changer la correction, on s'aperçoit que l'image devient moins bonne et d'autant moins bonne que le sujet est plus voisin. On retombe dans le *flou de mise au point*, un ennemi sournois que nous avons déjà dépisté et qu'il ne faut pas confondre avec le *flou chromatique*, le seul qui respecte les lignes en les estompant.

« Pour admettre de grandes ouvertures relatives, comprises entre $\frac{1}{9}$ et $\frac{1}{4,5}$, il faut appliquer à chaque mise au point une correction exacte qui peut être pratiquement représentée par la formule très simple :

$$\Delta p = \varepsilon p (1 + G),$$

formule dans laquelle

Δp représente la correction, c'est-à-dire *la quantité dont la glace dépolie doit être rapprochée de l'objectif après la mise au point* (ou l'objectif de la glace dépolie);

ε peut recevoir la valeur $\frac{1}{57}$ ou $\frac{1}{55}$, ou $\frac{1}{50}$, c'est-à-dire $\frac{2}{100}$, selon la précision que l'on désire.

p représente le tirage de la chambre, c'est-à-dire la *distance de la glace dépolie* (face avant) *au point nodal d'émergence;* pratiquement, c'est la distance de la glace à la lentille dans un objectif simple et de la glace au diaphragme dans un objectif double; G représente le grossissement, c'est-à-dire *le rapport de deux dimensions correspondantes de l'image et de l'objet*, la dimension considérée étant celle d'une ligne parallèle à la glace dépolie.

Pour déterminer ce grossissement, on peut mesurer sur la glace dépolie la dimension I d'une ligne de l'image, la dimension O de cette ligne de l'objet, puis faire le quotient $\frac{I}{O}$.

Ou bien l'on peut mesurer le tirage p de la chambre et la distance p' de l'objet au point nodal d'incidence; (en pratique on prend pour ce point la face avant de la lentille ou le diaphragme, selon que l'objectif est simple ou double), puis faire le quotient $\frac{p}{p'}$, car on a :

$$\frac{I}{O} = \frac{p}{p'} = G.$$

« Telle est la correction exacte qui est nécessaire si l'artiste veut admettre de grands diaphragmes, s'il veut rester maître du degré de flou dont il estompera son œuvre, et, s'il veut lui conserver son caractère précieux de *flou chromatique*, sans mélange avec le *flou de mise au point*.

En diminuant suffisamment le diaphragme, on peut se contenter de corrections moins rigoureuses, ou même s'affranchir de toute correction, puisqu'on peut, théoriquement du moins, rendre la profondeur de foyer aussi grande qu'on veut. Il faut d'ailleurs considérer la grandeur absolue ou la grandeur relative du diaphragme selon qu'on admettra un cercle de diffusion de $\frac{1}{10}$ millimètre de diamètre ou de $\frac{f}{25°} \times \frac{1}{10}$ millimètre [1].

---

[1]. Voir, plus loin, page 46, ce qui est dit de la *netteté relative à distance de longueur focale*.

Le calcul montre qu'avec un diaphragme de $5^{mm},7$ de diamètre absolu ou $\dfrac{f}{44}$ d'ouverture relative, on peut s'affranchir de toute correction pour les objets éloignés et se contenter d'une correction fixe $\Delta = \dfrac{F}{57}$ pour les objets rapprochés jusqu'au grossissement de $G = 0,41$.

En diminuant le diamètre du diaphragme jusqu'à une valeur absolue de $3^{mm},6$ ou une valeur relative de $\dfrac{f}{69}$, on peut se passer de toute correction jusqu'au même grossissement de $G = 0,41$.

En admettant ces diaphragmes extraordinairement réduits, on tombe dans un inconvénient grave en ce qui concerne le *flou chromatique*; on le supprime!... Et s'il reste du flou sur le cliché, ce ne peut être que par un résidu d'erreur sur la mise au point pour les rayons parallèles à l'axe, et par le manque d'aplanétisme et d'anastigmatisme pour les faisceaux obliques.

L'expérience le constate. En exigeant bien la mise au point d'un objectif *anachromatique* très diaphragmé, aucun flou n'apparaît dans le champ aplanétique et anastigmatique, et il semble qu'on ait employé un *achromatique* ordinaire. Si on examine la question par le calcul, on trouve que, pour une correction exacte, le degré de *flou chromatique* est proportionnel à la grandeur absolue du diaphragme et que la *largeur de la frange d'estompage qui borde les lignes est égale à la centième partie de son diamètre d*.

A ouverture relative égale de deux objectifs différents, *le flou absolu* serait ainsi plus grand pour celui de plus grande distance focale. Mais ce que l'œil perçoit en réalité, c'est un *flou relatif* dont l'impression est déterminée par le *diamètre apparent* du flou absolu, c'est-à-dire par le rapport $\frac{r}{D}$, D étant la distance à laquelle on regarde l'image.

Or on n'examine pas à la même distance une petite et une grande photographie; car l'œil n'embrasse facilement et agréablement qu'un champ très restreint. Sans déplacement aucun du regard, ce champ ne dépasse pas 6°! En pratique, il est de beaucoup plus étendu, grâce à de petits mouvements que l'œil effectue très vite et sans que nous en ayons conscience. Mais, quel qu'il soit, il est mesuré par le rapport $\frac{I}{D}$ de la plus grande dimension I de l'image à la distance D de vision, et ce rapport doit rester constant pour que la vision se fasse agréablement.

$$\frac{I}{D} = \text{constante} = m.$$

L'expérience montre que les valeurs $m \leqslant 1$ donnent de bons résultats et qu'en pratique *on doit regarder un tableau à une distance au moins égale à la diagonale du cadre.*

D'autre part, en ce qui concerne l'*effet* d'une composition, le *point de vue* est toujours assez étroitement commandé quel que soit le sujet, figure ou paysage. Si, d'un certain *point de vue*, on réalise un certain *effet*, jugé satisfaisant, on ne peut changer le *point de vue*, sans changer l'*effet*. Si donc on veut modifier l'*échelle*, ce ne pourra être qu'en changeant l'objectif (1), et on sait que, pour le même point de vue, les images sont proportionnelles aux longueurs focales.

On a donc :

$$\frac{I}{f} = \text{constante} = m',$$

et l'expérience montre qu'ici encore la valeur de $m' < 1$ donne des résultats satisfaisants, c'est-à-dire *qu'un objectif doit avoir une longueur focale au moins égale à la diagonale de la plaque qu'il couvrira* (2).

On a donc

$$I = D \text{ et } I = f,$$

d'où :

$$D = f,$$

c'est-à-dire *qu'une photographie doit être regardée à une distance au moins égale à la longueur focale de l'objectif qui l'a fournie.*

Dans ce cas, le flou relatif $\frac{r}{D}$ a pour expression $\frac{r}{f}$ et, en posant comme d'habitude,

$$\frac{d}{f} = \frac{1}{n},$$

l'équation

$$r = \frac{d}{100} \quad \text{donne} \quad \frac{r}{f} = \frac{1}{100\,n},$$

expression qui ne dépend plus que de l'ouverture relative.

« Avec un objectif de 250 millimètres de longueur focale diaphragmé à 10, la largeur absolue de la frange est de :

$$\frac{250}{100 \times 10} = \frac{1}{4} \text{ de millimètre. »}$$

14. — **Pratique de la correction de mise au point.** — On a proposé d'interposer sur le trajet des rayons lumineux, devant l'objectif, un écran violet foncé durant la mise au point ; celle-ci est alors très difficile et ne peut guère s'effectuer que pour un objet blanc très éclairé.

M. A.-V. Loehr a proposé d'utiliser deux lentilles différentes pour la mise au point et pour la pose, la distance focale de la première étant de $2\,^0/_0$ inférieure à celle de l'autre. Il suffit de remplacer la lentille de mise au point par la lentille de pose quand on substitue la surface sensible au verre dépoli ; mais il faut des lentilles très bien travaillées et on augmente ainsi la dépense de plus du double.

Le plus simple est d'inscrire, d'avance, la correction sur la queue de la chambre noire. On peut établir des tableaux de corrections au moyen de la formule (p. 41).

M. Haschech a publié, dans *Photographische Rundschau* de 1892 un tableau de correction très complet pour des valeurs de G variant de $\frac{1}{10}$ à $\frac{10}{10}$ et pour des valeurs de f variant de 100 à 1.000 millimètres. Nous reproduisons une partie de ce tableau, établi d'après la formule :

$$\Delta p = 0{,}02\, f\, (1 + G).$$

Toutes les longueurs sont exprimées en millimètres. Dans la première colonne verticale sont les différentes distances focales (en caractères gras) et, en dessous de chacune d'elle, la correction à faire quand la mise au point est faite sur les lointains (marines, paysages, etc). La première ligne horizontale indique les grossissements. Sur les autres lignes horizontales sont deux chiffres : le plus grand (caractères gras) indique le tirage pour le grossissement correspondant à la colonne verticale dans laquelle il se trouve et la distance focale correspondant à la ligne horizontale et, au dessous, la correction correspondante.

G	1/10	2/10	3/10	4/10	5/10	6/10	7/10	8/10	9/10	10/10
f = 100 d = 2	110 2,4	120 2,9	130 3,4	140 3,9	150 4,5	160 5,1	170 5,8	180 6,8	190 7,2	200 8
f = 150 d = 3	165 3,6	180 4,3	195 5,1	210 5,9	225 6,8	240 7,7	255 8,7	270 9,7	285 10,8	300 12
f = 200 d = 4	220 4,8	240 5,8	260 6,8	280 7,8	300 9	320 10,2	340 11,6	360 13	380 14,4	400 16
f = 250 d = 5	275 6,1	300 7,2	325 8,5	350 9,8	375 11,3	400 12,8	425 14,5	450 16,2	475 18,1	500 20
f = 300 d = 6	330 7,3	360 8,6	390 10,1	420 11,7	450 13,5	480 15,4	510 17,3	560 19,4	570 21,7	600 24
f = 350 d = 7	385 8,5	420 10,1	455 11,8	490 13,7	525 15,8	560 17,9	595 20,2	630 22,7	660 25,3	700 28
f = 400 d = 8	440 3,7	480 11,5	520 13,6	560 15,7	600 18	640 20,5	680 23,1	720 25,9	760 28,9	800 32
f = 450 d = 9	495 10,9	540 13	585 15,2	630 17,7	675 20,3	720 23	765 26	810 29,2	800 32,7	900 36
f = 500 d = 10	550 12,1	600 14,4	650 16,9	700 19,6	750 22,5	800 25,6	850 28,9	900 32,4	900 36,1	1000 40

EXEMPLE. — On veut photographier une vue panoramique avec un verre de besicle ayant une distance focale de 250 millimètres; on trouve sous ce nombre le chiffre 6; on devra donc, après la mise au point, diminuer le tirage de 6 millimètres avant l'exposition. Si on désire, avec la même lentille, faire un portrait $\frac{1}{2}$ nature, le tirage devra être de 375 millimètres pour la mise au point et de $375 - 11,3 = 363^{mm},7$ lors de l'exposition.

On peut encore se servir de la table suivante, due au Dr Steinheil, dans laquelle la colonne a indique le rapport de la distance de l'objet à la distance focale de la lentille employée et la colonne Δ un nombre par lequel il faut multiplier la distance qui sépare le foyer chimique du foyer visuel (environ $\frac{1}{50}$ du foyer visuel).

a	Δ	a	Δ
100	1,020	5	1,54
90	1,022	4	1,75
80	1,025	3,5	1,92
70	1,029	3,0	2,20
60	1,034	2,9	2,23
50	1,040	2,8	2,35
40	1,051	2,7	2,45
30	1,069	2,6	2,56
20	1,102	2,5	2,69
10	1,230	2,4	2,84
9	1,260	2,3	3,01
8	1,300	2,2	3,23
7	1,350	2,1	3,49
6	1,430	2,0	3,81

Exemple. — On veut photographier un modèle placé à $2^m,10$ d'une lentille ayant 35 centimètres de distance focale ; le rapport de la distance du modèle à la distance focale est $\frac{210}{35} = 6$. Vis-à-vis de 6 nous trouvons 1,43. D'autre part, le $\frac{1}{50}$ de $35 = 0,7$. La distance séparant les deux foyers étant 0,7, il faut multiplier 6 par 0,7, ce qui donne 1,001, ou, sensiblement, 1 centimètre. Il faudra donc, après la mise au point, diminuer le tirage de 1 centimètre.

15. — Les objectifs anachromatiques. — On peut utiliser comme objectif anachromatique :

1° Une **lentille plan-convexe** : ce sont les verres de lorgnons qu'on trouve chez tous les opticiens ; leurs numéros indiquent leur distance focale, exprimée en pouces (le pouce vaut environ 27 millimètres).

La lentille plan-convexe peut être utilisée :

a) *La face courbe regardant le modèle :* il est alors facile de la fixer sur la chambre. Il suffit, comme l'a indiqué M. DE PULLIGNY, « de creuser une rainure circulaire dans une planchette d'objectif de la chambre (*fig.* 30) et d'y fixer la lentille par des pointes comme un verre dans un cadre; par devant, on ajuste soit un obturateur, soit un bouchon en carton qu'on commande chez un cartonnier ou qu'on fait soi-même : une sorte de boîte à dragées, noircie à l'intérieur, au fond de laquelle il y a un trou du diamètre qu'on veut donner à l'ouverture de la lentille ». On peut d'ailleurs rétrécir l'ouverture en plaçant des diaphragmes, disques plats, serrés entre la lentille et la feuillure de la planchette.

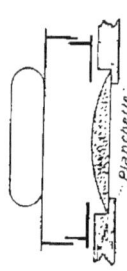

FIG. 30.

Si on peut disposer d'une monture, on place la lentille à l'avant, les diaphragmes à la place habituelle (*fig.* 31)[1].

---

[1]. Les considérations entre guillemets sont extraites de l'Instruction pour l'emploi des lentilles simples anachromatiques publiées par le commandant PUYO dans le numéro du 15 mai 1904 de *la Revue de photographie*, comme annexe aux intéres-

LES OBJECTIFS ANACHROMATIQUES

Dans cette position, qui convient pour l'étude de la tête, la lentille peut être utilisée à grande ouverture jusqu'à $\frac{f}{5}$.

b) *La face plane vers le modèle :* Dans ce cas, il faut une monture ; la lentille est placée à l'arrière (*fig.* 32). Le diaphragme, placé en avant, doit être diminué ; il convient de prendre le diaphragme entre $\frac{f}{10}$ et $\frac{f}{15}$. Cette position peut être adoptée pour l'étude de la tête ou du personnage en pied.

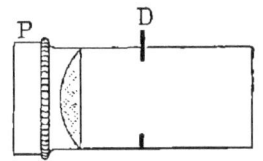

Fig. 31.

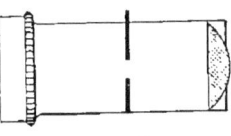

Fig. 32.

2° **Un ménisque simple** : Le ménisque se place (*fig.* 33) à l'arrière de la monture, la face concave vers le modèle, le diaphragme en avant. Ce ménisque peut alors servir aux études en pied avec accessoires. Employer un diaphragme voisin de $\frac{f}{10}$.

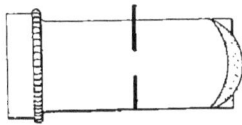

Fig. 33.

3° **Deux ménisques formant un objectif symétrique** : Les deux ménisques sont placés les concavités se faisant face (*fig.* 34). L'angle couvert est grand, l'image très homogène. L'ouverture maxima que l'on peut admettre varie avec les courbures et l'écartement

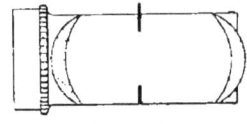

Fig. 34.

---

sants articles qu'il a écrits sous le titre *la Photographie synthétique*, dans les numéros des 15 avril, 15 mai et 15 juin 1904 de la dite revue.

des ménisques. Avec un objectif ayant les données suivantes (monture 3 pouces) :

	centimètres
Ecartement des ménisques	13
Longueur focale de chaque ménisque	75
Rayon concave de chaque ménisque	25
Longueur focale résultante	37,5

il est possible de faire travailler l'objectif à $\frac{f}{5}$.

Cette combinaison convient à tous les usages.

En 1865, la maison Steinheil a établi un objectif symétrique composé comme le précédent de deux ménisques en crown non achromatiques dont les faces concaves sont tournées l'une vers l'autre, avec un diaphragme placé à égale distance des deux lentilles. Mais cet objectif diffère du précédent en ce qu'il embrasse un angle de 90° avait une courte distance focale (9,754 pour le violet ; 10,000 pour l'orangé), une faible ouverture, et était surtout destiné aux vues architecturales. L'objectif double anachromatique a, au contraire, un champ restreint et une grande luminosité.

Un tel objectif, symétrique, est exempt de distorsion. Quant à la correction, elle peut s'effectuer automatiquement, grâce à la monture à tiroir, préconisée par M. DE PULLIGNY[1].

Pour la mise au point, on écarte les deux lentilles à bloc (*fig.* 37), quelle que soit la distance du sujet. La mise au point faite, on les rapproche à bloc, avant de découvrir la surface sensible pour la pose (*fig.* 36).

Des montures analogues à tiroir existent dans le commerce pour les petites ouvertures ; elles sont uti-

---

1. DE PULLIGNY, *le Flou chromatique; les objectifs à tiroirs* (*Revue de Photographie*, 15 juin 1903).

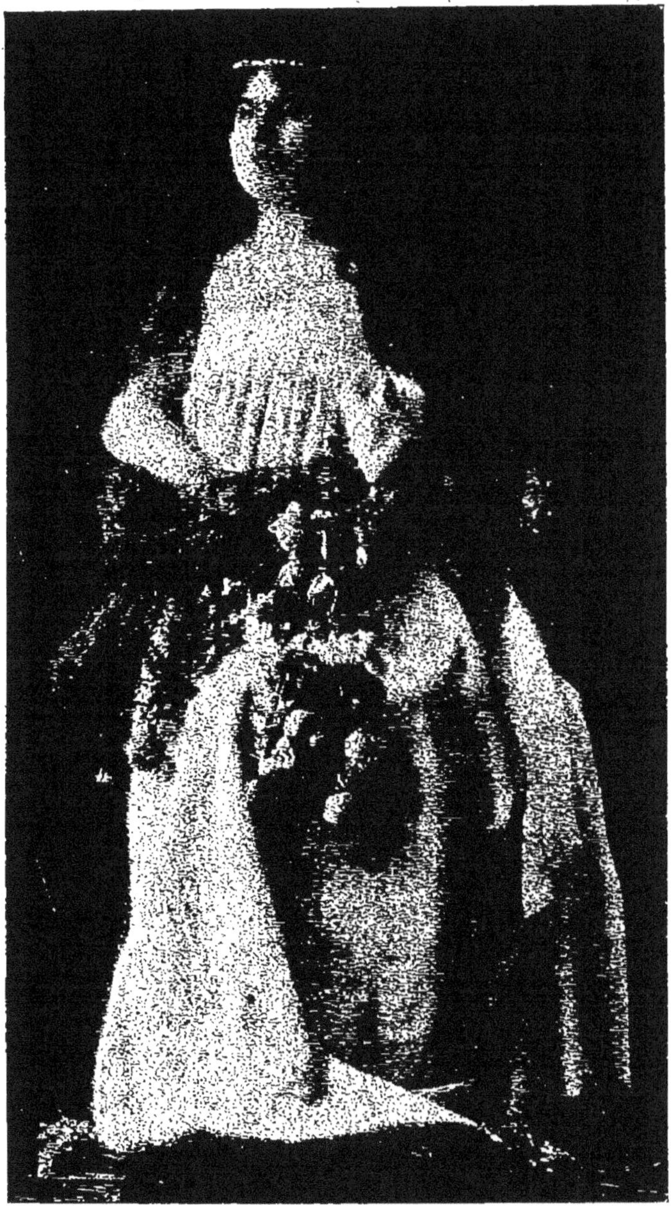

Phot. Vitt. Em. Rhò-Guerriero, Turin. *Prop. art. réservée.*
Fig. 33. — « Fierté »
Négatif obtenu avec un objectif anachromatique (épreuve directe)

lisées pour la mise au point, dans un grand nombre de détectives ; mais le tube intérieur, mobile, porte les deux lentilles de l'objectif. Il faut pour l'objectif anachromatique que la lentille avant soit fixée au tube intérieur, mobile, la lentille arrière au tube extérieur, fixe. Les essais de M. DE PULLIGNY ont été faits avec un objectif ayant, pour 6 centimètres d'écartement entre les lentilles, une distance focale de 26 centimètres. L'ouverture du plus grand diaphragme est $\frac{7}{8}$; on a aussi un objectif extra rapide pouvant servir au portrait d'atelier en pleine lumière. La saillie de l'objectif fermé sur la planchette est de 6 centimètres.

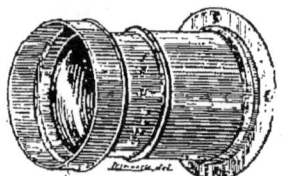
FIG. 36.

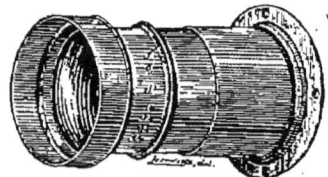
FIG. 37.

Quant à la course qu'il faut donner aux lentilles pour pouvoir réaliser le surécartement nécessaire à la mise au point, elle est de $\frac{8}{100}$ de la longueur focale de la combinaison.

La longueur focale de l'objectif, pris comme exemple par M. DE PULLIGNY étant 260 millimètres, la course des lentilles doit être de $20^{mm},8$, soit 21 millimètres en chiffres ronds.

Lorsque les lentilles sont rapprochées à bloc pour la pose, leur distance est de 60 millimètres (*fig.* 35).

Lorsqu'elles sont surécartées à bloc, pour la mise au point, leur distance est de 81 millimètres.

Nous terminerons cette étude des objectifs anachromatiques en faisant remarquer que lorsqu'on possède un objectif à portraits de PETZVAL (*fig.* 38), il suffit d'en élever la lentille achromatique frontale et le

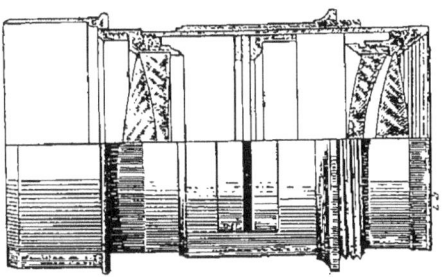

FIG. 38. — Objectif de Petzval.

flint divergent de la combinaison arrière qui lui fait suite, pour le transformer en un excellent objectif anachromatique, de distance focale, sensiblement égale à celle de l'objectif primitif. On remplace le flint divergent par un anneau en caoutchouc pour empêcher le ballottement dans la monture de la lentille arrière, seule conservée.

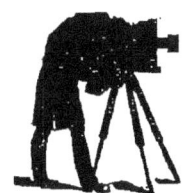

CHAPITRE III

Les procédés pigmentaires

16. — Généralités. — Les procédés pigmentaires, dans lesquels, comme nous l'avons dit dans notre *Traité élémentaire de photographie pratique* (164, p. 261), la lumière n'intervient que pour répartir le pigment qui doit former l'image, sont basés sur les transformations que subissent les bichromates solubles sous l'influence de la lumière, en présence de substances organiques ; quelques-uns utilisent la décomposition par la lumière des sels ferriques.

C'est en 1797 que Vauquelin observa le premier que l'acide chromique et les bichromates alcalins sont réduits par les matières organiques susceptibles d'oxydation, soit spontanément, soit surtout sous l'action de la lumière.

Si, en 1832, Suckow s'aperçut que l'addition de matières organiques aux bichromates les rendent décomposables à la lumière, ce ne fut que vers 1839 que Mungo Ponton eut l'idée d'impressionner à la lumière une feuille de papier préalablement trempée dans une solution de bichromate alcalin : les régions insolées brunissent, prenant une teinte analogue à la couleur des feuilles mortes.

En 1853, Fox Talbot utilisa l'insolubilisation à la lumière de la gélatine bichromatée, dans un procédé de gravure photographique sur planche d'acier.

Enfin, vers la fin de 1854, A. Poitevin étudia, au

point de vue pratique, les diverses propriétés de la gélatine et de l'albumine bichromatée, propriétés que nous résumons un peu plus loin.

Kopp, puis Eder [1] ont étudié les réactions qui se produisent dans ces actions de la lumière, réactions qui sont les suivantes :

Sous l'influence de la lumière, et en présence de matières organiques (gélatine, gomme, dextrine, papier, etc.), le bichromate alcalin est dédoublé en un mélange de chromate neutre alcalin et d'anhydride chromique. Ce dernier, cédant à la matière organique une partie de son oxygène, passe à l'état de chromate d'oxyde de chrome, composé brun. Ce composé se décompose si on lave à grande eau pour éliminer le bichromate non utilisé, en oxyde chromique, vert bleuâtre, qui reste dans la couche sensible et en anhydride chromique qui se dissout.

Nous renvoyons pour le détail de ces réactions à l'excellente *Chimie du photographe* de M. L.-P. Clerc [2], à laquelle nous empruntons le paragraphe suivant :

17. — Formation d'images. — Il est facile, soit avant, soit après ce lavage, de différencier les régions insolées des régions maintenues à l'obscurité par un traitement convenable, par exemple au moyen de sels métalliques donnant un chromate coloré insoluble ; on obtiendra ainsi une image jaune (jaune de chrome) par immersion dans un sel de plomb ; une image rouge avec un sel d'argent.

---

1. Eder, *Réactions de l'acide chromique et des chromates sur les substances organiques, au point de vue de leur utilisation photographique* (Revue des sciences photographiques, t. II, 1905).

2. L.-P. Clerc, *la Chimie du photographe* : I, *Notions générales de chimie photographique*, 2ᵉ édition, p. 119 (H. Desforges, éditeur, Paris).

On peut encore s'appuyer sur ce fait que le bichromate inaltéré peut, en tant qu'oxydant énergique, former au contact de certains produits organiques des matières colorantes ; c'est ainsi que l'aniline, corps incolore, donne au contact des régions protégées du violet d'aniline [1].

L'un ou l'autre de ces modes de tirage ne fournit une image positive que si l'insolation a été effectuée sous un phototype positif. Inversement on peut, après tirage sous un négatif, faire apparaître une image positive en utilisant l'oxyde chromique, resté seul dans la couche après rinçage, comme mordant pour la teinture. En plongeant dans une solution chromogène convenable, comme l'alizarine, la purpurine, un tissu sur lequel est, par places, fixé du sesquioxyde de chrome, la matière colorante insoluble, la *laque*, ne se formera qu'aux points où existe l'oxyde chromique, c'est-à-dire, dans le cas qui nous occupe ici, aux points insolés du tissu bichromaté [2].

Si intéressants que soient ces divers procédés, ils ne sont en rien comparables, au point de vue des applications pratiques, aux procédés d'une extraordinaire variété qui découlent des changements de propriétés physiques provoqués par la lumière sur les substances colloïdes (gélatine, albumine, gommes) bichromatées.

18. — Ces modifications peuvent se résumer dans les quatre propositions suivantes que nous empruntons presque textuellement à M. DAVANNE (*la Photographie, théorie et pratique*, t. II, p. 174) :

---

1. WILLIS, *Bulletin Belge*, 1866.
2. VILLAIN, *Paris-Photographe*, 1892 ; — *Bulletin de la Société française de Photographie*, 1892 ; — *la Photographie*, janvier 1893, p. 168.

1. *La gélatine, l'albumine ou la gomme bichromatée devient, à la lumière, insoluble dans l'eau chaude, et l'insolubilisation a lieu plus ou moins profondément dans l'épaisseur de la couche, proportionnellement à l'intensité de la lumière*[1].

Cette modification des colloïdes bichromatés est utilisée dans ce que nous appellerons les **procédés par insolubilisation**.

19. — *A*. Gravure. — On expose à la lumière derrière un dessin au trait (figure formée de lignes opaques sur fond transparent, ou inversement) une plaque de métal (zinc ou cuivre) recouverte d'une couche de gélatine, ou, mieux, d'albumine bichromatée. Traitant la surface sensible insolée par l'eau chaude, dans le cas de la gélatine, par l'eau froide, dans le cas de l'albumine, la substance colloïde restée soluble aux points où elle a été préservée de l'action de la lumière disparaît, laissant à nu la surface du métal en ces points ; dans les régions où, au contraire, la lumière a eu accès, si la durée d'insolation a été suffisamment prolongée pour que l'insolubilisation se produise dans toute l'épaisseur de la couche sensible, le métal reste couvert d'un enduit qui le protégera par la suite de toute attaque ; en plongeant alors la planche métallique dans un acide ou dans la dissolution d'un sel convenable (chlorure ferrique...), les parties nues du métal seront rongées ; en arrêtant à temps l'opération et faisant disparaître les réserves insolubles, on se trouvera en possession d'une planche

---

[1]. Il est curieux de remarquer que la gélatine bichromatée, revenue à l'obscurité après insolation, continue d'elle-même à s'insolubiliser, proportionnellement à l'action primitive, et peut même insolubiliser une surface sensible identique au contact de laquelle elle est maintenue.

gravée soit en creux (*photoglyptogravure*), soit en relief (*phototypogravure*), suivant que l'insolation aura été effectuée sous un positif ou sous un négatif de la gravure à reproduire.

20. — *B.* Photogrammes aux mixtions colorées. — On étend sur papier une solution de gélatine ou de gomme à laquelle on a incorporé une matière colorante insoluble, réduite à l'état de poudre impalpable ; on sensibilise ce papier en l'immergeant dans une solution de bichromate alcalin et, après séchage à l'obscurité, on l'expose à la lumière, derrière le négatif à reproduire. Les régions insolubilisées par la lumière retiennent cette matière colorante ; lors d'un lavage à l'eau chaude (*dépouillement*) qui enlève l'émulsion colorée aux régions qui ont été protégées, lors de l'insolation, par un noir du négatif. C'est là le principe des *procédés au charbon* que nous étudierons au chapitre xx (p. 397), et du procédé à la gomme bichromatée.

21. — *C.* Reliefs. — Une couche de gélatine d'une certaine épaisseur est coulée sur un support rigide, sensibilisée au bichromate et, après séchage à l'obscurité, insolée derrière un négatif. La dissolution partielle de la gélatine dans l'eau chaude laisse une image formée de creux et de reliefs, sorte de matrice qu'on peut mouler, à l'état humide ou sec, soit avec du plâtre (Voir chap. vi, p. 85), soit par les procédés galvanoplastiques. La matrice de gélatine peut d'ailleurs être utilisée elle-même.

22. — II. *Une couche de gélatine bichromatée étant plongée, après insolation, dans un liquide, les régions qui n'ont pas été insolubilisées par la lumière absorbent seules ce liquide.*

C'est là la base des **procédés par imbibition :**

23. — *A.* Hydrotypie. — Si après avoir insolé, derrière un positif, une couche de gélatine bichromatée d'épaisseur uniforme, et après l'avoir lavée à l'eau pour éliminer le bichromate non décomposé par la lumière, dans une solution d'un colorant quelconque, le liquide ne pénètre que dans les parties non insolubilisées, qu'il occupe uniformément ; le plus ou moins d'épaisseur de la partie perméable, actuellement colorée, détermine des opacités plus ou moins grandes, de même sens que celles de l'image sous laquelle a été effectué le tirage. On réalise donc ainsi une image positive transparente.

24. — *B.* Reliefs. — La gélatine bichromatée, abandonnée après insolation dans l'eau froide, ne se gonfle pas dans les régions insolubilisées par la lumière ; les autres régions acquièrent au contraire un relief ; il est à remarquer que si on insole sous le même cliché deux surfaces de gélatine bichromatée et si on dépouille l'une à l'eau chaude et abandonne l'autre à l'eau froide, les reliefs obtenus sont complémentaires l'un de l'autre, les parties en saillie sur l'un étant en creux sur l'autre, et inversement.

Les reliefs ainsi obtenus, plus accentués que ceux donnés par l'eau chaude, peuvent, comme eux, être utilisés pour obtenir des gravures, des bas-reliefs, des clichés typographiques, des matrices pour filigraner le papier, fabriquer des lithophanies, des diaphanies, des poteries colorées, etc. [1].

25. — III. *Une surface de gélatine bichromatée, rendue légèrement humide après insolation, prend*

---

[1]. Ces diverses applications seront passées en revue dans notre ouvrage en préparation : *les Applications de la photographie*. Gauthier, éditeur, Paris.

l'encre d'imprimerie sur les parties influencées par l'action de la lumière et ne la prend pas sur celles qui n'ont pas subi son action.

IV. Les bichromates alcalins, en présence de la lumière, modifient et détruisent les propriétés adhésives et hygroscopiques de certaines compositions hygrométriques, telles que le sucre, le miel, la dextrine, etc.

Ces deux propriétés forment la base de ce qu'on peut appeler les **procédés par humidification superficielle** :

26. — *A.* Photocollographie. — Si on insole derrière un négatif une feuille de gélatine bichromatée, si on la lave pour éliminer l'excès de bichromate et si on imbibe sa surface d'un liquide mouilleur à base de glycérine, il suffit de passer sur elle un rouleau à encrer pour que la feuille de gélatine bichromatée se comporte comme une pierre lithographique préparée, et puisse, comme celle-ci, être utilisée à l'impression. Bien que la photocollographie soit surtout un procédé industriel, il y a certaines méthodes qui permettent — avec un matériel d'un prix de revient insignifiant — d'obtenir des images inaltérables aux encres grasses ne coûtant presque rien ; nous renvoyons à la brochure de M. G. Naudet [1] pour la description de ces intéressantes méthodes.

27. — *B.* Images par saupoudrage. — Si, après insolation, derrière un positif, une couche de gomme ou d'un sirop bichromaté on l'abandonne dans une atmosphère humide, il suffit de balayer sur elle, avec un blaireau doux, une poudre colorante fixe pour voir apparaître, après époussetage, une image positive.

---

1. G. Naudet, *la Photocollographie sur supports souples.* H. Desforges, éditeur, Paris.

On peut, en particulier, utiliser ce procédé à la répartition de couleurs vitrifiables pour l'exécution d'émaux photographiques.

28. — Des modifications, inverses des précédentes ont lieu lorsque la gélatine est imprégnée non plus de bichromates, mais de chlorure ferrique ; ce dernier se transforme en chlorure ferreux en dégageant de l'oxygène. On emploie généralement un mélange de chlorure ferrique et d'acide tartrique. On peut énoncer les propositions suivantes, susceptibles d'applications analogues aux précédentes :

I. *La gélatine imprégnée de chlorure ferrique est insoluble dans l'eau chaude, mais devient soluble sous l'action de la lumière.*

II. *La gélatine imprégnée de chlorure ferrique perd à la lumière la propriété de se gonfler dans l'eau froide.*

III. *Un papier imbibé d'un mélange de chlorure ferrique et d'acide tartrique étant exposé à la lumière sous un cliché, il se produit sous les parties transparentes du cliché du chlorure ferreux, hygrométrique, susceptible de retenir des poudres colorées.*

Mais ces réactions du chlorure ferrique sont beaucoup moins usitées que celles des bichromates.

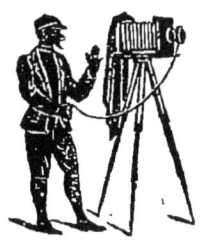

CHAPITRE IV

Photogrammes par saupoudrage

29. — Aux sels de fer. — L'obtention de photogrammes par saupoudrage aux sels de fer est assez délicate ; aussi utilise-t-on le plus souvent les propriétés des bichromates alcalins.

La liqueur sensible a pour composition :

Perchlorure de fer sec..................	10 gr.
Acide tartrique.......................	5 —
Eau...........................	Q. S. pour 100

Mais il est préférable, au lieu d'employer le perchlorure de fer en tablettes du commerce, de le préparer soi-même :

Dans une capsule de porcelaine on dissout, à chaud 100 grammes de cristaux de sulfate ferreux dans 100 centimètres cubes d'eau distillée; on ajoute, en les versant goutte à goutte, 18 grammes d'acide sulfurique concentré ; on continue à chauffer et on verse petit à petit de l'acide azotique pour peroxyder le fer. On étend d'eau la solution et on y verse de l'ammoniaque en excès. Il se forme un précipité d'hydrate ferrique qu'on recueille sur un filtre. On lave ce précipité à plusieurs eaux jusqu'à ce que l'odeur d'ammoniac ne soit plus appréciable. On dessèche ce précipité à une température inférieure à 100° et à l'abri de la lumière. Sur $6^{gr},50$ de cet hydrate ferrique on verse peu à peu de l'acide chlorhydrique de façon à en employer juste la quantité nécessaire pour le dissoudre et on amène le volume à 50 centimètres cubes par addition d'eau ; d'autre part, on dissout 5 grammes d'acide tartrique dans 20 centimètres cubes d'eau. On mélange les deux solutions et on complète le volume à 100 centimètres cubes.

La liqueur sensible ainsi obtenue est étendue sur un verre dépoli bien nettoyé et absolument exempt de corps gras ; on fait couler l'excès de liquide dans un entonnoir muni d'un filtre et placé sur le goulot d'un flacon.

On fait sécher rapidement dans l'obscurité; la couche sensible est alors brillante comme du vernis.

L'exposition se fait au châssis-presse, derrière un *négatif parfaitement verni;* il est bon de recouvrir le dos du négatif avec un morceau de drap noir. L'exposition qui doit avoir lieu à la lumière diffuse est, en moyenne, de vingt minutes avec un négatif de densité moyenne.

L'image apparaît en blanc sur le fond jaune de la couche sensible. La glace, sortie du châssis, est abandonnée à l'air dans un coin obscur du laboratoire; les régions qui ont reçu l'action de la lumière absorbent l'humidité de l'air, et l'image apparaît de plus en plus.

On passe alors légèrement à sa surface un blaireau doux chargé de la couleur en poudre (noir de fumée, plombagine, etc.), préalablement passée au tamis de soie n° 180 ; on promène le blaireau dans tous les sens et la poudre adhère dans les régions humides. On attend quelques instants et on répète l'opération, en insistant sur les régions trop peu colorées. Si certains détails tardent à se montrer, on humecte légèrement les régions correspondantes en y insufflant l'haleine.

L'image ainsi obtenue peut être reportée sur papier. On commence par emprisonner la poudre colorante en étendant à sa surface une couche de collodion normal à $1\ ^0/_0$. Après collodionnage, on plonge la plaque dans de l'eau pure jusqu'à disparition de l'aspect huileux de la couche; on remplace alors l'eau par de l'eau acidulée par $3\ ^0/_0$ d'acide chlorhydrique ou sulfurique. On lave à l'eau pure pour enlever l'excès d'acide, et la pellicule ne tarde pas à se détacher et à flotter dans le bain. On glisse par dessous une feuille de papier gélatiné, on retire le tout du bain et on laisse sécher.

On peut aussi, avant que la pellicule soit détachée, appliquer la feuille de papier gélatiné préalablement mouillée sur la surface collodionnée, ou enlever le tout ensemble; on laisse égoutter et on assure le contact avec une raclette qui chasse les bulles d'air. Quand le papier est sec, il se détache facilement en entraînant la couche de collodion. On recouvre l'image d'une couche de vernis copal. En opérant ainsi, l'image est inversée; on pourrait l'obtenir dans le sens direct en faisant un double transfert; mais le premier mode d'opérer est plus simple.

30. — Aux sels de chrome. — Ce procédé est plus employé que le précédent; tandis que, dans le procédé aux sels de fer, la poudre adhère dans les régions insolées, dans le procédé aux sels de chrome elle adhère dans les régions non insolées. L'insolation doit donc se faire derrière un positif.

On commence par nettoyer une plaque de verre bien plane et sans défauts. On la plonge quelques temps dans le bain:

Eau............................ Q. S. pour 1000
Acide sulfurique.......................... 50
Bichromate de potassium................. 40

On peut aussi la nettoyer à l'acide azotique, puis à la teinture d'iode.

Avant de la couvrir du mélange sensible, on la blaireaute pour enlever toutes poussières.

Comme liqueur sensibilisatrice, on peut employer l'une des formules suivantes :

1. Eau.................... Q. S. pour 100 cc.
   Miel épuré............................ 0^{gr},5
   Sirop de sucre........................ 2 cc.
   Gomme arabique pulvérisée............. 5 gr.
   Glucose liquide....................... 5 —
   Solution saturée de bichromate d'ammonium................... 15 à 20 cc.

On peut supprimer, si on veut, le miel et le sirop de sucre ; en hiver, on augmente la dose de bichromate.

2. Miel................................. 1 gr.
   Gomme arabique pulvérisée............. 5 —
   Sucre de raisin....................... 5 —
   Sucre de canne........................ 2 —
   Solution à 5 % de bichromate de potassium. 20 cc.
   Eau..................... Q. S. pour 100.

3. Glucose sirupeux..................... 10 cc.
   Miel blanc............................ 0^{gr},6
   Gomme arabique pulvérisée............. 5 gr.
   Solution saturée de bichromate d'ammonium....................... 20 cc.
   Eau..................... Q. S. pour 100.

La liqueur sensibilisatrice, après quelques heures de repos, est filtrée soigneusement sur un tampon de ouate hydrophile ; on la laisse déposer et, pour éliminer complètement les substances étrangères qu'elle peut renfermer, on en décante environ la moitié qu'on conserve, à l'abri de la lumière, dans un flacon bouché à l'émeri ; elle doit être utilisée dans les trois à quatre jours.

On étend la liqueur sur la plaque comme s'il s'agissait de collodionner cette dernière, de manière à la recouvrir d'une couche d'épaisseur uniforme.

On saisit la plaque entre le pouce et l'index de la main gauche (*fig.* 37); on la place horizontalement et on verse en A, vers le coin droit le plus éloigné du corps, une petite quantité de liqueur, en ayant soin de tenir le flacon rapproché de la plaque pour éviter la formation de bulles. Il faut s'efforcer de verser sans temps d'arrêt la quantité de liquide nécessaire pour couvrir la plaque qu'on incline un peu de manière à couvrir l'angle droit du haut ; on la fait osciller vers la gauche afin que la liqueur s'étende de ce côté ; puis on la relève un peu de manière à envoyer la liqueur sur le milieu et l'angle gauche du bas. On pose le flacon contenant la liqueur et, avec la main droite qui le tenait, on prend un flacon vide dans lequel on fait écouler par le coin droit D l'excès de liquide. On éponge le bas de la plaque pour éliminer le bourrelet formé en cet endroit. Au moyen d'un papier buvard, on enlève le liquide tout autour de la surface sur une largeur d'environ 1 centimètre.

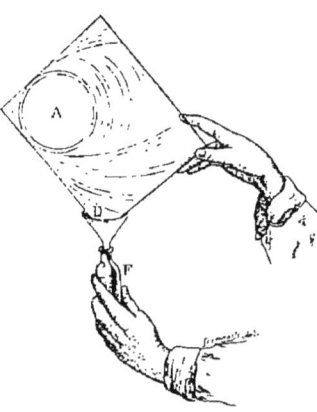

Fig. 39.

On fait sécher rapidement au-dessus d'une lampe à alcool en ayant soin de ne pas dépasser la température de 50°.

Quand la couche sensible est complètement sèche, ce qu'on reconnaît à ce qu'en la touchant avec le doigt elle n'adhère plus, on procède à l'insolation derrière un positif transparent qu'on chauffe légèrement au préalable. L'exposition doit se faire à l'ombre; elle dure de trois à dix minutes; on peut d'ailleurs la considérer comme terminée, lorsqu'il se dépose une légère buée sur la glace du châssis-presse.

Si l'atmosphère du laboratoire est humide, on peut procéder de suite au dépouillement; si elle est sèche, on attend quelques minutes.

La poudre colorante, préalablement passée au tamis de soie n° 180, est placée dans une soucoupe légèrement chauffée; on l'étend au moyen d'un pinceau très doux avec lequel on tamponne légèrement la surface impressionnée en commençant par le haut. On enlève l'excès de poudre en promenant légèrement le pinceau de haut en bas, dans tous les sens.

On examine la valeur de l'image en l'éclairant au moyen de la lumière réfléchie par une feuille de papier blanc : si elle est trop noire, il faut recommencer; si elle est incomplète, on abandonne la plaque au repos de quinze à trente minutes et on repasse à nouveau le pinceau chargé de poudre. On peut, à la rigueur, renforcer certaines régions en projetant l'haleine dessus, mais on risque ainsi de voiler l'image. On peut éclaircir certaines régions en frottant avec une touffe de coton cardé qui se charge de poudre.

L'image peut être reportée sur un papier comme nous l'avons dit dans le procédé aux sels de fer (29); il est bon après collodionnage d'exposer à la lumière durant un quart d'heure le dos de la plaque pour rendre l'image insoluble; on lave ensuite jusqu'à disparition complète de la teinte jaune due au bichromate.

31. — Applications. — Le procédé aux poudres est utilisé pour l'obtention de contre-types; il sert aussi à la production des émaux photographiques que nous décrirons dans le chapitre suivant; A. LIEBERT a décrit un procédé permettant de représenter un personnage dans un site quelconque, basé sur le procédé aux poudre. Nous en extrayons la description de *la Photographie au charbon mise à la portée de tous*, dont il a publié la 2ᵉ édition en 1884 :

« On tire du paysage un photogramme sur papier et on en décalque les principaux contours sur un papier végétal que l'on applique sur le verre dépoli de la chambre noire, afin de déterminer la position et la grandeur à donner à l'image du personnage.

Celui-ci doit poser devant un fond plus ou moins noir : un fond gris noir à la partie supérieure, noir absolu dans le bas; la teinte passant graduellement du gris au noir convient parfaitement; le tapis doit être noir mat.

Le négatif dont le fond doit être parfaitement transparent est verni, puis recouvert du mélange :

 Albumine.............................. 100
 Glycérine.............................. 5
 Eau filtrée................... Q. S. pour 200

On verse l'excès de liquide, on sèche doucement au-dessus d'une lampe à l'alcool; on coagule l'albumine par immersion dans l'alcool à 40°, on lave et on fait sécher.

On étend alors à la surface du négatif une couche de la liqueur sensible :

Eau filtrée	100
Sucre candi	2
Miel	1
Dextrine	4
Gomme arabique	4
Phénol	2
Glycérine	0,50
Bichromate de potassium	2 gr.

Cette opération se fait, ainsi que les suivantes, dans une pièce abritée de la lumière blanche.

On sèche doucement au-dessous d'une lampe à alcool et on expose à la lumière, derrière le négatif représentant le fond (paysage ou autre) au milieu duquel on veut placer le personnage.

On dépouille à l'aide d'un pinceau fin chargé de plombagine, en ayant soin de ne pas le passer sur l'image du personnage. Le dépouillement terminé, on recouvre de collodion normal et on lave pour enlever l'excès de bichromate.

Après dessiccation, on recouvre de vernis, et le négatif est prêt pour le tirage.

Si l'image n'est pas satisfaisante, on enlève le fond par un lavage à l'eau tiède très légèrement acidulée à l'acide chlorhydrique, et on peut recommencer.

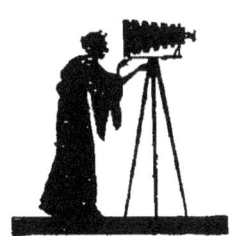

CHAPITRE V

Les émaux photographiques

32. — Deux méthodes principales sont employées pour la production des émaux photographiques :

L'une, employée pour la première fois par Lafon de Camarsac, consiste à incorporer à l'émail, par la cuisson, la pellicule de collodion même, sur laquelle est le positif original. MM. Tessié du Motay et Maréchal ont montré qu'on pouvait substituer à l'argent formant les noirs de l'image d'autres métaux et obtenir ainsi des colorations diverses. Nous ne décrirons pas ici cette méthode par substitutions.

L'autre, qui est la plus ancienne, la *méthode par saupoudrage*, est basée sur le même principe que l'obtention des photogrammes par saupoudrage que nous avons décrite dans le chapitre précédent. Elle n'exige ni installation particulière ni connaissances spéciales ; le soin et la persévérance suffisent pour réussir. Aussi donnerons-nous les indications nécessaires à sa mise en pratique.

33. — Du positif. — On doit partir d'un positif sur verre aussi parfait que possible, tiré, par conséquent, d'un bon négatif vigoureux sans dureté : tout négatif faible, dur ou voilé sera donc rejeté.

Quant au mode d'obtention du positif, il importe peu, s'il s'agit de décorer des objets à surface courbe comme certaines plaques d'émail ayant la forme de camées, des assiettes, des tasses, etc., il faut un positif pelliculaire, souple, pouvant s'adapter à la surface qu'on veut décorer.

34. — Liqueur sensible. — On a donné un grand nombre de formules de liqueurs sensibles pour émaux; nous nous contenterons de donner les plus usitées :

1° *Formule de Lucy* de Fossarieu. A la solution :

Eau....................................	100
Sucre blanc............................	20
Gomme arabique........................	6

on ajoute :

Solution aqueuse saturée de borax..........	1000

ce qui donne une solution dont on verse, pour l'usage, au moment de l'emploi, 6 centimètres cubes dans la solution ;

Eau....................................	10 cc.
Solution saturée de bichromate d'ammonium.............................	4 cc.

On filtre à plusieurs reprises et avec soin, jusqu'à ce que la liqueur, ayant déposé toutes les poussières et impuretés qu'elle pouvait contenir, soit absolument propre.

Par les temps très secs ou très chauds, il est bon de l'additionner de III à IV gouttes de la liqueur :

Solution aqueuse saturée de borax.......	20 cc.
Miel pur...............................	20 gr.

2° *Formule de* Leth (Vienne, 1865) :

Eau....................................	55
Gomme arabique.......................	1,20
Solution de miel (parties égales d'eau et de miel).................................	1,75
Solution saturée de bichromate de potassium..................................	7

II.   5

La liqueur, filtrée avec soin, est versée sur le support préalablement chauffé.

3° *Formule de* GEYMET et ALKER :

Eau distillée................................	100
Miel épuré..................................	0,5
Sirop de sucre.............................	2
Gomme arabique pulvérisée.............	5
Glucose liquide.............................	5
Solution saturée de bichromate d'ammonium..................................	de 15 à 20 cc.

On peut se passer, au besoin, du miel et du sirop de sucre ; le mélange peut être fait à la lumière, sauf l'addition du bichromate qui ne doit se faire qu'en dernier lieu et dans une pièce obscure ; le bichromate de potassium ou de sodium peut remplacer celui d'ammonium ; la dose de bichromate est avantageusement augmentée en hiver. On filtre.

4° *Formule de* GARIN et AYMARD :

Eau...	100 cc.
Gomme arabique en poudre.............	5 gr.
Sucre...	10 —
Solution saturée de bichromate d'ammonium..................................	25 cc.

Par les temps secs, il est bon d'ajouter :

Lévulose.....................................	0gr,50

et, par les temps humides, de remplacer les 25 centimètres cubes de la solution saturée de bichromate ammoniacal pur :

Solution saturée de bichromate d'ammonium..................................	15 cc.
Solution saturée de bichromate de potassium.....................................	10 —

On filtre, de préférence, à travers un tampon de coton hydrophile.

5° *Formule* de A. Pierre Petit : .

Eau distillée.....................	100
Sucre............................	2
Gomme arabique...................	2,5
Glucose liquide...................	2,5
Miel.............................	1
Bichromate de potassium..........	8

6° *Formule* de M. A. Poitevin[1]. — On prépare à froid la solution :

Eau distillée.....................	100
Gomme arabique pulvérisée........	5
Sucre............................	10

On filtre sur un tampon de coton.

Au moment d'opérer, on ajoute à quatre parties de cette solution une partie d'une solution saturée à froid de bichromate d'ammonium. Ce mélange sensible ne peut se conserver qu'un jour.

35. — Étendage de la liqueur sensible. — Certains praticiens étendent directement la liqueur sensible sur la plaque d'émail, préalablement bien nettoyée et légèrement chauffée ; en ce cas, on utilise la deuxième formule (formule de Letu).

Plus généralement, on l'étend sur une glace bien plane et on reporte ensuite sur l'émail, en suivant les instructions suivantes :

On choisit les glaces bien planes, exemptes de bulles et de stries, et on leur fait subir un nettoyage

---

1. A. Poitevin, *la Photographie vitrifiée sur émail, mode opératoire* (*la Photographie*, X° année, p. 20, n° 2, 1er février 1898).

aussi parfait que possible ; on les immerge près d'une heure dans le bain :

Eau..	1000
Acide azotique.........................	1000

On les rince à l'eau fraîche, et après égouttage, on les essuie avec un linge propre, bien sec et non pelucheux.

On frotte ensuite la surface à sensibiliser, à l'aide d'un tampon de coton enduit soit d'un mélange de tripoli de Venise et d'alcool additionné de quelques gouttes d'ammoniaque, soit de la solution

Alcool......................................	1000
Iode en paillettes.....................	10

Au moment d'utiliser la glace, on passe à sa surface un blaireau bien sec, pour enlever toute trace de poussière qui criblerait de points l'image.

La mixture bichromatée est versée sur la surface, ainsi préparée, en nappe unie, à la manière du collodion, et le surplus est reçu dans un flacon muni d'un filtre à coton hydrophile.

La plaque est séchée modérément, dans l'obscurité, au-dessus d'une lampe à alcool ou à gaz, à une température ne dépassant pas 65°.

Pendant la sensibilisation et le séchage, il faut veiller avec soin à ce qu'*aucune poussière ne vienne se déposer sur la couche sensible*.

On évitera d'une façon certaine la chute des poussières, en couvrant la plaque de verre, à une distance de quelques millimètres, d'une autre plaque de même format : il suffit de tenir à la main l'ensemble des deux plaques que l'on peut, au besoin, isoler par de petites cales. Comme les plaques de verre sont d'un format notablement plus grand que la partie utile de l'image, il est impossible que des poussières puissent pénétrer jusqu'à celle-ci en se glissant dans l'intervalle des deux verres.

36. — Insolation. — On attend que la plaque ait repris la température ambiante pour l'insoler, au châssis-presse, derrière le positif. Si celui-ci est sur pellicule, et la liqueur sensible étendue sur émail, on frotte la pellicule avec précaution dans tous les sens, pour qu'elle arrive en contact parfait avec la surface sensible.

La durée d'insolation nécessaire est très variable, avec l'intensité de la lumière du jour et la transparence du positif. Par un beau soleil d'été, vingt à trente secondes suffisent généralement; à l'ombre, au milieu du jour, il faut de trois à dix minutes.

L'insolation à l'ombre est préférable, l'insolation au soleil donnant des images dures et heurtées. Au soleil, il suffit de prolonger la pose de quelques secondes à partir du moment où la glace du châssis-presse s'est recouverte d'humidité. Par les temps sombres, quatre ou cinq heures de pose peuvent être nécessaires.

L'exposition doit avoir la durée convenable, autant que possible; cependant un excès de pose qui, s'il est exagéré, empêche l'adhérence de la poudre d'émail, est moins à craindre qu'un manque de pose qui provoque, au contraire, l'adhérence de la poudre sur toute la surface et, par suite, un voile de l'image.

Par les temps secs, il ne faut poser la glace que lorsque, refroidie, elle a repris la température ambiante, et ne commencer le développement que quelques minutes après l'insolation; par les temps humides, au contraire, il vaut mieux insoler la glace avant qu'elle soit tout à fait refroidie et ne pas attendre pour développer.

37. — Dépouillement de l'image. — Le développement, qui doit s'effectuer en demi-lumière, consiste à couvrir la plaque de poudre d'émail mêlée de fondant ; elle n'adhère qu'aux endroits où la lumière n'a pas agi.

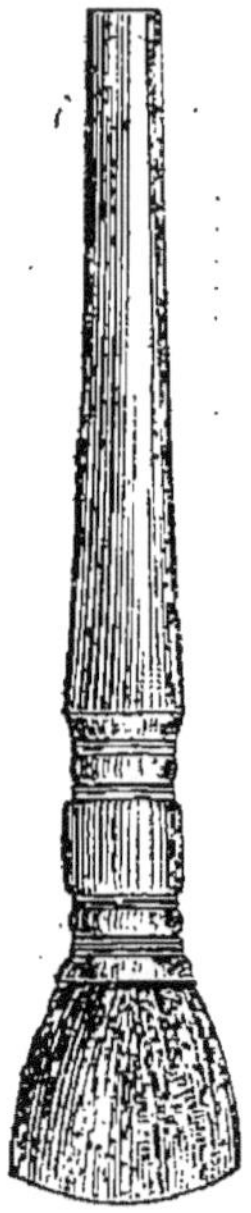

MM. Leth et Obernetter secouaient au-dessus de la plaque un petit sac de toile fine contenant les poudres impalpables.

MM. Geymet et Alker préfèrent se servir d'un pinceau de blaireau fin et fourni qu'ils chargent en le retournant en tous sens sur une feuille de papier blanc ou sur une soucoupe renfermant la poudre. On tamponne régulièrement et légèrement la plaque en commençant par le haut et on enlève l'excès de poudre en promenant le pinceau, avec une certaine légèreté de main de haut en bas, dans tous les sens.

Fig. 40. — Blaireau pour le dépouillement.

L'image ainsi dépouillée doit paraître un peu plus foncée qu'elle ne doit être définitivement : les blancs doivent être légèrement teintés, les noirs un peu voilés ; le feu les ramènera à leur vraie valeur. L'image doit néanmoins être assez claire, et surtout ne doit pas être empâtée, ce qui indique un développement poussé trop loin, auquel cas le mieux est de recommencer. Si le développement est, au contraire, incomplet, il faut laisser la plaque se reposer un peu et le continuer ; au besoin, envoyer l'haleine sur la surface bichromatée, si la poudre n'adhère pas après un instant de repos.

Une image grise doit être recommencée. Les retouches se font avec un pinceau à aquarelle chargée de poudre ; on enlève les excès avec un tampon de coton légèrement chauffé.

Il faut éviter toute humidité du blaireau, de la poudre et du papier.

Par les temps trop secs, il est bon d'arroser la pièce où se font les manipulations ou de haler un peu sur la plaque; par les temps trop humides, on chauffe légèrement la plaque avant de la développer, pour éviter l'empâtement.

38. — COMPOSITION DE LA POUDRE. — La poudre vitrifiable employée pour le dépouillement de l'image est généralement composée d'une partie d'un oxyde métallique, stable à la température du rouge, et de deux parties d'un fondant.

Le fondant le plus employé est le flint pulvérisé ou fondant n° 53.

On emploie aussi l'un des fondants suivants :

```
1. Silice..................................  3
   Oxyde de plomb........................  8
   Borax calciné.........................  1,5
2. Silice..................................  3
   Minium................................  38
   Borax.................................  40
```

Les oxydes et sels que l'on mélange au fondant sont :

Poudres rouges : Oxyde ferrique (peroxyde de fer); pourpre de Cassius; oxyde cuivreux.

Poudres orangées : Oxyde rouge de fer; oxyde d'antimoine.

Poudres jaunes : Oxyde d'uranium ; chromate de plomb ; sulfure ferreux ; oxyde de zinc ; chlorure d'argent.

Poudres vertes : Oxyde de chrome, oxyde de cuivre, oxyde de cobalt, mélangés.

Poudres bleu foncé : Oxyde de cobalt.

Poudres bleu clair : Oxydes de cobalt et de zinc mélangés.

Poudres violettes : Oxyde de manganèse.

Poudres noires : Oxyde de fer, de cuivre.

Poudre blanc opaque : On fond le mélange :

Silice	30
Potasse	20
Oxyde de plomb	40
Oxyde d'étain	10

et on le divise en le projetant dans l'eau froide ; on ajoute alors à 44 grammes de ce mélange :

Sable blanc	25
Minium	3,5
Cristal du commerce [1]	2

Le mélange d'oxyde et de fondant doit, avant l'emploi, être porphyrisé à la molette sur une glace dépolie.

On obtient, en particulier, un très beau rouge sanguin avec le mélange

Rouge anglais en pains, calciné	10
Flint pulvérisé	20

On peut essayer une poudre de la manière suivante : Une première plaque obtenue dans certaines con-

---

1. A base de potasse et d'oxyde de plomb.

ditions est développée à la plombagine. On prépare une seconde plaque avec la même liqueur sensible ; on donne la même pose et on dépouille avec l'émail qu'on essaye ; il doit donner aussi bon que la plombagine.

39. — Collodionnage. — L'image dépouillée est recouverte d'une couche du collodion suivant :

Éther à 62°............................	50
Alcool à 40°............................	30
Coton-poudre	2

S'il s'agit d'images de faibles dimensions, on diminue la dose de coton-poudre ; on emploie par exemple :

Éther sulfurique........................	100
Alcool à 90°............................	100
Coton-poudre...........................	3

L'excès de collodion ne doit pas être conservé, mais être jeté, à cause du bichromate qu'il entraîne avec lui.

40. — Séparation de la pellicule et de son support. — Lorsque le collodion est sec, ce qui demande quelques secondes, on plonge la glace, face collodionnée en dessus, dans une cuvette renfermant :

Eau........................... Q. S. pour	1000
Acide sulfurique	200

La pellicule se détache alors de son support, et sa coloration jaune, due au bichromate, disparaît. On la reprend sur la glace pour rogner au canif les portions inutiles, puis, la maintenant du doigt par un coin, on la soumet quelques secondes à un léger filet d'eau. On retourne alors vivement la glace sens dessus dessous et, l'enlevant légèrement, on plonge l'un de ses côtés dans une cuvette pleine d'eau. La pellicule glisse sous la glace et, s'en séparant complètement, flotte à la surface de l'eau, la face collodionnée regardant maintenant en bas.

41. — Transport de l'image sur la plaque d'émail. — On glisse la plaque d'émail sous la pellicule, en s'aidant d'une spatule faite d'un morceau de laiton coudé ; on la soulève en guidant avec un pinceau fin la pellicule pour la mettre en place. L'émail sorti de l'eau, on rabat en dessous les parties de la pellicule qui dépassent, en évitant la formation de plis ; puis on place l'émail, image en haut, sur une feuille de papier buvard. On peut alors laisser sécher au soleil en été, sur un feu doux en hiver, ou mieux encore [1], on laisse tomber sur la plaque un morceau de papier de soie sur lequel on souffle légèrement pour le faire appliquer ; on l'enlève et on recommence cinq à six fois jusqu'à ce que l'image soit sèche ; il faut opérer avec beaucoup de précaution, l'image étant encore très fragile.

L'émail est ensuite placé sur une rondelle en terre réfractaire et chauffé sur un fourneau à gaz ou une forte lampe à alcool jusqu'à ce que le collodion commence à noircir. On voit alors apparaître, sous forme de points noirs, les poussières qui, malgré les précautions qu'on a prises, ont pu venir se déposer sur l'image ; on les enlève avec une pointe d'aiguille. L'émail est dès lors prêt à subir la cuisson qui doit le vitrifier.

42. — Cuisson. — La cuisson s'effectue dans un fourneau d'émailleur en terre réfractaire ; on le chauffe soit au charbon de bois, soit au coke. Quand

---

1. Poitevin, *la Photographie*, 10ᵉ année, p. 22.

le moufle est *rouge cerise*, on y introduit l'émail posé sur une rondelle de terre réfractaire préalablement frottée avec du kaolin pour empêcher l'adhérence. La mise au feu ne doit pas se faire brusquement : on laisse la plaque s'échauffer peu à peu, près de l'ouverture du moufle avant de l'introduire.

La plaque noircit d'abord : c'est le collodion qui se carbonise. L'image, d'abord mate et terreuse, devient brillante et semble se recouvrir d'un vernis.

On la retire du moufle quand elle est parfaitement brillante.

Le refroidissement ne doit pas être brusque ; aussi laisse-t-on quelques instants l'émail à l'ouverture du moufle avant de le poser sur la plaque de tôle ou la brique sur laquelle on le laisse se refroidir complètement.

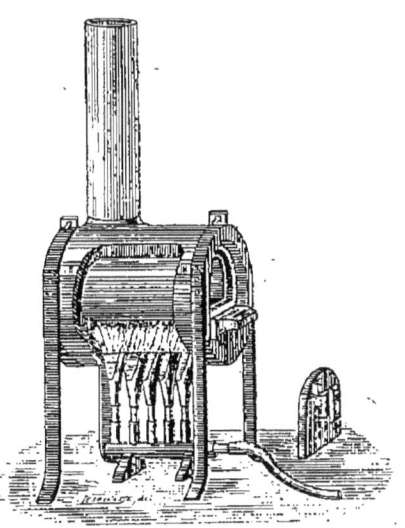

Fig. 41. — Fourneau d'émailleur, à gaz.

43. — Retouches. — Les accidents sont rares ; on peut néanmoins avoir quelques retouches à faire.

S'il y a des points noirs, on les enlève à sec avec une aiguille.

Les points blancs sont recouverts avec de la poudre d'émail plus riche en fondant que celle qui a servi au dépouillement, broyée avec quelques gouttes d'essence de lavande et un peu d'essence grasse.

On adoucit les traits trop accusés, les ombres trop noires en promenant à la surface de l'émail un pinceau trempé dans le mélange :

Eau.........................	Q. S. pour 100
Acide chlorhydrique.................	10

qu'il faut employer avec précaution.

Après chaque retouche, il faut avoir soin de glacer l'émail au feu.

44. — Utilisation d'une plaque manquée. — S'il arrive qu'un émail ait été manqué à la cuisson, il est avantageux, étant donné le prix un peu élevé des plaques, de pouvoir l'utiliser pour un nouvel essai : on efface alors l'image en la lavant au moyen d'un pinceau trempé dans l'acide chlorhydrique coupé d'un volume d'eau égal au sien, jusqu'à disparition de toute trace visible d'image ; on rince rapidement à l'eau, la surface de l'émail est alors grenue ; on lui rend son brillant ordinaire en la cuisant à nu ; en prenant les précautions indiquées ci-dessus, elle est, après refroidissement, prête à servir pour une nouvelle série d'opérations.

45. — Emploi du chlorure ferrique. — On emploie parfois les propriétés du chlorure ferrique (28, p. 63). Il suffit de suivre, pour la préparation et l'étendage de la liqueur sensible, l'insolation et le dépouillement, ce que nous avons dit des images par saupoudrage (29). Quant à l'application de la pellicule sur la plaque d'émail et aux opérations suivantes, elles s'effectuent comme nous venons de l'indiquer.

CHAPITRE VI

Photogrammes en reliefs

(Médaillons)

46. — Nous avons vu (24, p. 61) qu'on pouvait utiliser l'action de la lumière sur la gélatine bichromatée pour obtenir des reliefs.

Nous devons à l'amabilité de M. BARBICHON, un de nos meilleurs photographes professionnels, un sommaire de la marche à suivre pour l'obtention des portraits photographiques en relief. En nous envoyant ce sommaire, que nous reproduisons ci-dessous, M. BARBICHON nous écrivait :

« J'avais présenté au Salon d'Art photographique du Photo-Club, en 1896, un de ces portraits photographiques en bas-relief. Un membre influent du jury, peintre et sculpteur, membre de l'Institut, objecta que l'on avait à examiner de la photographie et non de la sculpture ; de là, refus du médaillon. Je l'envoyais deux mois plus tard à une Exposition des Beaux-Arts avec la mention : « Relief entièrement photographique », comme au Photo-Club, du reste. Là, comme c'était photographique, on voulait le rejeter ; un membre du jury qui n'était pas, il est vrai, de l'Institut, fit remarquer que le relief était aussi bon que beaucoup d'autres ; on l'accepta... avec sa mention. »

47. — Sommaire de la marche à suivre pour l'obtention des portraits photographiques en relief. —
1° *Éclairage*. — Éclairer le modèle se détachant sur un fond noir, avec une lumière de peu d'étendue, à 45°, en avant et par côté (côté des cheveux);

2° *Préparation du modèle*. — Poudrer en blanc avec un vaporisateur les cheveux et la barbe, peu sur le contour, davantage sur l'avant-plan; poudrer également les parties trop ombrées ou trop creuses qui donneraient des dépressions trop grandes au relief définitif; poudrer l'oreille sur tout son pourtour. Le vêtement sur les épaules sera blanc;

3° *Pose*. — Le modèle préparé et éclairé, impressionner la plaque avec une pose normale, plutôt longue que courte; développer et fixer comme à l'ordinaire;

4° *Retouche du cliché*. — Le cliché sec, avec un pinceau et le réducteur de Farmer on mettra le fond à nu en rectifiant le contour et enlevant ce qui serait en trop dans les épaules. On retouche au crayon ou au pinceau toutes les défectuosités et on fait l'inscription;

5° *Sensibilisation de la gélatine*. — On sensibilise dans un bain de bichromate à 5 $^0/_0$ pendant cinq à dix minutes, suivant l'épaisseur et la dureté, une feuille de gélatine lisse de 1 millimètre d'épaisseur, et on l'applique pour la faire sécher sur une glace talquée;

6° *Impressions*. — On applique la feuille de gélatine sur le négatif, comme une feuille de papier; on porte au jour en ayant soin d'éviter tout rayon oblique; on suit l'impression par l'examen direct, dans le laboratoire, d'un papier sensible qui s'impressionne par la lumière qui traverse la gélatine;

7° *Application sur support rigide*. — Après l'impression, tremper la gélatine dans l'eau jusqu'à ce qu'elle devienne souple sans raideur, l'appliquer immédiatement, le côté impressionné en dessus, sur une glace gélatinée sèche (un vieux cliché, une plaque voilée), à laquelle elle adhèrera fortement ; éviter toute bulle d'air.

8° *Formation du relief.* — La pellicule bien adhérente sur son support, immerger le tout dans l'eau pure ; le relief ne tarde pas à paraître ; remplacer l'eau teintée par le bichromate, par de l'eau acidulée acétique, qui aide au développement du relief.

9° *Moulage.* — Le relief obtenu, ce qui demande quelquefois un jour et plus, on procède au moulage en plâtre par les procédés habituels et, dans le moule en creux, on peut obtenir l'objet dans son relief réel avec toutes matières plastiques, ou avec les métaux par la galvanoplastie.

48. — Le lieutenant-colonel Roselle a publié, dans le numéro de mars 1905 du *Bulletin de l'Association belge de photographie,* un mode opératoire très détaillé que nous croyons utile de reproduire, espérant que nombre de nos lecteurs mettront en pratique cet excellent procédé :

Préparation des plaques. — Une série de verres, dont le côté uni sans griffes est vigoureusement poli au talc, d'abord avec un linge mouillé, puis à sec, sont essuyés et mis à chauffer doucement.

Dans 250 centimètres cubes d'eau, on délaie 5 grammes d'amidon [1], on chauffe jusqu'à ce que l'empois soit fait et l'on ajoute 50 grammes de gélatine blanche. Celle-ci étant complètement dissoute, on

---

1. L'amidon augmente la résistance de la gélatine pendant les opérations subséquentes.

filtre la mixtion dans un entonnoir en verre garni de mousseline. Dans le récipient[1] est mis un pinceau à plume, dont le manche est allongé par un bâtonnet de manière qu'il dépasse le haut du vase.

On s'assied devant une table, face à la lumière du jour ; du côté opposé est établie une étagère mobile composée de supports d'égale hauteur et de rayons en verre double (14 sur 63 centimètres) dont l'horizontalité est assurée au moyen d'un niveau à bulle d'air. A droite, sont placés les verres chauffés ; à gauche, sur un support horizontal, est mis le verre à préparer, le côté poli en haut. Sur son milieu, on verse une couche de mixtion chaude, qu'on étend au moyen du pinceau, en ramenant éventuellement les bulles d'air vers les bords du verre. La plaque est déposée sur l'étagère ; on prépare la seconde, et ainsi de suite. Cette mixtion suffit pour couvrir environ six verres de 13 sur 18 centimètres.

Dès que leur enduit est figé, les plaques sont mises à sécher à l'abri de la poussière. Lorsqu'elles sont parfaitement sèches, elles sont conservées en paquet, les couches de mixtion se faisant face. Si parfois celle-ci se détache, on l'utilise comme gélatine dans une préparation ultérieure.

PAPIER DE TRANSFERT. — Du papier blanc assez fort, uni et sans filigranes, est découpé à un format un peu plus grand que celui des plaques. Les feuilles sont plongées successivement dans un bain chaud composé de 5 grammes de gélatine pour 100 centimètres cubes d'eau et suspendues à l'air pour être séchées. On en fait une provision.

---

1. Des pots cylindriques en faïence (genre pot à lait) conviennent parfaitement.

SENSIBILISATION. — Ce travail se fait le soir, à la lumière d'une lampe; la plaque, mixtion en dessus, est mise pendant cinq minutes dans une cuvette contenant une solution de 5 grammes de bichromate d'ammonium ou de potassium dans 100 centimètres cubes d'eau [1]; on l'agite au début avec une spatule en bois, afin qu'elle se sensibilise uniformément, on la lève et on la met debout pour égoutter.

Le papier de transport est immergé dans une cuvette remplie d'eau; dès qu'il est assoupli, la plaque est glissée en dessous, mixtion en haut; on la redresse graduellement avec la main droite en y faisant adhérer le papier avec la main gauche. Il est important qu'il n'y ait aucune bulle d'air entre la mixtion et le papier qui doivent former corps ensemble.

La plaque, séchée des deux côtés avec un linge, est mise sur un verre plus grand, papier en dessous; on coupe avec un canif les bords du papier qui dépassent, on l'essuie de nouveau et on la laisse sécher à l'abri de la lumière du jour, dans une grande boîte en carton, par exemple.

Le lendemain soir, elle est placée, papier en dessus, sur la tablette d'une cheminée où l'on fait du feu. Au bout de deux ou trois heures, le papier portant la mixtion se détache spontanément[2]; il est mis dans un étui en carton et se conserve un certain temps.

CLICHÉ SPÉCIAL. — Les clichés ordinaires de marbres blancs, de plâtres et d'objets monochromes clairs peuvent servir, s'ils ont été pris la lumière en face et devant un fond noir.

---

1. Cette solution se conserve; on la renforce, s'il y a lieu.
2. Si le papier reste adhérent au verre lorsqu'il est bien sec, il suffit d'engager la pointe d'un canif entre verre et papier pour qu'il tombe.

Il n'en est pas de même des clichés de portraits : la barbe, les cils et les cheveux foncés manquent d'intensité dans les détails ; les chemises et les cols blancs provoquent des reliefs exagérés; les habillements sombres, au contraire, se traduisent en creux. Il faut que l'action photogénique de toutes les parties du modèle soit en harmonie avec le relief à produire.

Dispositions a prendre. — Une couverture en laine rouge constitue un bon fond de pose. Les blonds et les gris accentueront les détails des cheveux en y passant un peigne mouillé; les autres pourront se poudrer à blanc. Les cols blancs seront rendus gris; un plastron clair couvrira la chemise blanche; on pourra aussi mettre une chemise en flanelle grise; enfin, les autres effets seront de nuance claire.

La lumière éclairera horizontalement et de face, sans projeter d'ombre sur la personne.

Le cliché, verni à la gomme Dammar, permettra de renforcer au crayon noir les détails trop peu accentués [1]. Du côté verre, on appliquera au pinceau, sur les parties trop transparentes, une couche plus ou moins épaisse de gélatine chaude rougie à l'aniline, afin d'y trouver le relief sans détruire les détails [2].

---

1. Dans 100 centimètres cubes de benzine rectifiée, on dissout 5 grammes de gomme Dammar pulvérisée, on agite fortement, on laisse reposer pendant quelques jours et on décante. Ce vernis s'applique à froid. Les retouches faites au crayon noir s'enlèvent facilement en les frottant avec un linge imbibé de benzine.

2. On a indiqué un mode d'obtention du négatif qui donne de bons résultats, d'après *la Gazette du photographe amateur*. Le modèle est placé *de profil*, devant un fond noir, et on prend, successivement à la lumière artificielle (photopoudre au magnésium) et selon un éclairage de 45°, deux épreuves à quelques secondes d'intervalle, en priant le modèle de ne pas bouger entre les deux poses. Seulement, la tête doit être dans la première pose

Impression. — L'impression se fait dans le châssis ordinaire; on examine la venue de l'image; dès qu'elle est suffisamment marquée, le papier est enlevé et plongé entièrement dans de l'eau froide, qu'on renouvelle une ou deux fois. Le relief se montre bientôt; mais on ne retirera le papier que lorsque le bichromate non impressionné est dissous.

Si l'on ne désire pas mouler de suite, le papier relief est épongé et séché à l'abri de la poussière. Lorsqu'il est sec, il suffit de le mettre complètement pendant quelques heures dans de l'eau froide pour que le relief se reproduise.

Ce papier constitue un véritable cliché, dont on peut mouler une série d'empreintes si on opère avec précaution.

Fabrication du moule. — Carcasse. — Avec un fil de cuivre rouge de près de 1 millimètre de diamètre, on

---

éclairée de trois quarts *avant* et, dans la seconde pose, de trois quarts *arrière*.

Si après développement et fixage, on pellicule ces deux négatifs et qu'on les superpose en repérant bien exactement, leur ensemble représente précisément par du noir les parties en saillie et, par le verre nu, les parties creuses du modèle.

En effet, grâce aux deux poses, toute région en saillie a, une fois au moins, reçu la lumière, tandis que toute région creuse est restée dans l'ombre les deux fois.

Au travers de ce négatif double, on imprime une épreuve positive ordinaire qu'on retouche à la gouache et à l'encre de Chine, pour donner des vigueurs aux cheveux, à la barbe et aux vêtements.

Il faut éviter les bustes et ne faire que des têtes, le col dégagé, ce qui est bien plus *médaille*.

En même temps on trace les inscriptions qu'on veut mettre en exergue et on limite, par un lavis à l'encre de Chine, le contour extérieur, médaillon ou plaquette carrée. Ce dessin obtenu, on le photographie de nouveau en l'amplifiant ou en le diminuant, selon le format qu'on veut donner à l'œuvre définitive, et avec le cliché négatif ainsi obtenu on tire les épreuves sur de la gélatine bichromatée.

confectionne le contour du médaillon désiré, en tordant, au moyen d'une pince, les deux bouts dont on conserve l'un, de 15 centimètres de longueur. Ce contour est aplani entre deux petites dalles, et la tige est redressée à angle droit en inclinant un peu son extrémité vers l'intérieur afin d'assurer la stabilité.

On découpe sur un verre, à l'aide d'un canif et d'une règle, une bandelette de carton mince à arêtes bien droites et de 1 centimètre de largeur. En fixant à la colle forte ses deux extrémités, on fait un ovale juste assez grand pour que l'anneau en fil de cuivre mis dans son intérieur serre au bord inférieur et forme avec celui-ci une surface plane.

Composition du moule. — Dans un vase en fer, sur un feu doux, sont fondus 130 grammes de colophane, 50 grammes de paraffine, additionnés de 50 grammes de mine de plomb, terre d'Italie et de vieux moules, si l'on en a.

Après l'avoir bien mélangée avec un bâtonnet, on décante la matière dans un récipient de fer émaillé à manche, de petite dimension (10 centimètres de diamètre) en arrêtant avec un carton l'écume qui couvre sa surface.

Moulages. — Sur le milieu d'une cuvette placée horizontalement, on empile trois ou quatre verres et on y verse de l'eau bien froide jusqu'au niveau du verre supérieur.

Le relief, retiré de l'eau et épongé, est couvert abondamment à l'envers de colle de dextrine[1] et appliqué sur un verre uni et propre. Avec l'index droit, on détruit les bulles d'air, entre verre et papier, en

---

1. De la dextrine blanche additionnée d'eau de manière à former presqu'une pâte.

égalisant le fond qui entoure l'image et en laissant une certaine quantité de colle sous celle-ci, afin de hausser son relief général sans déformer les détails.

Parfois, le papier tend à se dérober du verre; en approchant le relief pendant quelques instants d'un feu, cette résistance cesse.

Le relief, fixé sur son support, est doucement nettoyé au moyen d'une éponge humide et séché avec une peau de chamois. Il est placé ensuite sur une pile de verres, le haut de l'image à droite; on pose dessus la carcasse préparée qu'on tient par sa tige, celle-ci tournée à gauche.

D'un trait, on verse dans cette forme la quantité de matière nécessaire.

Cette opération est assez délicate; la résine doit être suffisamment chaude pour qu'elle soit bien liquide, mais pas au delà; trop de chaleur détruit le relief.

Au bout d'une demi-heure, le moule semble durci; il est plongé alors avec son support, pendant trois quarts d'heure, dans un bassin rempli d'eau froide. Entre temps, le papier s'est détaché du verre, on retire le moule par sa tige et, après l'avoir essuyé avec un linge, on ôte le papier qui s'enlève facilement. Celui-ci est lavé et séché, si on ne prend pas une nouvelle empreinte.

Il est possible de faire des inscriptions sur les plaques, en les traçant en renversé sur le moule avec une fine pointe.

CONDUCTIBILITÉ DU MOULE. — Il est nécessaire de rendre l'empreinte bonne conductrice de l'électricité. A cet effet, à l'aide d'un canif, on dénude le fil de cuivre du contour, on trempe un pinceau à plume dans une boîte contenant de la plombagine finement pulvérisée, on en induit l'empreinte du moule à plusieurs reprises et l'on finit par la polir avec un chiffon de velours, en agissant avec précaution, la matière se griffant facilement.

La partie de la tige qui doit séjourner dans le bain cuivrique est enduite de résine chaude à l'aide du bâtonnet, afin d'empêcher le cuivre de s'y déposer inutilement. Le moule est prêt à la galvanoplastie.

Médaillon en stuc. — Le moule pour le stuc n'exige pas de fil de cuivre ni aucun enduit.

Le stuc se compose de $2^{gr},5$ de gélatine blanche fondue dans 50 centimètres cubes d'eau chaude, on y mélange 15 grammes de blanc d'Espagne en poudre et on filtre sur mousseline.

Cet enduit est versé presqu'à froid, en couche de 2 millimètres, sur l'empreinte du moule placé horizontalement; on l'étend avec un pinceau à plume et on laisse sécher spontanément.

Lorsqu'il est bien sec, on y colle un papier blanc. Après un jour ou deux d'attente, une pointe de canif est engagée tout autour, entre moule et stuc; celui-ci s'enlève sans difficulté.

Le même moule peut généralement servir pour faire plusieurs médaillons; mais il est indispensable de préparer le stuc au moment de l'employer; il se décompose vite.

On peut aussi mouler le médaillon en plâtre ou en toute autre matière se coulant à froid.

Galvanoplastie. — Des différents systèmes essayés, c'est l'appareil combiné qui paraît le plus pratique.

Bain. — Le bain se compose de cristaux de sulfate de cuivre pur dissous à saturation dans un bocal contenant 3 à 4 litres d'eau de pluie.

Confection de l'appareil. — Avec des planches de $1^{cm},5$ d'épaisseur collées et vissées ensemble, on construit une petite caisse ayant à l'intérieur 28 centimètres de longueur, 20 de largeur et 15 de profondeur. Elle est enduite complètement de plusieurs couches de couleur émail.

Lorsque la couleur est sèche, on verse dans la caisse, préalablement chauffée au feu, une assez grande quantité de la matière du moule, fortement chauffée; on en badigeonne tout l'intérieur, surtout les joints, à l'aide d'un bourrelet de linge lié à un bâton.

Après que la caisse est refroidie, on vérifie si elle est étanche, en la remplissant d'eau. Au besoin, on chauffe la partie défectueuse et on y passe une nouvelle couche sérieuse.

Dans chaque angle de la caisse, se place un vase poreux, que l'on maintient par couples au moyen d'une planche mobile de 5 centimètres de largeur, qu'on serre en haut entre les deux côtés les plus longs de la caisse.

Un flacon de 250 centimètres cubes à large goulot, rempli de sulfate de cuivre et fermé par un bouchon troué de deux grandes encoches est disposé, l'ouverture en bas, entre chaque couple de vases poreux. C'est la réserve de sel qui maintient le bain à saturation.

Parallèlement à chaque planchette et à 1 centimètre vers l'intérieur est mise une tringle en gros fil de cuivre, dont les bouts, ployés en angles droits, se piquent dans des trous forés à la partie supérieure de la caisse.

Le bain du bocal est versé dans la caisse; les vases poreux sont remplis aux trois quarts d'eau acidulée par un peu d'acide sulfurique; on met dans chacun d'eux un ou deux crayons de zinc, dont on contourne le fil de cuivre sur la tringle voisine.

Cet appareil permet de produire deux médaillons à la fois ; si l'on n'en fait qu'un, on retire les vases poreux non utilisés.

Mise au bain. — Avant de mettre le moule dans le bain, il est nécessaire de vérifier si le courant électrique fonctionne bien. Dans ce but, un fil de cuivre est fixé à demeure sur les deux tringles ; on plonge, pendant une dizaine de minutes, l'autre extrémité du fil dans le bain. Si le dépôt qui s'y forme est noir, on ajoute un peu d'acide sulfurique dans les vases poreux, ou on renforce le bain par du sulfate ; c'est en essayant qu'on parvient à trouver le remède. Une température trop basse ou trop élevée entrave aussi la régularité du courant. En tout cas, on ne commence l'opération que lorsque le fil de cuivre, nettoyé au papier émeri, se couvre d'une couche métallique brillante.

Le moule est attaché d'abord par sa tige à la tringle et plongé ensuite au fond du bain qui doit le couvrir entièrement. Deux ou trois fois par jour, on vérifie le courant, on agite le bain avec une spatule en bois et l'on remue les flacons. Après trois ou quatre jours, le dépôt galvanique étant suffisant, le moule est retiré, lavé et séché.

Lorsque l'appareil ne doit plus fonctionner, on le démonte, les vases poreux sont vidés et lavés ; les zincs, les tringles et les fils de cuivre sont nettoyés et le bain de sulfate est remis dans le bocal.

Achèvement du galvano. — Le contour du galvano est laissé afin de dégager le fil de cuivre du moule ; une lame de canif est introduite entre celui-ci et le fil, on exerce une pression, le galvano tombe.

Pour enlever la résine qui y adhère, le galvano, relief en dessous, est mis sur un bout de papier fort et chauffé doucement sur la base d'un poêle. Puis il est nettoyé avec un chiffon de laine imbibé de pétrole et décapé au moyen d'un tampon mouillé d'eau, additionnée d'acide azotique et trempé dans du blanc d'Espagne en poudre. Après un bon lavage à l'eau, il est séché. Il peut être bronzé, argenté ou doré.

REMARQUES. — De prime abord, le procédé semble long et compliqué; mais il est à remarquer que les différentes opérations ne demandent aucune suite immédiate :

Une provision de plaques et de papier de transfert peut être faite.

La sensibilisation d'une plaque n'exige que quelques minutes le soir, et le papier sensibilisé se conserve au moins une dizaine de jours.

L'impression faite, le papier est simplement mis à l'eau, où il peut rester impunément plusieurs jours.

Le moule se prépare de suite ou longtemps après; il se conserve indéfiniment; il est mis dans un endroit frais; il est exposé dans le bain de galvanoplastie, lorsqu'on le veut, et le galvano s'achève quand on a le temps. C'est une occupation pour les moments de loisir pendant la mauvaise saison.

En disposant de clichés agrandis, convenablement arrangés, et d'une installation industrielle de galvanoplastie, on parviendra très probablement à obtenir d'assez grands médaillons qui, tout en n'étant pas des œuvres d'art, offriront néanmoins l'avantage de donner la physionomie fidèle de la personne.

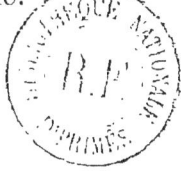

CHAPITRE VII

Les papiers au charbon à couche épaisse

49. — Les premiers photogrammes sur papier dit charbon furent montrés par Poitevin à l'Exposition universelle de 1855. Ce papier était obtenu en étendant sur papier une couche de gélatine mélangée de charbon réduit en poudre impalpable. On le sensibilisait par passage dans un bain de bichromate. Après dessiccation, on l'exposait derrière le négatif et il suffisait de le traiter par l'eau chaude, qui dissolvait la gélatine non insolubilisée par la lumière pour faire apparaître l'image. Mais, tandis que celle-ci était parfaite quand on partait d'un négatif de traits, elle était incomplète quand l'on partait d'un négatif modèle :

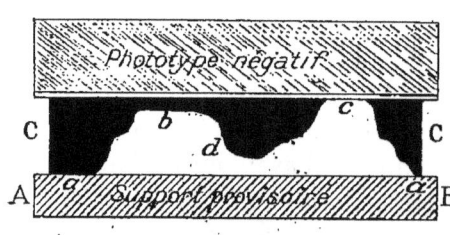

Fig. 42.

l'image était noire et blanche, sans demi-teintes.

La cause de ce défaut fut indiquée en 1858 par l'abbé Laborde, puis par Fargier en 1860[1] :

Soit AB (*fig.* 42), le papier sur lequel est étendue l'émulsion de gélatine bichromatée et de charbon CC.

---

1. *Bulletin de la Société française de Photographie*, décembre 1860.

Les régions insolubilisées sont représentées en noir sur la figure; aux parties transparentes du négatif correspondent des régions a, a, où la gélatine est insolubilisée jusqu'au support; sous les parties opaques du négatif, en c, la gélatine est complètement restée soluble; sous les demi-teintes du négatif, elle n'a été insolubilisée que sous une certaine épaisseur, jusqu'en b ou en d, épaisseur variant avec l'opacité de la demi-teinte correspondante; l'insolubilisation n'allant pas jusqu'au support. Lors du dépouillement à l'eau chaude,

Régions insolubles ....
— solubles ....
Support ....

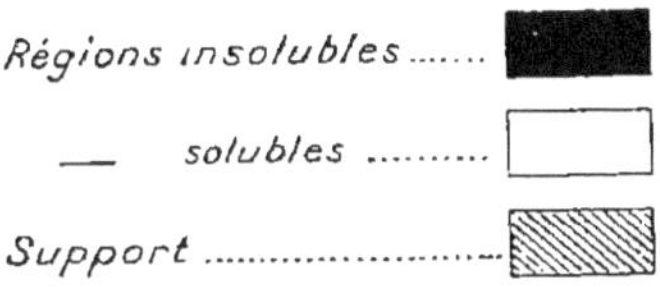

Fig. 43. — Légende pour les figures 42, 44 à 49.

seules les régions insolubles restent, fixées qu'elles sont au support. Quant aux demi-teintes, s'appuyant sur de la gélatine restée soluble, elles sont entraînées et disparaissent lors du dépouillement.

Trois procédés permettent d'obvier à cet inconvénient :

50. — Procédés sans transfert. — Fargier a proposé, pour remédier à ce défaut, d'insoler le papier au charbon, de manière que la lumière traverse le support, c'est-à-dire de placer celui-ci contre le négatif, lors du tirage au châssis-presse.

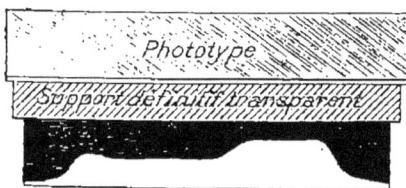

Fig. 44. — Procédé sans transfert.

Mais on obtient ainsi des images grenues à cause du grain du papier; aussi a-t-il eu l'idée de remplacer ce dernier par un support plus transparent, par une pellicule de collodion. Dans ces conditions, l'insolubilisation commençant à la surface qui est en contact avec le support, l'image reste fixée en totalité sur ce support, lors du dépouillement. On a proposé successivement l'emploi, comme support transparent du papier simple, du papier ciré, du papier verni, du papier huilé (Fargier, Blair, Schouwaloff); du papier dioptrique, du mica, du collodion-cuir transparent ou dépoli [1] (Despagnis), du collodion uni à une couche de gélatine insolubilisée (Soulier), du celluloïd, etc.

Mais, en opérant ainsi, l'image est nécessairement un peu floue, à cause de l'épaisseur du support interposé entre le négatif et la surface sensible. Aussi lui préfère-t-on l'un des procédés suivants :

51. — Procédé par transfert simple et définitif. — Ce procédé, indiqué par S.-W. Swan, en 1864, consiste à coucher l'émulsion de gélatine de charbon sur un *support provisoire* (une feuille de papier généralement). Après insolation (*fig.* 45), on transporte la couche de gélatine sur un support définitif qui peut être soit une feuille de papier, soit une feuille de métal, soit une plaque de verre, etc. (*fig.* 46). Mais, à moins de partir d'un négatif lui-même inversé, ce procédé donne des images inversées. Aussi lui préfère-t-on souvent le suivant :

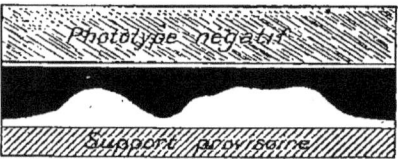

Fig. 45. — Exposition à la lumière.

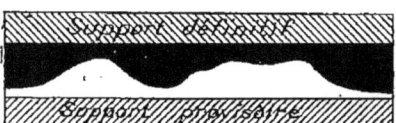

Fig. 46. — Transfert du support provisoire.

---

[1]. Pour l'obtention d'images claires ou opalines.

LES PAPIERS AU CHARBON A COUCHE ÉPAISSE

52. — Procédés à transfert provisoire ou avec transfert double. — La couche de gélatine est d'abord impressionnée directement sur un support provisoire (*fig.* 45), puis transportée pour le dépouillement sur un deuxième *support provisoire* (*fig.* 46) et, après dépouillement, sur le support définitif (*fig.* 47).

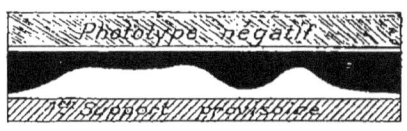

Fig. 47. — Exposition à la lumière.

53. — **Fabrication du papier au charbon.** — Le papier sur lequel on doit étendre l'émulsion colorée doit être un papier satiné peu encollé à texture très régulière, la couche de gélatine prenant l'empreinte de la moindre inégalité de la surface du support.

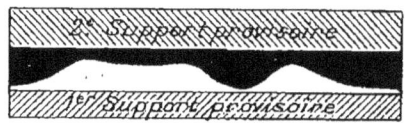

Fig. 48. — Transfert du premier support provisoire sur le deuxième.

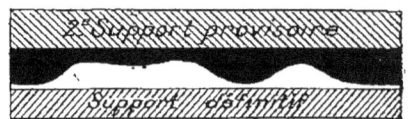

Fig. 49. — Transport du deuxième support provisoire sur le rapport définitif.

On emploie des gélatines fines, telles que celles qui servent à la fabrication des gelées alimentaires. Quant au pigment coloré, il doit être à l'état d'extrême division et n'exercer aucune action sur la gélatine, le bichromate ou son mélange ; on emploie par exemple l'encre de Chine, le noir de fumée, le peroxyde de fer, etc. Les couleurs solubles dans l'eau donneraient admirablement les demi-teintes ; mais elles disparaissent en partie aux lavages où altèrent la pureté des fonds. Les laques renfermant de l'alun ne peuvent être utilisées parce qu'elles insolubilisent la gélatine.

On ajoute généralement à la mixtion colorée du sucre ou de la glycérine qui empêche le papier de se casser, de se recoquiller par les temps secs.

On commence par mettre la gélatine à macérer, pendant une heure dans de l'eau très froide et très abondante.

On porte le mélange à la température de 35° C., on ajoute les matières colorantes et on filtre à travers une flanelle. La mixtion colorée est alors prête à étendre sur le papier.

Cet étendage se fait au moyen d'une machine assez compliquée. Celle utilisée dans la fabrique de Monchoven consiste en un système de rouleaux qui entraînent la feuille de papier à la surface de la mixtion dont la température est maintenue à 35° par un bain-marie abondant. De là la feuille de papier passe sur un grand rouleau creux, en fonte, traversé par un courant d'eau froide, puis sur une table horizontale sur laquelle on le coupe en feuilles d'une longueur déterminée qu'on suspend dans un séchoir aéré par un ventilateur.

Le *papier mixtionné* se trouve ainsi tout préparé, mais non sensibilisé, dans le commerce.

Il en existe de diverses qualités :

Ceux préparés avec de la *gélatine tendre* sont à préférer dans les pays du Nord et les régions tempérées, où la température ne dépasse guère 25°, que pendant les deux ou trois mois de grande chaleur ;

Ceux fabriqués avec de la *gélatine dure* peuvent seuls être utilisés dans les pays chauds où la température — à l'intérieur des appartements — dépasse le plus souvent 25°.

Le dépouillement des papiers à la gélatine tendre doit s'effectuer avec de l'eau chauffée entre 45° et

55° C. des papiers à gélatine dure avec de l'eau chauffée entre 60° et 75° C.

D'après M. E. LAMY, dont l'*Instruction pour l'emploi du papier au charbon* est classique :

Les papiers au charbon, *moyennement chargés de pigment*, sont préférables : 1° pour le procédé par simple transfert, quand il s'agit de tirer des négatifs gris ; 2° pour le procédé par double transfert, quand on peut se servir de négatifs non heurtés.

Les papiers au charbon *faibles en pigment* sont à préférer : 1° pour le procédé par simple transfert pour le tirage de négatifs d'intensité moyenne ; 2° pour le procédé par double transfert, pour le tirage des négatifs heurtés : on obtient, avec eux, moins d'intensité dans les noirs et plus de modelé dans les grandes lumières.

Les papiers au charbon *fortement chargés de pigment* sont à préférer :

1° Pour report définitif sur verre (diapositives pour vitraux, projections, etc.) ;

2° Pour le procédé par double transfert quand il s'agit de copier des négatifs très gris qui, sur papiers moyennement chargés de pigment, donneraient des images dont les noirs ne seraient pas assez accentués.

54. — Manipulations communes aux procédés par simple et par double transfert. — SENSIBILISATION. — Le papier au charbon dont la surface est mate quand il est préparé avec une gélatine fine doit être conservé dans un endroit sec ; l'humidité ramollit la gélatine qui colle sur le papier, qu'il est alors difficile de dérouler ; l'action prolongée de l'humidité altère la gélatine.

La lumière n'agissant sur le papier au charbon sensibilisé que quand il est sec, la sensibilisation se fait dans une pièce simplement obscurcie par des rideaux jaunes.

La solution sensibilisatrice est ainsi composée :

```
Eau........................... Q. S. pour 1000
Bichromate de potassium................  20
Carbonate d'ammonium...................   1
```

En été, on doit diminuer la quantité de bichromate ; on doit la faire varier aussi selon l'intensité du négatif dont on désire tirer des photogrammes.

On doit, pour obtenir des images vigoureuses de négatifs légers, *mettre une quantité de bichromate d'autant plus petite que l'intensité du négatif est plus faible ; le temps de pose est d'autant plus long qu'il y a moins de bichromate.*

Le rouleau de papier mixtionné dont on veut se servir est déroulé sur une table, face émulsionnée en dessus. A l'aide de calibres en carton on trace, au crayon rouge, les divers formats qu'on veut utiliser et on les sépare au moyen de ciseaux. On peut, si on a les mains bien sèches, toucher impunément la surface du papier avec les doigts ; si ceux-ci sont humides de transpiration, il faut mettre des gants de fil ou de coton [1].

Le bain sensibilisateur est versé dans une cuvette horizontale en zinc, en porcelaine ou en bois et verre ; les cuvettes en bois ou en gutta ne peuvent servir à cause de leur action sur le bichromate, qui, réduit par ces substances, provoquerait une insolubilisation partielle de la surface du papier mixtionné.

---

[1]. Le bichromate est un poison assez dangereux ; aussi il est prudent, quand on le manipule souvent, d'employer des gants en caoutchouc.

La cuvette doit être d'au moins 6 centimètres plus large et plus longue que les morceaux de papier à sensibiliser ; si on doit s'en servir plusieurs jours de suite, il est bon de la munir d'un couvercle en bois ; on évite ainsi des transvasements inutiles du liquide sensibilisateur. Le bain ne doit d'ailleurs pas servir indéfiniment ; il ne faut pas sensibiliser plus d'un rouleau de papier dans 5 litres de bain. Celui-ci doit d'ailleurs être renouvelé tous les huit jours, même s'il a peu servi.

La température du bain ne doit pas dépasser 15° ; il est donc bon, en été, d'effectuer la sensibilisation dans une cave fraîche.

Avant de procéder à la sensibilisation, on passe à la surface du papier une large brosse en blaireau pour enlever les poussières et les duvets qui ont pu s'y attacher et qui proviennent souvent de l'envers du papier, qui a adhéré plus ou moins à la surface de la gélatine.

On immerge la feuille de papier blaireautée dans le bain la face gélatinée étant en dessus et, avec un pinceau en poils d'ours, on chasse les petites bulles d'air qui se produisent toujours. Le papier se recroqueville, se relève principalement aux bords, surtout quand la feuille est d'assez grandes dimensions. On y remédie soit en l'immergeant à la main (revêtue d'un gant de caoutchouc), soit en posant de lourds bâtons de verre sur ses deux extrémités ; il est bon de balancer un peu la cuvette.

Au bout de deux ou trois minutes lorsque la feuille, ramollie, est presque plane, on la retire du bain et on l'immerge de nouveau, pendant *une* minute, mais cette fois la *gélatine en dessous* pour faire disparaître les bulles d'air qui se sont formées à l'envers. On enlève alors la feuille du bain en opérant, par exemple, comme l'indique Moncloven dans son *Traité général de photographie :* on glisse le papier sur une glace inclinée à 45° préalablement disposée sur un des côtés de la cuvette (*fig.* 50), la face mixtionnée en contact avec la glace ; puis on passe légèrement une raclette de caoutchouc (*fig.* 51) sur le dos de la feuille pour chasser l'excès de liquide ; on promène la raclette d'abord du centre vers les bords,

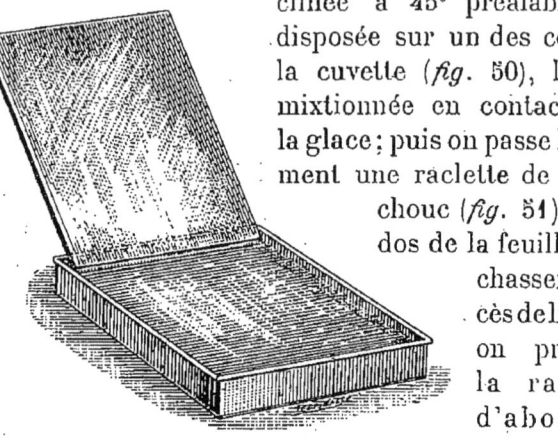

Fig. 50.

puis du bord supérieur vers le bord inférieur.

Le papier adhère légèrement à la glace. On pose alors sur le bord supérieur de la feuille une règle en bois que

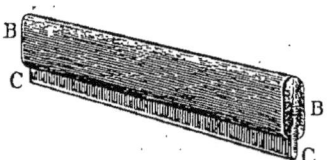

Fig. 51. — Raclette en caoutchouc.

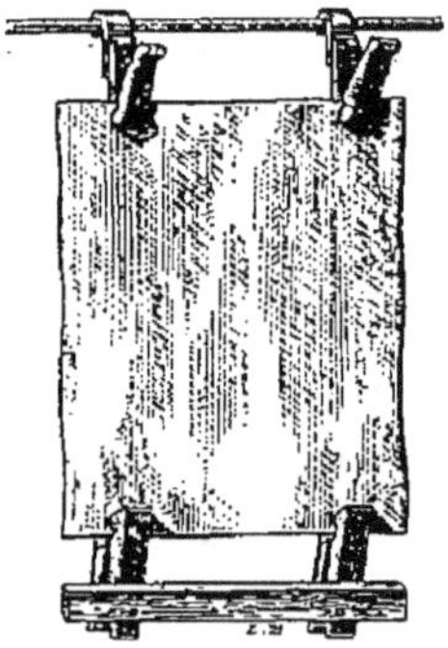

l'on fixe à l'aide de pinces de blanchisseuses à crochets ; on la

Fig. 52.

détache du verre et on la suspend pour la sécher en attachant au besoin à sa partie inférieure (*fig.* 52) une seconde règle dont le poids l'empêche de recroqueviller en séchant.

On peut aussi, pour le séchage, placer le papier sensibilisé sur une feuille de carton suspendue au-dessus d'une planchette demi-ronde (*fig.* 53).

L'emploi de la glace inclinée à 45° n'est guère pratique quand il s'agit de grands formats; MONCHOVEN indique comme plus pratique, en ce cas, le dispositif suivant : on emploie une cuvette à recouvrement formée de glaces et de

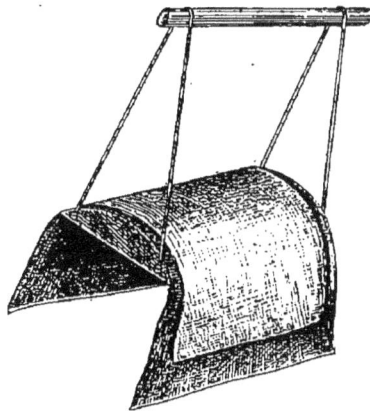

FIG. 53.

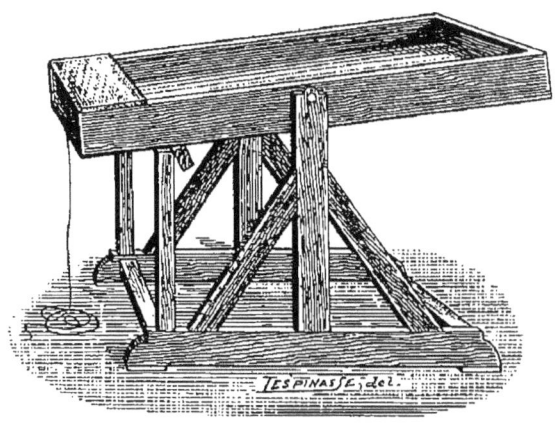

FIG. 54.

bois de 80 centimètres sur 120 centimètres montée sur pivot, dans laquelle on immerge la feuille sensibilisée dont la longueur est d'environ 90 centimètres

Les trois minutes écoulées, on incline la cuvette dans le sens indiqué par la figure 54, en maintenant avec la main le papier mixtionné, face gélatinée en dessous, contre la glace du fond ; on peut alors passer la raclette et enlever la feuille pour la mettre sécher.

55. — Séchage du papier sensibilisé. — Le séchage est incontestablement une des opérations les plus délicates du procédé au charbon; aussi doit-on y apporter beaucoup de soins. Ce séchage doit être effectué dans une pièce obscure, ne renfermant pas de poussière, *non chauffée*, et suffisamment aérée pour que le papier soit sec en douze heures au plus.

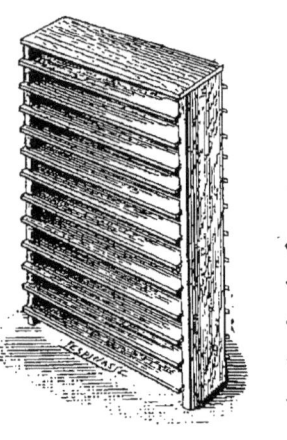
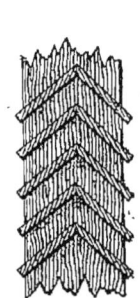

Fig. 55.   Fig. 56.

Les photographes qui utilisent journellement le papier au charbon réservent au séchage une pièce bien sèche, possédant une fenêtre et une cheminée. On remplace la fenêtre par une sorte de double persienne en bois (*fig.* 55 et 56), peinte en jaune extérieurement et intérieurement, qui laisse passer l'air, mais arrête la lumière ; un volet intérieur permet, lorsqu'il y a trop de vent ou lorsque l'atmosphère est très humide, de supprimer toute communication avec l'extérieur.

Il ne faut avoir ni poêle à gaz, ni bec de gaz allumé, ni lampe à pétrole, dans la pièce réservée au séchoir, qui doit aussi être éloignée des cuisines, des égouts, des fosses d'aisances et de tout lieu pouvant dégager des émanations susceptibles de réduire le bichromate.

Nombre d'amateurs suspendent le papier au charbon sensibilisé dans leur cuisine, le soir, pour le faire sécher; aussi obtiennent-ils des blancs voilés; l'adhérence sur le papier transport ne peut plus avoir lieu. Cela est dû aux produits de combustion de la flamme qui éclaire leur cuisine; on ne peut donc se servir que de lampes électriques à incandescence.

Le séchage doit être très rapide; s'il est vrai que plus le séchage est lent plus le papier est sensible, le séchage lent présente de nombreux inconvénients. C'est ainsi qu'un papier qui a séché lentement donne des images ternes, sans vigueur, tandis qu'un papier qui a séché rapidement donne des images vigoureuses, des blancs purs, des noirs bien accusés; qu'un papier dont la dessiccation a été lente adhère mal lors du transfert et se soulève partiellement au dépouillement; qu'un papier, qui a séché lentement, se dépouille lentement et avec difficulté.

Le séchage s'opère très bien lorsqu'il y a dans la pièce un courant d'air assez rapide pour faire mouvoir constamment les feuilles suspendues; en hiver, lorsqu'elles sont à moitié sèches, on peut achever le séchage en allumant un peu de feu dans la cheminée; mais il faut employer un foyer ouvert qui chauffe peu et produit un appel d'air, et non un poêle.

Il est bon de suspendre les feuilles le plus près possible du plafond; l'air chaud montant en haut, le séchage est ainsi plus rapide.

Si on sensibilise le papier le soir, il doit être sec le lendemain matin. On reconnaît qu'il est sec lorsque le doigt n'adhère plus à sa surface; il arrive parfois qu'il est trop sec; il est alors dur, cassant et se manie difficilement; il suffit alors de l'abandonner quelques minutes dans un endroit humide pour le rendre flexible.

Lorsqu'on ne peut sacrifier une pièce au séchage du papier au charbon, on peut faire faire une *armoire-séchoir*, telle que celle représentée par la figure 57: les feuilles sont fixées auprès des traverses situées à

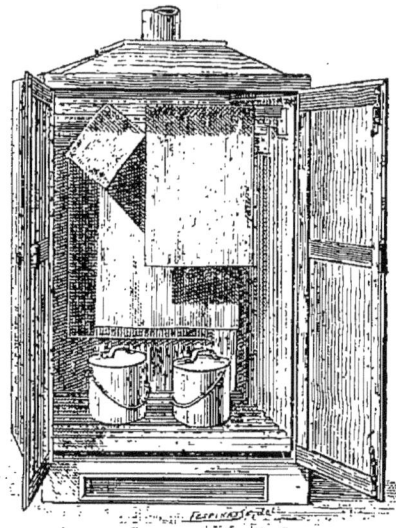

Fig. 57. — Armoire à séchage.

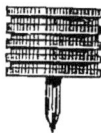

Fig. 58.

la partie supérieure au moyen de taquets (*fig.* 58). Sur le plancher à claires-voies sont placées des marmites pleines d'eau très chaude et bien fermées; l'air entre par l'ouverture inférieure A, garnie d'une toile métallique, et sort par le tuyau B.

Le papier sensibilisé une fois sec ne peut être conservé que très peu de jours et, encore, ses qualités changent-elles avec le temps. C'est ainsi que, pour le tirage des négatifs heurtés, on utilise de préférence le papier sensibilisé depuis deux ou trois jours.

56. — Du négatif. — La plupart des négatifs peuvent

LES PAPIERS AU CHARBON A COUCHE ÉPAISSE

être utilisés; il est cependant bon qu'ils soient assez vigoureux; s'ils sont faibles, on emploie un papier sensibilisé avec un bain de bichromate faible (54).

Il est nécessaire de *border le négatif*, c'est-à-dire de coller sur les bords du négatif des bandes de papier jaune ou noir, ayant 1 centimètre de largeur, limitant l'image que l'on veut reproduire. Ceci est indispensable pour pouvoir, dans la suite des opérations, faire adhérer la pellicule portant l'image ou support définitif ou provisoire.

Tous les châssis-presses peuvent être utilisés; si on prend un châssis à glace forte, ce qui vaut mieux, il faut choisir une glace exempte de rayure et la bien nettoyer.

Le papier au charbon étant beaucoup plus sensible que les papiers aux sels d'argent (environ 3 fois plus sensible que le papier albuminé), le chargement et le déchargement des châssis doivent s'opérer dans une pièce protégée de la lumière naturelle par des rideaux jaunes. En chargeant les châssis, il faut éviter de toucher la surface du papier avec les doigts humides.

Le papier doit être coupé d'un format tel que ses bords ne dépassent pas les bords de la bande de papier qui limite l'image; on blaireaute la surface du négatif et celle du papier; celui-ci est posé comme d'habitude sur le négatif. Entre le dos du papier et la planchette d'un châssis-presse il est bon d'interposer une feuille de caoutchouc ayant un demi-centimètre d'épaisseur pour former matelas.

57. — EXPOSITION; PHOTOMÈTRE. — Comme on ne peut suivre la tenue de l'image, il est indispensable de se servir d'un photomètre pour déterminer la durée d'exposition. Il en existe de nombreux modèles dans le commerce; les plus usités sont le photomètre dit *photomètre anglais*, l'*actinomètre* Lamy. Mais le plus simple de tous est celui dont M. Chéri-Rousseau a indiqué la construction très facile, dans sa *Méthode pratique pour le tirage des épreuves de petit format, par le procédé au charbon* :

« Avec de la couleur, nous peignons une lamelle de verre (de 12 centimètres environ de long sur 4 centimètres de large), de telle façon que la teinte obtenue se rapproche, le plus possible, du papier albuminé insolé faiblement.

Sur cette lamelle peinte, nous traçons à des espaces réguliers une série de numéros allant de 1 à 10, en enlevant la couleur à l'aide d'un canif.

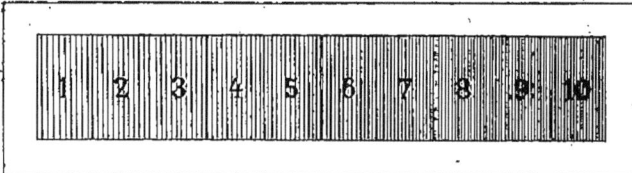

Fig. 59. — Photomètre.

Puis nous juxtaposons, sur cette lamelle peinte, une autre lamelle de verre recouverte d'épaisseurs de papier dioptrique allant exactement en augmentant chaque fois de l'épaisseur d'une feuille du numéro 1 à 10.

Le numéro 1 de la lamelle peinte correspondra, par conséquent, à l'épaisseur d'une seule feuille de papier, le numéro 2 à deux feuilles, etc., jusqu'à 10.

Nous plaçons la lamelle de verre peinte dans un châssis en mettant à son verso une bande de papier albuminé sensibilisé ; nous mettons, d'autre part, la lamelle de papier dioptrique au-dessus des numéros, et exposons le tout à la lumière en même temps que nos châssis.

Pour surveiller la venue de nos épreuves, nous n'aurons qu'à soulever de temps en temps notre lamelle de papier dioptrique et à regarder si la teinte des numéros se confond avec celle de la lamelle peinte ; chaque fois qu'un numéro se confondra au point de ne pouvoir se distinguer, nous serons certain que ce numéro sera exactement venu. »

Lorsqu'on ne fait des tirages sur papier au charbon que de temps à autre, il est bon de tirer une première épreuve d'essai dont les diverses régions reçoivent des temps d'exposition différents. On couvre, au moyen d'un carton opaque, les $\frac{4}{5}$ de la surface du négatif et on expose environ trois minutes ; on note alors le degré du photomètre et on découvre en second le cinquième de la surface du négatif, en reculant le carton. Lorsque le photomètre marque un degré de plus, on recule de nouveau le carton d'un cinquième, et ainsi de suite. Au dépouillement, l'image se présente formée de bandes d'intensités variables. On choisit la meilleure et pour le tirage définitif on donne la durée d'exposition nécessaire pour que le photomètre, exposé à côté du châssis, marque le degré correspondant à la meilleure bande de l'épreuve d'essai.

On peut aussi choisir trois négatifs d'intensité différentes et après avoir déterminé ainsi le numéro du photomètre donnant les meilleurs résultats pour le tirage de chacun d'eux, on inscrit ce numéro sur chaque négatif. Lors de chaque tirage, on compare l'intensité du négatif dont on veut des épreuves à celle de ces trois négatifs types. Cette comparaison permet aisément de déterminer la durée d'exposition nécessaire.

Il y a lieu aussi de tenir compte, pour cette évaluation, de ce fait que la sensibilité des papiers au charbon, même sensibilisés dans un même bain, varie avec la nuance et la densité du pigment; elle varie aussi avec la température; elle diminue quand la température baisse.

Aussi faut-il, d'après M. E. LAMY,

De 11° à 7° augmenter l'exposition de........	$\frac{1}{5}$
De 6° à 4° — —	$\frac{1}{4}$
De 3° à 2° — —	$\frac{1}{3}$
De 1° à —1° — —	$\frac{1}{2}$
De 2° à —3° — —	$\frac{2}{3}$

Il faut dépouiller le papier au charbon le plus tôt possible après l'impression; car l'*insolubilisation de la gélatine bichromatée se continue, même lorsque la lumière cesse d'agir.*

Après l'impression, les manipulations sont différentes, selon qu'il s'agit des procédés par transfert simple ou par transfert double.

58. — Procédés par simple transfert. — Si le procédé par simple transfert présente l'inconvénient de donner des images inversées, il est, par contre, plus facile que le procédé par double transfert; aussi est-ce par lui que doit commencer le débutant; on obvie d'ailleurs au retournement de l'image par l'emploi de négatifs pelliculés.

Le *papier simple transfert* est du papier recouvert

d'une couche gélatinée insolubilisée par l'alun de chrome. On en coupe un morceau de dimensions légèrement supérieures à celles de l'image à transférer et, après l'avoir immergé deux ou trois minutes au moins dans l'eau froide, en ayant soin de faire disparaître les bulles d'air avec un blaireau, on le place *tout mouillé* sur une glace parfaitement propre, la *face gélatinée en dessus*.

Le papier au charbon insolé est aussi immergé dans l'eau froide, côté mixtionné, en dessous ; on chasse les bulles d'air, et dès qu'après s'être recroquevillé, il est devenu plan, on le retire pour l'appliquer sur le papier transfert, face mixtionnée contre face gélatinée. On passe sur le tout la raclette en caoutchouc et on achève d'enlever l'excès d'eau avec une éponge sèche.

Si on transporte sur la même feuille de papier transfert plusieurs petites épreuves, on recouvre le tout d'une même feuille de caoutchouc avant de passer la raclette.

Une fois le transfert ainsi fait, il faut attendre au moins dix minutes avant de procéder au dépouillement.

59. — DÉPOUILLEMENT. — On immerge le papier transfert recouvert du papier au charbon dans une cuvette contenant de l'eau à une température de 40° à 50° (variable avec le papier employé), le papier au charbon étant en-dessus. On remue la cuvette et, au bout de quelques instants, on voit des veines colorées se dégager des bords du papier ; les angles du papier ne tardent pas à se soulever ; il suffit alors de saisir le papier par un de ses angles pour le détacher ; la couche mixtionnée portant l'image reste fixée au papier transfert.

On voit apparaître l'image, mais empâtée; il suffit de jeter dessus, avec la main, de l'eau chaude de la cuvette pour la voir s'éclaircir peu à peu et se dépouiller entièrement.

Le dépouillement est terminé, lorsque, soulevant le papier hors de l'eau chaude et le laissant égoutter, l'eau qui tombe ne renferme plus de matière colorante. On la plonge alors durant un quart d'heure dans un bain d'alun froid de composition :

Eau.......................... Q. S. pour 1000
Alun de chrome........................ 50

qui augmente la solidité de l'image.

Le bain d'alun peut servir plusieurs jours de suite; mais il faut le filtrer avant chaque emploi.

Les photogrammes alunés sont lavés à l'eau pure et suspendus pour sécher.

60. — **Procédé par double transfert.** — Le transfert provisoire se fait soit sur un support flexible, soit sur un support rigide.

Comme support flexible, on a proposé le papier couché enduit de cire, le papier albuminé coagulé enduit de stéarine, le papier végétal enduit de gomme laque, etc.; comme support rigide, on emploie des plaques métalliques, le verre dépoli, la porcelaine, le verre opale, etc.; ces deux derniers sont les plus faciles à employer. On utilise tantôt un verre opaque, tantôt talqué, collodionné et dégraissé, tantôt ciré, tantôt recouvert d'un enduit au fiel de bœuf.

Nous nous contenterons de décrire le transfert provisoire sur une glace cirée, renvoyant à l'*Instruction* de M. LAMY pour le mode d'emploi des autres supports.

Le support, porcelaine ou verre opale[1] doit être parfaitement nettoyé; cependant, quand il a déjà servi, il est inutile de le nettoyer à nouveau ; il suffit d'enlever à l'aide d'une lame de couteau les pellicules de charbon qui ont pu adhérer à la surface et de le recouvrir d'une nouvelle couche d'enduit de cire.

Cet enduit a pour composition :

Cire jaune raclée en petits morceaux......	1
Benzine............................	150

La cire peut être remplacée par la stéarine.

On étend parfois cet enduit comme on étend le collodion (30), et on laisse évaporer la benzine. Mais, le plus généralement, on en verse quelques gouttes sur un tampon de flanelle qu'on promène circulairement à la surface de la glace à cirer.

Quelques minutes après, on polit la surface cirée en la frottant avec un morceau de flanelle sec. On peut cirer d'avance plusieurs glaces; il suffit d'en faire reluire la surface avec la flanelle sèche au moment de l'emploi.

61. — Transfert provisoire. — On immerge dans une cuvette contenant de l'eau froide le papier mixtionné insolé, face mixtionnée en dessous et on chasse les bulles d'air avec un blaireau. Quand le papier est devenu plan, on glisse en dessous la glace cirée et on retire le tout de l'eau. On enlève l'excès d'eau avec la raclette en interposant une feuille mince de caoutchouc, si on a transporté plusieurs photogrammes sur le même support.

La séparation du support provisoire et le dépouille-

---

[1]. Si on désire des images mates, on prend un verre *finement* dépoli.

ment se font comme pour le simple transfert (58 et 59).

Après le dépouillement, il est bon de passer au bain d'alun. On peut, à la rigueur, en passant l'image alunée dans un bain d'alcool, procéder aussitôt après l'alunage au second transport; mais il est préférable, avant, de laisser sécher l'image dépouillée.

62. — SECOND TRANSPORT. — Il se fait sur le *papier double transfert* émail qui est du papier couché recouvert de gélatine insolubilisée par l'alun de chrome.

Le papier double transfert coupé à dimensions est immergé quelques minutes avant de l'utiliser dans l'eau froide; on immerge dans une autre cuvette d'eau froide, mais un instant seulement, la glace portant provisoirement l'image, et on la pose à plat sur une table.

Le papier double transfert est sorti de l'eau froide, puis plongé dans de l'eau chaude à 40° environ, durant cinq ou six secondes, le temps de ramollir la gélatine, puis appliqué sur l'image au charbon. On passe la raclette, on achève d'enlever l'excès d'eau avec une éponge et on laisse sécher.

Après dessiccation, l'image se détache aisément du support provisoire.

63. — Retouches. — La retouche des photogrammes au charbon est facilitée si on dépolit préalablement la surface en la frottant avec de la poudre d'or desséchée. L'estompe est indispensable pour donner des vigueurs dans les noirs. Nous extrayons du *Traité général de photographie* de MONCKOVEN le mode d'opérer :

« On se procure : 1° du noir de fumée en poudre impalpable; 2° du carmin en morceaux.

« Ce carmin, on le pulvérise et on le passe au tamis de *soie très fine*. On mélange bien le noir de fumée et le carmin (poids égaux) et y trempant l'estompe; on s'en sert pour donner des vigueurs dans les noirs. Pour les parties qui doivent être retouchées au pinceau et repiquées, l'on trempe une bande de papier mixtionné un instant dans l'eau chaude; la couche fond, coule, et l'on retouche avec cette couleur. Le grattoir en acier (dont on se sert pour enlever les taches d'encre) permet d'introduire des détails dans les blancs avec une extrême facilité. »

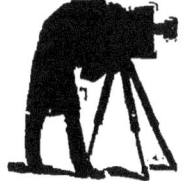

CHAPITRE VIII

Les papiers au charbon à couche mince

64. — Papier charbon-velours Artigue. — Primitivement, comme nous l'avons vu (49), le papier au charbon de Poitevin ne pouvait servir qu'au tirage des négatifs de traits.

On s'en sert encore, sous le nom de procédé Artigue pour le tirage des plans et dessins divers ne comportant pas de demi-teintes.

Le papier, qu'on trouve dans le commerce tout préparé, est d'abord enduit d'albumine contenant $\frac{1}{10^e}$ de gomme ou de gélatine, selon qu'on veut dépouiller à froid ou à chaud, mélangé avec un peu de couleur, d'encre de Chine, par exemple. On sensibilise dans une solution de bichromate de 3 à 12 %, et on le sèche à l'obscurité.

On expose jusqu'à ce que les traits apparaissent en brun sur le dos du papier et on dépouille à l'eau froide si le papier est à base d'albumine, à l'eau chaude s'il est à base de gélatine. Le dépouillement s'effectue le plus souvent par frictions avec une éponge douce imbibée d'eau.

Un hasard fit voir qu'un tel papier pouvait, dans certaines conditions, reproduire les demi-teintes : un plan que l'on reproduisait contenait un petit croquis au lavis qui, au dépouillement, apparut avec ses demi-teintes. Ce fait fut le point de départ des recherches de Frédéric ARTIGUE qui, continuées par son fils VICTOR, l'amenèrent à la fabrication du papier *charbon-velours* ARTIGUE qu'on trouve dans le commerce dans les nuances noir, sanguine et bleue.

Grâce à la faible épaisseur de la couche, à sa grande régularité et à sa ténuité, le papier Artigue donne les demi-teintes les plus délicates sans qu'on ait besoin d'opérer un transfert. On n'a pas encore pu en donner la raison.

65. — Sensibilisation. — Comme tous les papiers au charbon, le papier charbon-velours est vendu non sensibilisé ; l'inventeur indiquait aux débuts de le badigeonner au dos avec un tampon de ouate imprégné d'une solution de bichromate de potassium à $5\,^0/_0$. Quand on emploie ce procédé, on passe le tampon de ouate dans tous les sens ; il faut éviter de prolonger l'opération plus de dix minutes ; si on dépasse ce temps, le bichromate pénètre en trop grande quantité à travers le papier, et la couche devient grenue.

M. DE SAINT-SENOCH a montré qu'il est préférable d'immerger complètement le papier à sensibiliser dans une cuvette contenant la solution de bichromate.

Pour obtenir après dessiccation une sensibilité à peu près constante, nécessaire si on veut, d'une saison à l'autre, utiliser les indications du photomètre, notées une fois pour toutes ; il est bon de modifier légèrement le bain sensibilisateur, suivant que la pièce où doit s'effectuer la dessiccation est plus ou moins chaude.

Pour une température de 10 à 15°, on emploie une solution de bichromate à $2\,^0/_0$, dans laquelle le papier est plongé une minute.

Pour une température de 15 à 20°, on emploie une

solution à 1 %, l'immersion durant deux minutes.

Si la pièce est très chaude (20 à 25°), on fait la solution de bichromate à $0^{gr},5$ % et on prolonge l'immersion quatre minutes.

On recommande parfois de plonger, avant la sensibilisation, la feuille dans une solution de formol à 1 pour 1000, par les grandes chaleurs de l'été. On rince à l'eau, avant de sensibiliser. Il ne faudrait pas employer une solution de formol plus concentrée.

Il faut éviter les bulles d'air lors de l'immersion dans le bain sensibilisateur; si on les laisse, la feuille une fois sèche est parsemée d'une infinité de points d'airs qui, lors du dépouillement, donnent des taches blanches dans les noirs, grises dans les blancs.

Le commandant Puyo a montré qu'on évite cet inconvénient en mettant la feuille de papier sur un verre charbon en dessus, sous le jet d'un robinet d'eau, avant de la plonger dans le bain de bichromate.

Certains auteurs préfèrent remplacer le bichromate de potassium par le bichromate d'ammonium. Le colonel DE SAINT-FLORENT sensibilise en versant sur le côté charbon une solution alcoolique saturée à froid de bichromate d'ammonium; la dessiccation s'opère alors en quelques minutes. Nous indiquerons d'ailleurs, dans les recettes terminant ce volume, le mode d'opérer dû à M. BRIAND, applicable à tous les procédés pigmentaires.

Après la sensibilisation, qui peut être faite en pleine lumière, on suspend, à l'aide de pinces, le papier à des cordes tendues dans une pièce obscure où on l'abandonne, jusqu'à dessiccation complète. On doit, autant que possible, préparer le papier la veille au soir du jour où on veut l'utiliser.

66. — **Exposition.** — La mise en châssis s'effectue

comme pour tous papiers. Si l'exposition peut se faire au soleil, il est préférable de l'effectuer à l'ombre.

« Lors du tirage au châssis-presse, on ne peut naturellement suivre la venue de l'image. M. Artigue recommande l'emploi comme photomètre d'une bande de papier blanc quelconque qu'on sensibilise au bain de bichromate et qui, une fois sec, a une teinte jaune clair. Cette bande est placée dans un étui formé de deux morceaux de carton ; on en tire une longueur d'environ 1/2 centimètre qu'on expose en même lumière que les châssis-presse ; ce papier prend, à la lumière, une teinte de plus en plus foncée jusqu'à un maximum que l'on reconnaît aisément, si, au préalable, on a collé sur l'étui un fragment de ce papier exposé à l'avance à la lumière et qui servira désormais de point de comparaison. Quand le bout de la bande a atteint ce ton, on compte un degré et on en tire une nouvelle longueur de 1/2 centimètre, qui acquiert bientôt la teinte de la première et ainsi de suite. « La durée nécessaire pour obtenir ainsi un degré varie à l'ombre de quatre à soixante minutes, et il est bon de la connaître avant de mettre les châssis au jour, nombre de clichés exigeant une durée d'exposition inférieure à un degré...

Le point le plus délicat et le plus essentiel est le choix de la durée de l'exposition ; on peut dire que tout dépend de ce choix et qu'ici une véritable précision est nécessaire...

Étant donné que la sous-exposition donne des épreuves douces, sans contrastes, très enveloppées, où les noirs ont l'aspect gris du crayon à la mine de plomb, — que la surexposition donne des épreuves vigoureuses, à fortes oppositions, avec des noirs profonds, on doit en conclure que la durée d'exposition d'un cliché déterminé dépend des trois éléments suivants:

1°. En premier lieu, la nature même du sujet représenté ; tel sujet demande avant tout de la délicatesse, de la légèreté, de l'uniformité ; tel autre de la vigueur, voire de la brutalité, et, par suite, des oppositions violentes.

2° La densité générale du cliché.

3° Les valeurs du cliché — cliché uniforme ou cliché à contrastes ; on aura toujours intérêt à corriger les valeurs générales du cliché dans le sens de l'effet que l'on veut rendre.

L'expérience m'a montré que, toutes choses égales d'ailleurs, le papier bleu était deux fois plus rapide que le papier noir, le papier noir trois à quatre fois plus rapide que le papier rouge[1]. »

Dans une première expérience sur papier noir, avec un négatif de vigueur moyenne, on arrête le tirage entre le deuxième et le troisième degré ; au dépouillement, on voit s'il y a excès ou insuffisance de pose ; on modifie en conséquence la durée d'exposition dans les tirages suivants, et, une fois obtenu un bon résultat, on note sur ce cliché même le nombre de degrés nécessaire à son impression.

Voici, d'après le commandant Puyo quelques indications relatives aux durées d'expositions.

Négatif très transparent	papier *bleu*......	$\frac{1}{2}$ degré
	papier *noir*......	$\frac{3}{4}$ à 1 degré
	papier *rouge*.....	$3\frac{1}{2}$ à 4 degrés

---

1. Cap. Puyo, *Note sur l'emploi du papier Artigue* (*Bulletin du Photo-Club de Paris*, décembre 1898).

Négatif transparent ou léger gris	papier *bleu*......	$\frac{3}{4}$ degré
	papier *noir*......	$\frac{1}{4}$ à 1 degré
	papier *rouge*.....	5 à 6 degrés
Négatif gris opaque	bleu............	1 degré $\frac{1}{2}$
	noir............	3 degrés

67. — Dépouillement. — Au sortir du châssis-presse ou, au besoin, quelques heures après, on procède au dépouillement. Mais il ne faut pas attendre plus longtemps, le papier s'insolubilisant progressivement, hors de l'influence de toute lumière.

Avant d'effectuer le dépouillement, qui se fait en pleine lumière, on prépare, à portée de la main :

Une cuvette d'eau froide ;

Un thermomètre ;

Une plaque de verre de format supérieur à celui de l'image à dépouiller ;

Une large terrine contenant une bouillie claire de sciure de bois dans 2 ou 3 litres d'eau tiède qu'on maintient à la température de 27° environ, par additions successives d'eau bouillante ;

Une verseuse, genre verseuse à café, à bec assez large.

La feuille de papier est plongée dans la cuvette d'eau froide pour la ramollir puis fixée par des pinces à la plaque de verre qu'on tient de la main gauche au-dessus de la terrine ; on peut aussi, comme l'indique la figure 58, la fixer à une planchette propre.

Monsieur Pecron emploie le dispositif suivant : un plateau horizontal sur lequel on pose la terrine est muni de deux montants fixés à cette base au moyen de vis de serrage. Ces montants sont garnis de supports destinés à recevoir des règles pinceuses, différemment espacées pour répondre à des formats différents. Ces règles pinceuses sont composées de deux parties s'emboîtant l'une dans l'autre et retenant le papier au

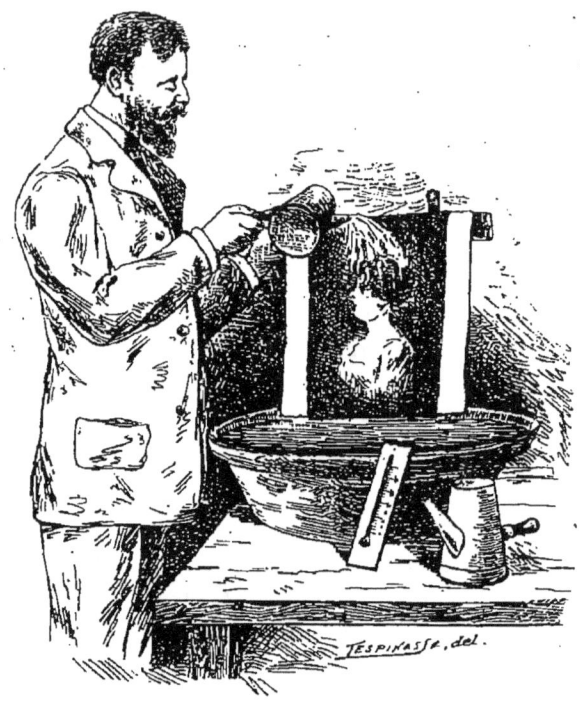

Fig. 60. — Dépouillement du papier Artigue.

moyen d'anneaux de cuivre, ce qui évite toute chance de chute, accident fréquent avec les pinces dites de blanchisseuse. La coupe de ces règles est en forme d'olive, afin de faciliter l'écoulement du liquide versé dessus. On peut avec ce dispositif dépouiller plusieurs images à la fois.

On remplit la verseuse de bouillie de sciure de bois

et on verse ce mélange à la partie supérieure de la feuille à dépouiller, d'un bout à l'autre, de manière qu'elle se répande uniformément et retombe dans la terrine (*fig*. 60). On continue ainsi jusqu'à voir apparaître progressivement l'image.

S'il y a lieu, on ajoute de temps à autre de l'eau bouillante dans la terrine.

Si, par accident, l'image se domine en négatif, c'est qu'il y a eu *sous-exposition* prononcée ; il faut alors porter immédiatement l'image dans l'eau froide ; le séjour à l'eau tiède risquerait en effet de provoquer le soulèvement de la couche et, par suite, la perte de l'image.

Si celle-ci apparaît bien en positif, la durée d'exposition a été, au moins suffisante. S'il y a surexposition, et qu'elle vienne trop vite, on se sert d'une bouillie plus froide à 20°, préparée à l'avance en réserve ; si au contraire, par suite d'une légère sous-exposition, l'image tarde à se montrer, on élèvera la température jusqu'au voisinage de 30°. L'épreuve une fois venue à point est lavée à l'eau froide, elle est prête, après dessiccation, à être montée suivant les besoins. On conçoit qu'en localisant le jet de sciure, on puisse dépouiller plus profondément en certaines régions qu'en d'autres et qu'on puisse ainsi modifier dans une assez large mesure les diverses valeurs de l'image.

Bien des modes opératoires ont, à diverses reprises, été publiés pour l'emploi de ce papier ; les divergences portent surtout sur l'opération du dépouillement.

On peut, au sortir du châssis-presse, et après immersion dans l'eau froide, mettre le papier à flotter, couche en dessous, sur une cuvette d'eau à 27° (ne pas descendre au-dessous de 25° ni dépasser 29°). Si une silhouette apparaît en moins de trente secondes, la température est trop élevée, on porte donc rapidement l'épreuve à l'eau froide et l'on continue ensuite le dépouillement avec un bain moins chaud. Si, au contraire, rien n'est apparu après une minute, le bain est trop froid ; on doit retirer l'épreuve, y ajouter un peu d'eau chaude et replonger à nouveau le papier. Les blancs une fois indiqués, l'épreuve est lavée à l'eau froide puis fixée, comme précédemment, sur une planchette ; on l'arrose ainsi d'une bouillie froide et moyennement épaisse de sciure fine. L'image apparaîtra généralement parfaitement dépouillée en une à trois minutes ; on s'en assurera en passant de temps à autre l'épreuve sous un robinet ; au cas contraire, on traiterait à nouveau, d'abord à l'eau tiède, puis à la sciure froide autant de fois qu'il serait nécessaire. De toute façon, si les parties claires restent grenues, on peut assurer que la pose a été incorrecte, insuffisante si les ombres ont apparu rapidement ; exagérée, si les ombres sont longues à venir ; en frottant l'épreuve sous une couche d'eau, avec un pinceau doux, on parviendra aisément à mettre à nu la surface même du papier.

Nous terminerons en indiquant le mode opératoire suivi par l'un des virtuoses du charbon-velours, M. le commandant Puyo, dans l'étude qu'il a publiée dans le *Bulletin du Photo-Club* :

L'idéal à rechercher est d'obtenir le dépouillement de l'épreuve par un petit nombre (20 à 30) de coups d'arrosage avec de la sciure extrêmement claire. De cette façon le pigment conservera sa fleur et sa profondeur, et ensuite — avantage plus précieux encore — il sera aisé de développer localement l'épreuve ; en effet le jet de sciure doit être clair, si on veut pouvoir le bien diriger, et il convient également que le jet ait une action franche sur la région qu'il frappe. Ainsi l'on pourra, avec la plus grande facilité, travailler un paysage, ménager le ciel, ombrer les terrains du premier plan, faire fuir les lointains, etc. Pour ces raisons, il faut éviter à tout prix la surexposition qui, d'ailleurs, et quoiqu'on fasse, donne toujours des épreuves dures et rêches. Mieux vaut sous-exposer; un manque d'exposition même assez notable peut toujours se racheter au moment du dépouillement, comme il va être dit.

Il est essentiel de commencer l'opération du dépouillement avec beaucoup de précaution et de tâter d'abord l'épreuve. Pour ce motif, je ne me sers jamais de sciure chaude, qui dépouille trop vite, exagère les contrastes et, de plus, est dangereuse à manier; en effet, quand on chauffe le bain de sciure avec une lampe à alcool, la température est loin d'être uniforme dans toutes les parties du bain lorsqu'on ne le brasse pas tout le temps avec énergie; si la cafetière ramène alors de la partie inférieure un bloc de sciure trop chaude, l'épreuve peut être perdue. Je préfère alterner la sciure froide avec des bains d'eau chaude, dont la température est facile à assurer avec exactitude, et opérer de la façon suivante :

L'épreuve, rincée au robinet et détendue dans l'eau froide, est mise dans un bain de 28 ou 29°; au bout d'une minute ou deux, l'image se dessine en négatif, mais très faiblement. Parfois je ne la distingue même pas, mais cela ne m'inquiète pas autrement; retirant du bain chaud l'épreuve, donner alors un ou deux arrosages de sciure froide, très claire; l'image apparaît; replonger l'épreuve dans le bain à 28° pendant une ou deux minutes, la retirer à nouveau et donner encore deux ou trois arrosages de sciure claire. A ce moment l'image est assez visible pour que l'on puisse distinguer les contrastes et, par suite, avec un peu d'expérience, connaître si elle est trop bien ou insuffisamment posée.

Si elle est trop posée, la placer, charbon en dessous, dans un bain de carbonate de soude à 5 %, la tâter de temps en temps et, quand la couche consent à céder, achever le dépouillement avec de la sciure assez épaisse. Si elle est bien posée, la développer à la sciure froide en la plongeant de temps en temps, si cela est nécessaire, dans le bain à 28°. Si elle est sous-exposée et que l'on craigne d'obtenir une image grise, la plonger dans un bain de 30 à 31°. En ne dépassant pas 31°, je n'ai jamais eu d'accident. La surveiller très attentivement néanmoins; au bout d'une minute, donner un ou deux coups de sciure *très claire*. Continuer à opérer ainsi en la replongeant dans le bain très chaud, et l'on rétablira les oppositions qui, au début du dépouillement, apparaissaient comme devant être trop faibles; veiller sur les parties claires de l'image; si elles ont tendance à s'arracher, plonger l'épreuve dans l'eau froide. Les épreuves ainsi traitées ont une saveur toute particulière et un velouté parfait.

68. — Alunage. — L'image dépouillée, il n'est pas mauvais, après lavage sommaire, de la plonger dans une solution d'alun de chrome à 5 $^0/_0$, qui la rend tout à fait insoluble. On lave à l'eau et on met sécher en suspendant à l'air libre.

69. — Retouche. — On peut, avant l'alunage, éclaircir des régions trop foncées en les frottant légèrement avec un pinceau doux, l'épreuve étant placée au fond d'une cuvette contenant un peu d'eau. Si l'image est déjà sèche, on peut utiliser le grattoir.

Quant à la retouche en noir, on peut la pratiquer au moyen des couleurs moites d'aquarelle ; mais il est préférable d'utiliser comme couleur la mixture colorée obtenue en faisant ramollir dans l'eau tiède un fragment de papier non sensibilisé.

70. — Papiers charbon-satin Fresson. — Le papier FRESSON, que l'on trouve chez tous les marchands de fournitures photographiques, se fait en quatorze tons : noir, noir chine, bistre, sépia, brun, sanguine, sanguine brune, vert bleu, vert foncé, vert, bleu foncé, bleu, violet et jaune foncé sur papier de Rive levé. On peut aussi, sur commande, se procurer des couches pigmentaires plus épaisses sur papiers divers : vergé à la forme, Canson à grain, teintés vert pâle, crème, bleuté, etc. Il y a donc une grande variété et on peut combiner aisément le rapport et la nuance qui conviennent le mieux au sujet qu'il s'agit de traduire.

La manipulation de ce papier, analogue à celle du charbon-velours, a été très bien décrite par le comte DE CATALANO dans *Photo-Midi* et dans *la Photographie*. C'est son étude que nous reproduisons ici :

« Le charbon-satin de M. FRESSON est un papier à dépouillement direct. La mixtion colorée qui recouvre le papier est composée de gélatine et d'une couleur insoluble très finement pulvérisée, incorporée en partie dans la couche. La gélatine est soluble dans l'eau à une certaine température ; en baignant le papier dans cette eau, le pigment coulerait et laisserait le papier à nu. Pour obtenir une image, il faudra donc empêcher la dissolution de la couche aux parties insolées. C'est le bichromate de potasse qui remplira ces fonctions. Quiconque a fait un commencement de chimie sait que le bichromate de potasse est un corps se présentant sous forme de cristaux prismatiques d'un rouge orangé ; il se dissout à raison de 7 $%$ environ dans l'eau froide et 9 $%$ dans l'eau chaude ; il est « vénéneux », l'alcool le décompose ; il a la propriété que nous utilisons dans ce procédé de rendre insolubles, sous l'influence de la lumière, les substances colloïdes auxquelles il est mélangé ; on devra faire les solutions aqueuses peu de temps avant de s'en servir ; elles se détériorent par la présence de l'air, qui leur cède du bioxyde d'azote pour former un précipité de chromate de bioxyde de chrome. Cette digression terminée, revenons à notre sujet et voyons maintenant comment nous allons nous y prendre pour tirer le meilleur parti du papier que nous remet notre fournisseur.

71. — SENSIBILISATION. — Pour sensibiliser ce

papier, opération qui peut se faire en pleine lumière, faites une solution de

Bichromate de potassium pur............ 2 gr.
Eau distillée................. Q. S. pour 100 cc.

L'eau ordinaire peut très bien être employée ainsi que le bichromate du commerce ; cependant les produits purs sont plus recommandables. La quantité que j'indique est suffisante pour sensibiliser quelques feuilles (3 à 5) 14 × 19 correspondant au 13 × 18. Des quantités proportionnelles seront employées pour les autres formats ; ainsi, dans une cuvette 24 × 30, il faudra employer 200 centimètres cubes de la solution pour sensibiliser convenablement 5 feuilles 18 × 24.

La quantité de solution fixée, versez-la dans une cuvette à *fond plat* (les rayures ou autres dessins du fond de la cuvette empêcheraient la feuille de rester bien plane) d'une dimension supérieure au format choisi, car le fabricant livre ses papiers quelques centimètres plus grands que le format de la plaque. Ces papiers étant très délicats, il est difficile de ne pas en abîmer les bords, pendant les manipulations ; il faudra donc se garder de couper les papiers de la même grandeur que la photocopie désirée, si l'on veut une image propre. Donc, ayant mis votre solution dans la cuvette, après l'avoir *filtrée*, plongez-y un thermomètre pour vous rendre compte de sa température. Si elle dépasse 17°, mettez votre cuvette dans une plus grande où vous aurez mis de l'eau avec quelques morceaux de glace. Pendant que votre solution se refroidit, prenez une feuille de papier à sensibiliser et placez-la face en-dessous dans une cuvette à *fond plat* toujours et bien propre, projetez-y vigoureusement de l'eau dessus. Un robinet d'eau courante avec une pomme vous rendrait de grands services pour chasser les bulles d'air, qui sont parfois très tenaces. Une fois le dos de la feuille mouillé, retournez-la et recommencez l'opération par la face. Apportez la plus grande délicatesse dans ces manipulations, car, une fois mouillé, le papier devient excessivement fragile. Il n'y a aucun inconvénient à commencer par la face et terminer par le dos, seulement rappelez-vous que le moindre frottement sur le pigment peut mettre votre feuille hors d'usage.

Cette opération, que l'on activera le plus possible, ne devra pas excéder deux minutes environ; vous portez alors votre feuille dans une cuvette avec de l'eau à 18° environ, ou à une température inférieure : vous l'y laisserez de façon que la durée totale de son trempage, sous le robinet et dans cette cuvette, n'excède pas trois minutes. Vous sortez alors la feuille de l'eau, la faites égoutter quelques secondes en la tenant suspendue par un coin, puis la plongez dans la cuvette qui contient le bichromate, qui devra être d'une température inférieure à 17°. Des expériences personnelles m'ont prouvé qu'une température plus froide avait pour effet de faciliter le dépouillement et conserver de la franchise au ton; il ne faudrait pas exagérer, et je crois que 14° serait une très bonne température. La feuille étant immergée dans la solution de bichromate, vous l'y laissez pendant deux minutes en remuant de temps en temps la cuvette pour chasser les bulles et conserver la feuille régulièrement recouverte de liquide. Les deux minutes étant écoulées, vous sortirez la feuille du bain en la saisissant par un angle au moyen d'une pince quelconque, et vous la suspendez dans un endroit où vous ferez l'obscurité complète.

Je répète que toutes ces opérations peuvent être faites en pleine lumière, sauf le séchage, qui doit s'effectuer dans l'obscurité. On facilitera beaucoup cette opération en suspendant par simple contact un morceau de papier Joseph ou de papier à cigarette quelconque à l'angle inférieur. La température de la chambre où s'effectue le séchage n'a pas besoin d'être très basse, mais elle ne doit pas dépasser 28 à 30°, sous peine de voir le pigment couler du support. Dans les pays froids et dans le Midi même, mais en hiver alors, il sera facile de sensibiliser à une température inférieure à 10°; malheureusement, pour faire du Fresson, on ne peut prendre un billet circulaire pour la Norvège ou attendre l'hiver. Étant donné qu'en hiver le temps manque généralement, les vacances ayant toujours lieu en été, il faut donc produire un froid factice. Si l'on a soin de faire la solution quelques heures à l'avance, il suffira de mettre le flacon dans un récipient contenant de l'eau avec de la glace, la solution se rafraîchira très bien. On peut également la faire un peu plus concentrée et ajouter de la glace pour la diluer. Au moment de sensibiliser on rafraîchira les cuvettes avec un morceau de glace. Un thermomètre gradué sur tige et placé au fond de la cuvette vous permettra de contrôler la température.

Tout cela semble bien compliqué, mais il est certainement plus long de l'expliquer que de le faire. C'est de cette façon que j'opère toujours; les résultats récompensent largement de ces petits inconvénients. Il est très avantageux de faire la sensibilisation, le soir, avant, de se coucher : on suspend les feuilles dans un endroit quelconque à l'abri de la lumière, et le matin en se réveillant on les enferme à l'abri de la lumière, de la chaleur et de l'humidité; on ne perd ainsi aucun temps. Suivant le photomètre que l'on emploiera — nous verrons cette partie plus loin — on sensibilisera dans le même bain ou dans un bain à saturation une feuille de papier blanc.

Le papier au charbon ainsi sensibilisé se conserve bien une huitaine de jours si on a soin de le renfermer dans un étui métallique l'abritant de la lumière et contenant du chlorure de calcium desséché qui absorbe l'humidité ; de plus, il ne faut pas l'exposer à la chaleur qui insolubiliserait le pigment. Je vous recommanderai toutefois de l'employer le plus rapidement possible, dans les quarante-huit heures environ.

72. — IMPRESSION. — Votre papier étant prêt à être employé et ayant choisi le négatif que vous voulez tirer, il faudra maintenant l'impressionner derrière ce négatif.

Pour cela prenez un châssis-presse suffisamment grand pour contenir la feuille, mettez votre phototype dedans, et selon que vous voudrez une image encadrée d'un bord blanc ou non, vous mettrez ou non un cache. M. Fresson vend des papiers vergés à la forme qu'il ne faut pas couper ni coller sur carton par conséquent. Voici un petit moyen pratique pour bien centrer l'image sur ce papier lorsqu'on veut qu'elle soit encadrée par une bordure blanche : prenez une feuille de papier aiguille noir, que vous coupez aux dimensions de la feuille de charbon Fresson, puis découpez-y le cache bien parallèlement aux bords de la dimension convenable pour l'épreuve ; cela fait, mettez ce cache sur un pupitre à retouche et placez-y dessus votre négatif gélatine contre cache, vous pourrez ainsi le centrer à votre aise, car vous ne verrez par transparence que la partie qui s'impressionnera. Votre phototype bien centré, prenez deux petits coins en carton de l'épaisseur du phototype et collez-les sur le cache aux coins diamétralement opposés de la plaque, de façon à la caler au cache (*fig.* 61). On pourra ainsi sans tâtonnements placer le cache sur le négatif, car il suffit de faire entrer les coins du phototype dans les cales, puis placer la feuille de charbon par dessus, de façon à ce qu'elle soit exactement recouverte par le cache ; nous aurons ainsi un parfait centrage, la partie du papier recouverte par le cache restant blanche au dépouillement, vous pourrez vous en servir pour maintenir la feuille par des pinces de façon à ne pas abîmer l'image dans les manipulations. Nous reviendrons, du reste, à cette partie de la question. Votre papier placé dans le châssis-presse sous le négatif, opération qu'il est nécessaire de faire à une faible lumière, une fois sec le papier étant assez sensible, il faudra l'exposer au jour, il se pose ici une question : quelle sera la durée de l'exposition ? C'est ce qu'il vous faut arriver à estimer le plus exactement et le plus simplement possible.

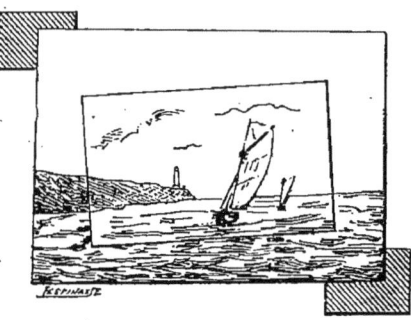

Fig. 61.

Il vous sera assez difficile d'apprécier ce temps à vue de nez, si vous n'avez jamais travaillé ce papier. Pour les commencements, on emploie avec succès les photomètres. Voici quelques méthodes assez pratiques. La plus simple consiste à prendre une bande de papier blanc sensibilisé dans une solution à saturation de bichromate de potasse, placer entre deux cartons pour la préserver de la lumière puis sortir une certaine longueur de la bande et l'impressionner à la lumière. La teinte devient de plus en plus foncée et s'arrête au bout d'un certain moment pour ne plus changer. Nous prendrons cette teinte comme teinte type et exposerons le châssis-presse à la lumière en même temps que ce photomètre, en découvrant une partie blanche de la bande.

Quand cette partie sera devenue de même couleur que la teinte type, cela nous fera un numéro de ce photomètre et nous sortirons encore un peu de la bande pour découvrir une nouvelle partie non impressionnée qui, lorsqu'elle sera arrivée à la teinte des précédentes, donnera le deuxième numéro du photomètre, et ainsi de suite.

Seulement, pour savoir combien de numéros il faudra laisser le phototype exposé à la lumière, il est bon dans le début d'essayer d'une bande de papier Fresson de 2 à 3 centimètres de large et de la longueur du phototype ; exposez-la sous ce dernier pendant un temps que vous supposerez insuffisant pour une bonne exposition, notez le numéro de votre photomètre, puis couvrez un tiers de la bande et continuez l'exposition pendant un temps environ égal au précédent, notez une deuxième fois le numéro du photomètre, couvrez un nouveau tiers de la bande et répétez l'opération de façon que le temps total d'exposition soit supérieur à celui que vous avez supposé nécessaire pour l'exposition normale, notez le numéro du photomètre et dépouillez la bande. Il y a beaucoup de chance pour que l'exposition correcte soit comprise entre les deux expositions extrêmes et vous arriverez facilement à déterminer à quel numéro du photomètre vous devrez enlever votre châssis-presse pour que l'exposition ait été correcte.

Voici un deuxième procédé que je trouve très pratique. Choisissez un négatif semblable en intensité et en détails, à celui que vous vous proposez de tirer et exposez-le au jour devant une feuille de papier blanc que vous aurez sensibilisée dans le même bain que le charbon. Exposez en même temps une bande comme précédemment et surveillez la venue des détails sur votre papier blanc bichromaté, exposez 1/3 de la bande jusqu'à la venue des grandes ombres, un 2e tiers jusqu'à la distinction confuse des détails et enfin le 3e tiers jusqu'à ce que l'image sur votre papier blanc soit complète. Dépouillez la bande et vous saurez jusqu'à quel point vous devez laisser apparaître les détails sur votre papier blanc pour que l'exposition de votre charbon soit correcte. Au bout de quelques essais, vous arriverez sans tâtonnements à estimer à vue d'œil jusqu'à quel point vous voudrez laisser venir les détails. Cependant il faudra tenir compte que l'exposition sera d'autant plus longue que le papier charbon sera d'un ton plus rouge, et j'engage à refaire les essais pour chaque nouvelle couleur.

Ces deux procédés sont très pratiques ; mais, quelquefois, on oublie de sensibiliser une feuille de papier blanc, et l'on ne veut pas être livré pour cela aux caprices de la lumière ; voici donc un petit photomètre que plusieurs journaux ont déjà décrit et que je ne ferai que rappeler. Prenez une feuille de papier noir que vous percez d'une vingtaine de trous ronds assez rapprochés pour qu'ils prennent le plus petit espace possible, puis avec du papier calque vous couvrez le 20e trou, ensuite, avec une nouvelle feuille, le 20e et le 19e, puis le 20e, le 19e et le 18e, et ainsi de suite (*fig.* 62) jusqu'à ce que les 20 trous soient tous couverts, le premier sera recouvert d'une feuille seulement, le 2ᵉ de 2 et ainsi de suite ; chaque trou sera donc de plus en plus opaque, et si vous mettez ce photomètre dans un châssis-presse avec une feuille de papier au citrate, vous pourrez surveiller l'exposition de votre charbon en surveillant la venue des numéros de votre photomètre. Vous aurez eu soin auparavant d'essayer une bande comme pour les deux méthodes précédentes, afin d'avoir un point de départ pour votre temps d'exposition. Je crois avoir suffisamment expliqué cette partie de la question pour pouvoir passer au dépouillement.

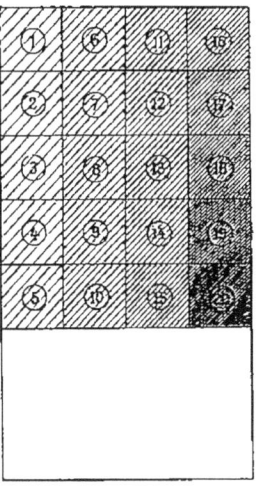

Fig. 62.

73. — Dépouillement. — Ayant trouvé le temps de pose exact ou supposé exact, tout au moins, et exposé votre châssis en conséquence, il faudra procéder au dépouillement. C'est ici que vous devez faire appel à toute votre sagacité et à votre délicatesse, et montrer votre goût artistique, car pour le charbon-satin le dépouillement est presque tout. Pour arriver à un bon résultat, il ne faudra pas ménager les soins, et avoir assez d'espace pour ne pas être gêné dans les manipulations ; pour cela, sur une table de dimensions moyennes, disposez à votre gauche une cuvette à fond plat avec de l'eau froide ; à votre droite, une deuxième cuvette de mêmes dimensions, pour recevoir de l'eau tiède ainsi que le thermomètre. Dans cette cuvette, on place ledit thermomètre, qui sera gradué sur tige ou monté sur une tôle émaillée portant la graduation. Je préfère les premiers qui sont plus soignés, occupent moins de place et ne sont guère plus chers; ils sont, malheureusement, assez fragiles. En face de la cuvette à eau tiède un réchaud à alcool, puisque l'alcool est à la mode, qui vous servira à maintenir l'eau de la deuxième cuvette à la température voulue ; à droite de la table une bassine en tôle émaillée ou en grès, etc. Cette bassine contiendra le mélange de sciure de bois très fine, spéciale, vendue par M. Fresson ; pour pouvoir travailler commodément, elle devra être d'une contenance de 20 litres environ si vous voulez traiter tous les formats jusqu'à 18×24.

Comme autres accessoires, vous aurez une plaque de verre d'une dimension supérieure au papier à dépouiller, ou une réglette en bois d'une longueur plus grande que la largeur du papier, mais pouvant entrer dans les cuvettes (sens de la largeur), une casserole quelconque contenant un demi-litre environ, ou, si vous préférez, une cafetière de bazar, en fer-blanc, de même capacité et que vous pourrez décorer du titre élégant de verseuse. Avec cet instrument vous aurez plus de facilité pour le dépouillement local ; quant au dépouillement ordinaire, vous le rendez très commode en adaptant au bec un brise-jet comme l'on en emploie pour arroser les pelouses ; pour la facilité de la manipulation, il est bon d'incliner la bassine de gauche à droite ; enfin, pour terminer, un tube en caoutchouc vous servira à siphonner la sciure. Voilà toute votre installation (*fig.* 63). Pour opérer, vous placez dans la bassine environ 400 grammes de sciure *spéciale*, ne pas prendre surtout de la sciure que l'on vend pour les parquets, elles n'ont ensemble de commun que le nom et la matière première, le résultat serait navrant;

il faut qu'elle soit excessivement fine ; elle ne coûte pas cher, d'ailleurs, et sert indéfiniment. Vous placez donc ces 400 grammes de sciure que vous mélangez avec 5 ou 8 litres d'eau, selon votre goût ; pour les débutants, il vaut mieux n'employer que 5 litres ; le mélange ainsi obtenu sera d'épaisseur moyenne et le dépouillement plus facile à conduire. Vous versez de l'eau à 35° environ dans votre deuxième cuvette et

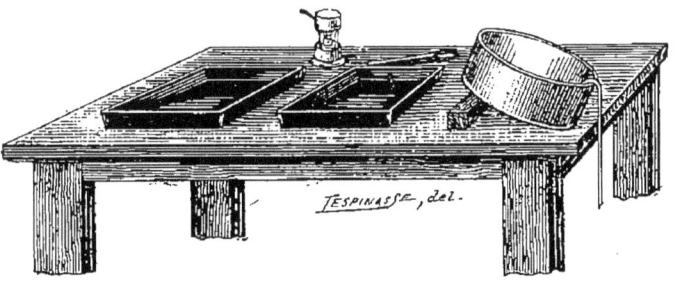

Fig. 63. — Installation pour le dépouillement du papier Fresson.

pendant qu'elle se refroidira un peu jusqu'à 30°, vous irez plonger votre feuille de charbon dans la première cuvette contenant l'eau froide, cuvette que vous aurez préalablement transportée dans un endroit sombre. Vous chassez bien les bulles d'air en l'arrosant sous une pomme d'eau courante, et lorsque la feuille est bien ramollie, vous revenez à votre table en pleine clarté. Il est de toute importance de bien chasser les bulles d'air à ce lavage, car, sans cela, au dépouillement, les parties n'ayant pas été ramollies par l'eau résisteraient et se montreraient en points foncés.

Vous placerez alors votre feuille sur une plaque en verre en évitant les bulles et la maintenant par des pinces, pinçant à la fois le papier et le verre, ou vous épinglerez sur la réglette de bois avec quelques épingles, de façon qu'elle ne risque pas de se détacher de la réglette (*fig.* 64). Sortez alors votre feuille de l'eau froide et plongez-la de façon à la recouvrir rapidement toute dans le bain tiède, qui doit avoir maintenant 29° au plus. Agitez le bain pour que la température soit uniforme et surveillez très attentivement l'image.

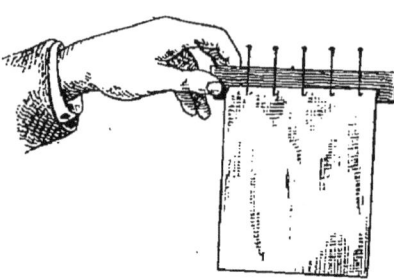

Fig. 64.

Si l'exposition est correcte et la sensibilisation bien faite, vous devez voir l'image se silhouetter entre dix et vingt secondes de bain tiède ; dès que vous percevrez bien nettement les contours, sortez-la rapidement et placez-la au-dessus de la bassine à sciure, et après en avoir mélangé le contenu, arrosez l'image de deux ou trois casserolées de sciure moyenne et même plutôt claire. Sous le frottement de la sciure, l'image doit apparaître assez rapidement.

Si, pendant les vingt premières secondes de trempage vous n'avez aperçu aucune silhouette, vous pouvez pousser la température du bain tiède jusqu'à 30°, mais ne laissez pas la feuille tremper plus de quarante secondes. Au bout de ce temps, qu'il ait apparu une image ou non, sortez-la et tâtez-la avec quelques casserolées de sciure moyenne. Si l'image n'apparaît pas au bout de quelques casserolées, 4 ou 5 tout au plus, replongez-la dans le bain tiède pendant quelques secondes.

Dès que l'image se montrera, cessez les bains tièdes et observez sa venue pour vous rendre compte quelle

LES PAPIERS AU CHARBON A COUCHE MINCE 143

devra être la suite du dépouillement. Quelquefois l'image apparaît en positive, dans le bain tiède, quelquefois en négative, et quelquefois pas du tout, je viens de vous dire ce qu'il fallait faire dans ce dernier cas. Quant aux deux premiers, il paraît qu'il n'y a pas lieu de s'en inquiéter, l'image positive apparaît après l'image négative ; cependant je vous engage à ne pas attendre sa venue positive lorsque vous verrez une silhouette en négatif ; bien au contraire, retirez-la rapidement et tâtez votre feuille avec de la sciure claire prise sur le dessus du liquide. Je trouve que, lorsque l'on perçoit la silhouette en positif, on a plus de chance d'obtenir un bon résultat ; c'est toujours ainsi qu'il en a été dans mes expériences. La silhouette négative m'a paru se montrer lorsqu'il y avait surexposition ; il faut donc, comme je vous l'ai dit, la sortir immédiatement et dépouiller lentement pour ne par arracher les demi-teintes. La silhouette positive, au contraire, me semble l'effet d'une exposition correcte ou peut-être d'une sous-exposition. Lorsque vous la verrez apparaître dans ce sens, laissez-la bien se dessiner sans attendre toutefois que les blancs se désagrègent, votre image serait perdue, puis tâtez-la avec quelques casserolées de sciure moyenne ou claire.

Nous allons considérer successivement les trois cas : 1° la sous-exposition ; 2° l'exposition normale ; la surexposition.

Sous-exposition. — Ayant retiré du bain tiède votre épreuve, vous l'arrosez doucement de deux ou trois casserolées de sciure moyenne ; si vous n'aviez pas constaté de silhouette vous la verrez probablement se dessiner, puis l'image apparaître ; à ce moment arrêtez-vous et plongez votre feuille dans l'eau propre pour la débarrasser de la sciure et examinez-la. S'il y a eu sous-exposition — c'est le cas que nous considérons — vous verrez tous les détails apparaître presque en même temps dans les ombres comme dans les parties claires, les blancs résisteront et auront l'air sales, tandis que le ton général de votre épreuve sera gris et sans franchise. Plongez alors votre épreuve dans un bain tiède de 30 à 32° et après quelques secondes, continuez le dépouillement avec de la sciure très claire : si les blancs résistent, n'insistez pas, replongez de nouveau la feuille dans le bain tiède, que vous maintiendrez à 32 ou 33°. Seulement, à ces hautes températures, il faut faire bien attention de ne pas laisser l'image trop longtemps dans le bain tiède, car si la gélatine trop ramollie venait à couler, tout serait perdu.

En manœuvrant ainsi et en y mettant beaucoup de délicatesse, il est rare de ne pas obtenir un bon résultat. Le tout est de ne pas insister au dépouillement lorsque l'image résiste, et, pour ne pas changer le ton du papier et en enlever la fleur, de manipuler adroitement vos bains tièdes et d'avoir un peu de patience, car quelquefois le dépouillement est un peu long, à cause de l'emploi de la sciure très claire.

Lorsque, au bain tiède, avant le dépouillement, vous aurez distingué une image positive, le dépouillement sera très facile, et par conséquent vous devrez examiner l'épreuve après les deux ou trois premières casserolées, afin de ne pas enlever la fleur du pigment. Vous verrez alors par les considérations précédentes si la sous-exposition est notable et s'il faut employer un bain plus chaud ou si de la sciure claire peut suffire pour mener à bien le dépouillement. Rappelez-vous que la sciure claire donne de la dureté à l'image en n'attaquant que les parties blanches; c'est pour cela qu'on l'emploie pour la sous-exposition ; plus la sciure est épaisse, plus elle donne de douceur à l'image dépouillée ; nous verrons tout à l'heure son emploi. Pour faciliter les opérations, lorsque vous aurez reconnu que vous avez à traiter une sous-exposition, ajoutez 2 ou 3 litres d'eau à votre sciure ; vous pouvez ainsi puiser carrément votre mélange. Pour terminer l'épreuve, dépouillez-la en dessous du ton voulu, car elle augmente notablement d'intensité en séchant.

Exposition exacte. — Si après avoir tâté l'épreuve, c'est-à-dire après l'avoir arrosée de trois ou quatre casserolées de sciure au sortir du bain tiède, vous avez constaté en l'examinant que tous les détails viennent bien, qu'elle se dépouille assez vite, mais que le ton reste franc sans que les demi-teintes soient enlevées, vous pourrez continuer le dépouillement, car vous avez à faire à une exposition correcte. Examinez cependant l'image de temps en temps, car probablement vous aurez besoin de la tremper, une fois ou deux encore, dans le bain tiède où vous aurez de l'eau à 29°; méfiez-vous d'une eau plus chaude. Vous pourrez ainsi débarrasser les blancs de leur aspect sale et granuleux. Si vous voulez avoir beaucoup de finesse dans votre image, dépouillez-la avec de la sciure claire ; mais comme vous vous souvenez que la sciure claire tend à donner de la dureté, et que la sous-exposition donne la douceur, vous aurez une image parfaite en choisissant une durée d'exposition qui vous permette de la dépouiller complètement dans trente ou quarante casserolées de sciure claire. Ce sera le dépouillement idéal.

Surexposition. — Vous reconnaîtrez immédiatement s'il y a eu surexposition en examinant la feuille au sortir du châssis-presse, car dans ce cas vous verriez nettement l'image. Vous pourrez alors appliquer le traitement dès le début. Mais si vous ne vous en apercevez qu'après avoir tâté l'épreuve, plongez-la rapidement dans l'eau froide. Vous reconnaîtrez qu'il y a eu surexposition lorsque les blancs se dépouilleront facilement, tandis que les noirs resteront compacts sans laisser voir de détails. Pour cela il faut absolument que vous vous en rendiez compte le plus vite possible, car, comme je viens de vous le dire, les blancs se dépouillant très vite pourraient laisser couler les demi-teintes, et l'image serait perdue. Il est donc toujours indispensable, pendant que l'on tâte l'image, de s'y prendre très délicatement et de surveiller la venue, au besoin après chaque casserolée ; vous n'aurez ainsi jamais de surprise désagréable. Ayant donc constaté une surexposition, il vous faudra plonger la feuille le plus tôt possible dans l'eau froide et l'y laisser au besoin une ou deux heures ; pendant ce temps, vous pourrez en traiter une autre. La gélatine s'étant bien ramollie à l'eau froide, vous plongez alors votre feuille surexposée dans le bain tiède où la température ne devra pas excéder 26° ; pendant ce temps, au moyen de votre tube en caoutchouc, vous siphonnerez une bonne partie de l'eau sans enlever la sciure, qui a dû se déposer au fond de la bassine. Vous aurez ainsi un mélange de sciure assez épais qui vous servira, au dépouillement de votre feuille, car, comme je vous l'ai déjà dit, la sciure épaisse contribue à donner de la douceur. De cette façon le dépouillement s'effectuera assez bien, si la surexposition n'est pas trop forte ; dans le cas contraire, vous pourrez tremper pendant quelques heures la feuille dans une solution aqueuse de carbonate de soude à 3 $^0/_0$. Le temps que vous l'y laisserez dépendra du degré de surexposition ; vous continuerez ensuite le dépouillement comme il a été dit plus haut. Ce dernier moyen n'est qu'un moyen de fortune sur lequel il ne faudra pas trop compter et mieux vaudra recommencer immédiatement une autre épreuve que de persister dans cette voie. Le persulfate d'ammoniaque peut remplacer le carbonate de soude, paraît-il, mais je n'en ai jamais fait l'expérience. Nous avons vu comment il fallait s'y prendre pour dépouiller un photogramme au charbon ; mais ce procédé très souple, comme vous le voyez, offre encore des ressources à l'amateur par la possibilité d'un dépouillement local.

74. — Dépouillement local. — Voulez-vous éclaircir une partie de l'image plus qu'une autre, voulez-vous atténuer certains détails, accentuer des effets de lumière, vous y arriverez presque plus facilement qu'avec la gomme bichromatée, car dans cette dernière le pigment est tellement fragile qu'un rien peut tout abîmer. Pour dépouiller localement vous avez plusieurs moyens :

1° En projetant franchement un jet de sciure sur la partie à dépouiller, évitant autant que possible de toucher aux autres. Cette façon d'opérer est très difficultueuse si on veut la faire bien, car on a presque toujours une espèce de halo d'un très mauvais effet ;

2° Pour avoir plus de précision, on peut mettre la feuille dans une cuvette contenant une assez grande quantité d'eau et dépouiller localement au moyen de pinceaux de diverses grosseurs, mais très souples et continuellement immergés. C'est de cette façon que vous opérerez également pour faire la retouche en blanc.

Votre photogramme étant complètement terminé

en tant que dépouillement, vous le rincerez à l'eau courante sous un robinet ou une pomme, de façon à chasser tous les grains de sciure qui restent collés à la gélatine. Je ne vous engage pas à les enlever au pinceau, la couche pigmentaire est tellement délicate qu'il est bien rare que l'on n'en enlève pas des parcelles.

75. — Fixage. — Une fois rincée, placez l'épreuve dans une cuvette contenant de la solution aqueuse de bisulfite de soude liquide à 5 %, dont vous reconnaîtrez l'efficacité en constatant une odeur d'acide sulfureux; vous laisserez la feuille dans ce bain pendant cinq minutes environ. Cette solution a pour but de blanchir le photogramme, qui pourrait conserver un ton jaune dû au bichromate, ainsi que de durcir légèrement la gélatine. Au sortir de ce bain, lavez de nouveau l'épreuve en chassant les derniers grains de sciure et, au bout de dix à quinze minutes de lavage, suspendez-la pour la faire sécher.

76. — Retouche. — Le photogramme une fois sec vous pourrez le retoucher comme une épreuve au bromure. Quant à la retouche en couleur, pour avoir exactement la teinte, prenez un morceau de papier charbon de la même teinte et dissolvez-en le pigment avec un peu d'eau chaude; c'est ce pigment dissous qui servira à la retouche au pinceau.

77. — Montage. — Le montage se fait de la même façon que pour les autres papiers en employant de la colle d'amidon fraîche à 10 %. Cette colle a l'avantage de ne pas tacher.

Je crois avoir suffisamment étendu mes explications pour être compris par tout le monde.

Vous voyez que l'emploi de ce papier n'a rien de compliqué, qu'il s'agit de se familiariser avec ces manipulations et surtout d'arriver à reconnaître rapidement quel genre de dépouillement il faut appliquer.

Je résume :

Si, au sortir du châssis-presse, vous ne voyez pas d'image, il y a des chances pour que vous n'ayez pas surexposé.

Alors, si au bain tiède il n'apparaît pas de silhouette ou que cette silhouette soit en négatif, sortir de l'eau dès qu'elle apparaît ; dans tous les cas ne pas la laisser séjourner plus de trente à quarante secondes, et tâter l'épreuve. L'exposition doit être bonne ou trop forte ; si la silhouette apparaît en positif, laissez-la bien se détailler sans que les parties blanches se désagrègent cependant, et tâtez l'épreuve à la sciure claire ; l'exposition doit être bonne ou trop courte. »

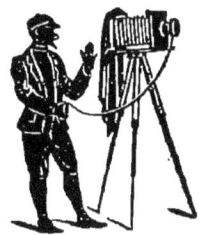

CHAPITRE IX

La gomme bichromatée

78. — Historique. — Le procédé à la gomme bichromatée est incontestablement celui qui permet le plus au photographe d'imprimer un cachet personnel à ses œuvres. Les matières premières nécessaires à sa mise en œuvre ne sont ni nombreuses, ni surtout bien coûteuses : il suffit de posséder du papier, de la gomme arabique, du bichromate, des pigments colorés, quelques pinceaux... et un peu de persévérance pour obtenir des épreuves d'une réelle beauté.

C'est en 1855 que Poitevin, nous l'avons déjà dit, signala l'insolubilisation par la lumière des substances colloïdes bichromatées.

Peu après, en 1859, Pouncy proposait, dans un mémoire lu à la *Photographic Society*, l'emploi d'un papier sensible obtenu en étendant sur une feuille de papier un mélange de gomme arabique, de noir végétal et de bichromate de potassium. Haneken en 1859, trouvant que les épreuves ainsi obtenues avaient un grain grossier, des blancs exagérés et manquaient de détails dans les ombres, a pensé combattre ces défauts en remplaçant le charbon végétal par la sépia naturelle. Il obtint des résultats satisfaisants en opérant ainsi qu'il suit :

On délaie dans l'eau une certaine quantité de sépia préparée en pastille pour l'aquarelle, et l'on forme un liquide juste assez épais pour s'écouler du vase qui le contient.

On prend alors :

De ce mélange......................	1 partie
Solution saturée de bichromate de potassium........................	4 —
Solution aqueuse de gomme arabique ayant consistance d'un vernis léger..	4 —

On mélange et on étend avec une brosse plate sur le papier fixé sur du carton ; on laisse absorber pendant deux minutes sans que la couche sèche nulle part. On fait pénétrer le liquide dans le papier jusqu'à ce que celui-ci présente une teinte égale, brune ou gris jaunâtre ; on termine le séchage au feu.

L'exposition varie de cinq à six minutes, en plein soleil et de une heure trois quarts au double, à la lumière diffuse.

Quand l'épreuve sort du châssis, on la met, face en dessous, dans une cuvette d'eau et on l'y laisse séjourner dans l'obscurité cinq ou six heures. Après ce temps, et quelquefois avant, le dessin est presque tout visible.

Il est cependant certaines épreuves qui exigent un séjour prolongé de plusieurs jours dans l'eau pour se développer entièrement. On termine par un lavage au robinet, on laisse sécher sur un foulard et on passe au laminoir.

Ce procédé fut appliqué de 1859 à 1864. Mais la publication par Swan de divers perfectionnements à la pratique du papier au charbon le fit abandonner, et c'est en 1894 qu'il fut repris par Rouillé-Ladevèze qui présenta au Salon du Photo-Club des épreuves sépia et sanguine.

Depuis, il a été perfectionné par MM. DEMACHY, MASKELL, PUYO, MOSS, PACKHAM, J. GARCZYNSKI, etc., et décrit en détails, dans nombre de monographies, parmi lesquelles nous citerons particulièrement la *Gomme bichromatée* de G. NAUDET, qui est le guide classique du gommiste.

79. — Principe du procédé. — La gomme arabique imprégnée d'un bichromate alcalin devient, à la lumière insoluble dans l'eau qui la dissolvait aisément avant l'insolation.

Si donc, à une solution de gomme, on incorpore un pigment en poudre et si on étend ce mélange, sensibilisé par le bichromate, sur un support inerte tel qu'une feuille de papier, et si on expose le papier ainsi préparé, derrière un négatif, il suffit de dissoudre dans l'eau les régions non insolubilisées par la lumière pour obtenir une image positive.

80. — Les matières premières. — LA GOMME ARABIQUE. — La *gomme arabique* ou *gomme d'acacia Sénégal*, qu'il faut acheter en morceaux, doit être inodore et d'une saveur fade. Elle doit se dissoudre dans le double de son poids d'eau en donnant un mucilage jaune, collant, mais ne filant pas, pouvant être filtré à travers un linge. Il faut rejeter les gommes brunes ou rousses qui se gonflent dans l'eau en donnant un mucilage à réaction neutre, alors qu'il doit être à réaction faiblement acide et les gommes pulvérisées qui souvent sont frauduleusement mélangées de dextrine.

Le plus généralement on prépare la solution de gomme à l'avance. Dans un flacon à large goulot, d'une contenance d'un litre, on met — selon les auteurs — de 200 à 500 grammes de gomme concassée préalablement en petits fragments et on achève de remplir le flacon avec de l'eau pure; on le ferme avec un bouchon de liège entouré d'un morceau de flanelle ou de linge. De temps à autre on retourne le flacon pour activer la dissolution, qui *doit se faire à froid.*

On peut aussi, et cela vaut mieux, placer la gomme grossièrement pulvérisée dans un nouet de mousseline qu'on suspend dans l'eau du flacon.

Quand la dissolution est achevée, on la laisse reposer pour que les impuretés tombent au fond, on la décante et on la filtre à travers une mousseline un peu serrée ou mieux une flanelle. On la conserve en flacons bouchés.

Nous avons dit que, d'après les auteurs, on faisait une solution de gomme de 20 à 50 $^0/_0$. Le mieux est de la faire à 50 $^0/_0$; il est toujours temps de la diluer si c'est nécessaire. Il est alors inutile de faire une pesée; il suffit, comme l'indiquent MM. Maskell et Demachy dans *Le procédé à la gomme bichromatée*, de remplir à moitié d'eau froide un bocal quelconque, et d'immerger, enveloppée dans une mousseline à cataplasmes, une quantité de gomme suffisante pour faire monter le niveau de l'eau en haut du flacon.

Les propriétés de la solution de gomme se modifient avec le temps : elle devient de plus en plus acide, et cette acidification semble due à la présence de microbes. C'est une quinzaine de jours après sa préparation qu'elle semble donner les meilleurs résultats, selon MM. Maskell et Demachy, qui conseillent d'y ajouter alors 2 $^0/_0$ de formol pour arrêter les fermentations et permettre la conservation.

On a proposé l'addition à la gomme de diverses substances colloïdes : amidon, gélatine, albumine, etc.; mais on n'en retire aucun avantage sérieux.

81. — Le bichromate. — On emploie le plus généralement une solution saturée de bichromate de potassium, obtenue en dissolvant 10 grammes de bichromate dans 100 centimètres cubes d'eau chaude [1].

On utilise parfois aussi le bichromate d'ammonium; mais il semble devoir être associé toujours au bichromate de potassium. Le commandant Puyo recommande, pour le cas d'impressions multiples, de mélanger $\frac{1}{3}$ de solution saturée de bichromate d'ammonium et $\frac{2}{3}$ de solution saturée de bichromate de potassium.

MM. Maskell et Demachy préconisent, surtout pour l'hiver, un mélange, à parties égales, de solutions saturées de bichromate de potassium, de bichromate d'ammonium et d'une solution à 5 °/₀ d'acide chromique.

82. — Le papier. — Tout papier peut convenir, à la condition de ne pas absorber la couleur. Il est donc bon de faire un essai préalable en étendant sur un morceau du papier choisi une couche du mélange sensible; on sèche à l'obscurité. Une fois sec, un lavage d'une demi-heure à l'eau froide doit suffire pour faire apparaître le papier à l'état naturel.

S'il n'en est pas ainsi, il faut faire subir au papier un encollage, à l'*arrow-root* par exemple :

On prépare une pâte bien liquide avec 15 grammes d'arrow-root et une certaine quantité d'eau chaude. On écrase les grumeaux qui ont pu se former et on ajoute la quantité d'eau chaude nécessaire pour amener le volume à 1 litre. On porte sur le feu et on chauffe doucement jusqu'à ébullition. On laisse

---

[1]. Il est bon, l'hiver, de conserver cette solution dans une pièce chauffée.

reposer l'empois ainsi obtenu et on le verse dans une cuvette où on immerge, feuille par feuille, le papier à encoller.

On peut encore étendre sur le papier une solution de gélatine à 2 pour 1000.

D'ailleurs, si les papiers fortement encollés donnent des blancs très purs, beaucoup de détails, ils ont une tendance à la dureté et, d'après M. J. PACKHAM, quand on désire de la douceur et des lumières pas trop brûlantes, une certaine absorption de couleur est préférable.

D'ailleurs, d'après le commandant PUYO, seuls les papiers *wathmann* auraient besoin d'un collage préalable et, encore, vaut-il mieux ne pas les employer.

Les papiers lisses tels que les papiers de Rives, dont les n° 132, 133, 135 sont les plus recommandables, conviennent surtout pour les petits formats, quand on veut conserver les moindres détails du sujet.

Parmi les plus aisés à travailler des papiers français nous signalerons :

Le papier à aquarelle de *Johannot et Cie*, d'Annonay et le papier *Canson-Montgolfier* pour lavis, que leur surface lisse rend assez difficiles à coucher, mais qui sont à recommander spécialement aux débutants ;

Les papiers dits *Lalanne*, préparés spécialement en vue du travail au fusain ;

Le papier *Allongé* qui possède d'un côté un grain fin très régulier, convenant parfaitement ;

Les papiers vergés dits *Michallet*, *Ingres* de TOCHON-LEPAGE donnent d'excellents résultats : ils absorbent la solution de bichromate et se laissent couvrir d'une couche égale et fine de gomme colorée.

Quant aux papiers de *Chine* et du *Japon*, ils sont

trop lâches, trop perméables et trop peu résistants pour pouvoir être employés.

83. — LES PIGMENTS. — Une couleur est d'autant meilleure et donne des images d'autant plus harmonieuses qu'elle se délaye mieux et plus finement.

Parmi les couleurs en poudre, le noir végétal, le noir de fumée, les ocres jaune et rouge, la terre d'ombre, la terre de Sienne (naturelle ou brûlée), le rouge indien, le rouge de Venise conviennent seules. Mais il faut avoir soin de les porphyriser. On évite ce nouveau broyage en employant des couleurs moites en tube de bonne fabrication.

La plupart des nuances de ces couleurs étant trop crues, on les mélange en diverses proportions. M. CH. SOLLET, dans son *Traité pratique des tirages photographiques*, donne, à titre d'indication pour les débutants les mélanges suivants :

Noir chaud.	Noir de bougie......	7	parties
	Ocre rouge..........	2	—
	Ocre jaune..........	1	—
Noir.	Noir de bougie......	10	parties
	Indigo..............	1	—
Sanguine.	Brun rouge..........	8	parties
	Ocre rouge	2	—
	Noir de bougie......	1	—
	Indigo..............	1	—
Brun.	Bistre..............	4	parties
	Terre d'ombre	4	—
	Noir de bougie......	2	—
	Rouge de Venise	1	—
	Ocre jaune..........	1	—

84. — Matériel. — PINCEAUX OU BROSSES. — Trois formes de pinceaux sont nécessaires :

1° Une brosse à peindre en soies de porc (*fig.* 65), cylindrique, qui sert à remuer le mélange de gomme, de couleur et de bichromate; on peut lui couper les poils au tiers de leur longueur pour leur donner de la rigidité;

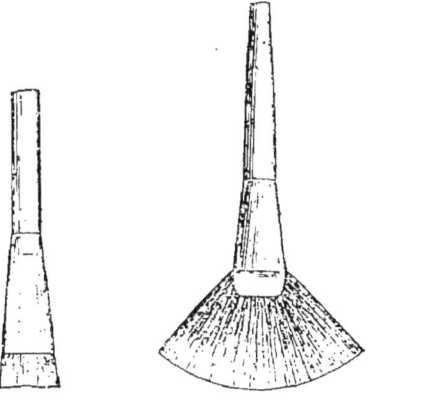

Fig. 65.   Fig. 66.   Fig. 67.

2° Une brosse plate en éventail ayant 5 à 10 centimètres de largeur (*fig.* 66);

3° Un blaireau (*fig.* 67) de peintre ou brosse plate en poils de porcs, établie de manière à résister à l'eau destinée à égaliser la couche et à la blaireauter.

85. — Séchage. — Des pinces (*fig.* 68) pouvant être suspendues à une corde servent au séchage; il est bon de posséder deux pinces réunies par une barre de bois qu'on fixe au bord inférieur du papier et dont le poids empêche l'enroulement.

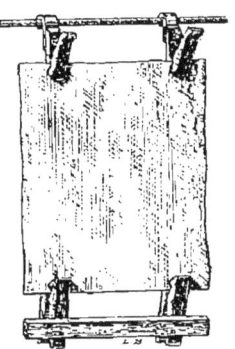

Fig. 68.

86. — Photomètre. — Aucune image n'apparaissant lors de l'insolation, la durée d'exposition ne peut être fixée que par l'emploi d'un photomètre. Le plus simple se construit aisément en suivant les indications suivantes que nous empruntons à M. G. Naudet [1] :

Sur une lame de verre longue d'environ 10 centimètres et large de 3, on colle une feuille de papier bien opaque dans laquelle on a découpé de huit à dix fenêtres rectangulaires. On colle sur le tout une feuille de papier dioptrique à calquer, en évitant que la colle ne bave à l'intérieur des fenêtres. On découpe une autre feuille du même papier dioptrique que l'on colle sur toutes les ouvertures moins une, puis une troisième que l'on colle sur toutes les ouvertures moins deux, et ainsi de suite; la première fenêtre est ainsi masquée d'une épaisseur de papier, la deuxième de deux épaisseurs, la troisième de trois, etc. On a donc réalisé une échelle d'opacités croissantes dont le dernier terme est à très peu près d'une opacité complète. On numérote ces fenêtres avec de l'encre de Chine épaisse, additionnée d'un peu de carmin ou de gomme-gutte. En exposant à la lumière, sous cet appareil, une feuille de papier sensible, on voit rapidement le papier se colorer sous la première fenêtre, à l'exception du chiffre 1 qui se détache en blanc; puis le chiffre 2 apparaît à son tour sous la seconde fenêtre, et ainsi de suite.

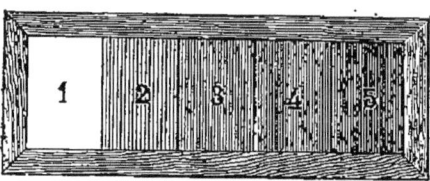

Fig. 69. — Photomètre.

Comme papier sensible, on emploie une bande de

---

[1]. G. Naudet, *La Gomme bichromatée*, H. Desforges, éditeur, Paris.

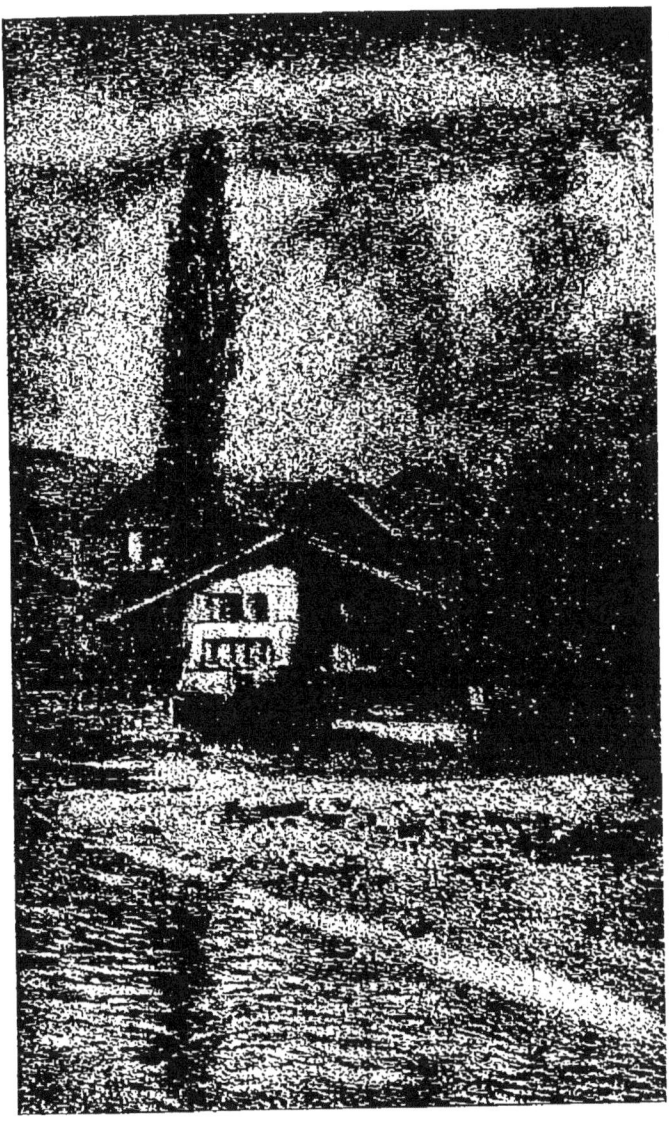

Fig. 70. — Impression de Suisse
(Reproduction d'une gomme bichromatée de M. G. Besson)

papier, lisse et bien encollé, plongée dans une solution concentrée de bichromate de potassium, papier dont la sensibilité est soumise aux mêmes variations que celle de l'émulsion bichromatée. Si à deux époques différentes, on expose ce photomètre à la lumière jusqu'à ce qu'aparaisse un même chiffre, la quantité totale de lumière reçue lors de ces deux expériences est sensiblement la même. Il suffit, après avoir déterminé par tâtonnements le nombre de *degrés* qui doivent apparaître pour la bonne insolation sous un négatif déterminé, d'inscrire sur un coin dudit négatif, avec une pointe d'aiguille, le numéro correspondant pour s'éviter, par la suite, toute incertitude.

87. — Pupitre a dépouillement. — Pendant le dépouillement, le papier émulsionné est couché sur une sorte de pupitre que l'on réalise comme suit : Sur une cuvette photographique on pose, parallèlement à l'un des petits côtés et au tiers environ de la longueur une baguette de verre que l'on maintient au moyen d'un bracelet de caoutchouc tendu sous la cuvette et dont les deux boucles saisissent les extrémités de la baguette. (*fig.* 71). On appuie sur cette baguette une feuille de verre qui, d'autre part, bute contre l'une des parois de la cuvette.

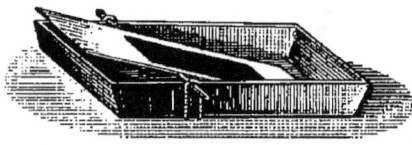

Fig. 71. — Pupitre à dépouillement.

C'est sur ce plan incliné que l'on place l'épreuve à dépouiller si l'on veut éviter tout gâchis.

L'eau, froide ou tiède, est puisée dans une éponge que l'on comprime par la suite au-dessus de l'épreuve ; il est bon de se procurer deux éponges, l'une d'assez grandes dimensions pour commencer le travail, l'autre plus petite pour localiser l'action de l'eau.

Dans certains cas enfin on a recours pour le dépouillement à des aspersions avec une bouillie claire de fine sciure de bois (procédé Artigue), qui est versée sur l'épreuve au moyen d'une cafetière « verseuse ». (G. NAUDET.)

88. — Pratique du procédé. — LE MÉLANGE SENSIBLE. — L'opération la plus délicate du procédé à la gomme consiste à faire le mélange de gomme, de bichromate et de couleurs. Ce mélange s'effectue dans une cuvette un peu large ou dans un bol. On peut employer en moyenne un tiers de la solution saturée de bichromate pour deux tiers de la solution de gomme à 50 %; si on fait varier ces proportions, ce sera surtout pour augmenter la quantité de gomme, l'excès de bichromate donnant un mélange très facile, mais qui produit un papier donnant des blancs voilés.

Quant à la proportion de couleurs à employer, il est impossible de donner des indications précises. Cependant quelques opérateurs ont cherché à donner des formules précices qui ne peuvent être qu'illusoires, les substances employées étant de composition forcément très variable. Néanmoins, mais à titre d'indication seulement, nous reproduisons ici les proportions données dans la *Photo-Revue*, par M. A. SANCHEZ :

(A) *Noir.*

Noir bougie......................	$0^{gr},60$
Ocre rouge......................	$0\ \ ,25$
Indigo	$0\ \ ,10$
Solution de bichromate d'ammoniaque à 10 %.............	5 cc.
Solution de gomme à 35 %.........	5 —
Glycérine........................	3 gouttes.
Acide chlorhydrique...............	2 —

(B) *Marron.*

Noir bougie............................	$0^{gr},60$
Ocre rouge...........................	0 ,55
Indigo................................	0 ,15
Solution de bichromate d'ammoniaque à 10 %............................	5 cc.
Solution de gomme à 35 %.........	5 —
Glycérine.............................	3 gouttes.
Acide chlorhydrique................	2 —

(C) *Bistre.*

Bistre.................................	$1^{gr},50$
Solution de gomme à 35 %.........	5 cc.
Solution de bichromate d'ammoniaque à 10 %............................	5 cc.
Glycérine.............................	3 gouttes.
Acide chlorhydrique................	2 —

(D) *Sanguine.*

Ocre rouge...........................	$0^{gr},95$
Noir bougie..........................	0 ,05
Solution de gomme à 35 %.........	6 cc.
Solution de bichromate d'ammoniaque à 10 %............................	4 cc.
Glycérine.............................	3 gouttes.
Acide chlorhydrique................	2 —

(E) *Terre de Sienne brûlée.*

Terre de Sienne brûlée.............	$1^{gr},25$
Solution de bichromate d'ammoniaque à 10 %............................	4 cc.
Solution de gomme à 35 %.........	6 —
Glycérine.............................	3 gouttes.
Acide chlorhydrique................	2 —

(F) *Terre d'ombre naturelle.*

Terre d'ombre naturelle............	2 gr.
Solution de gomme à 35 %.........	5 cc.
Solution de bichromate d'ammoniaque à 10 %............................	5 —
Glycérine.............................	3 gouttes.
Acide chlorhydrique................	2 —

(G) *Sépia.*

Sépia naturelle.................	1 gr.
Solution de bichromate d'ammoniaque à 10 %.................	6 cc.
Solution de gomme à 35 %.........	5 —
Glycérine	3 gouttes.
Acide chlorhydrique..............	2 —

(H) *Bleu.*

Indigo	1 gr.
Solution de bichromate d'ammoniaque à 10 %.................	6 cc.
Solution de gomme à 35 %.........	5 —
Glycérine.......................	3 gouttes.
Acide chlorhydrique..............	2 —

(I) *Gris.*

Gris de payne...................	1 gr.
Solution de bichromate d'ammoniaque à 10 %.................	4 cc.
Solution de gomme à 35 %.........	6 —
Glycérine	3 gouttes.
Acide chlorhydrique..............	2 —

Il s'agit, dans ces formules, des couleurs en tubes de Bourgeois. D'après l'auteur, la glycérine augmente la douceur de l'image et facilite la conservation des demi-teintes au dépouillement; quant à l'acide chlorhydrique, il aurait pour effet de rendre la couche mixtionnée moins soluble et de permettre le dépouillement par friction ; il faut le supprimer en été.

89. — Couchage ou étendage de la feuille. — Sur une planchette à dessin, on place un bristol sur lequel, au moyen de punaises, on fixe la feuille de papier à coucher, qui doit être choisie d'un format légèrement supérieur à celui du négatif :

20×26 pour 18×24 ; 26×33 pour 24×30

par exemple, afin de laisser la place des punaises et de tenir compte de ce fait que les bords de la couche sont toujours défectueux.

On charge le pinceau en éventail (*fig.* 64) de la quantité de mélange sensible juste nécessaire pour couvrir la feuille, et on le promène rapidement, sur la feuille, de manière à la couvrir entièrement en moins de dix secondes; on passe alors, en appuyant fortement le blaireau successivement dans les deux sens, largeur et longueur, pour égaliser la couche.

Le papier est alors mis à sécher dans un endroit obscur; le séchage dure de quinze à trente minutes en été.

On peut soit utiliser le papier immédiatement, ce qui vaut mieux, soit le conserver, avant l'emploi, cinq à six jours à l'obscurité et à l'abri de l'humidité.

90. — Autre mode de préparation. — On a indiqué un autre mode de préparation qui donne un papier plus rapide et une couche plus adhérente, mais qui donne peut-être des blancs un peu moins purs. Il consiste à imprégner tout d'abord de bichromate le papier support et à étendre sur le papier bichromaté sec le mélange de gomme et de couleur.

On emploie la solution saturée de bichromate de potassium soit froide, soit, mieux, à la température de 20 à 25°; les papiers fortement encollés s'imprègnent d'ailleurs plus également à chaud.

Le papier est immergé feuille par feuille dans cette solution (*fig.* 72), en prenant soin de faire disparaître toute bulle d'air qui pourrait se former; on retourne la feuille et on fait disparaître les bulles d'air sur la seconde face; on immerge alors, en prenant les feuilles suivantes.

Après cinq à dix minutes d'immersion, la première

feuille immergée est ramenée par dessus, retournée deux ou trois fois sur elle-même, soulevée avec du liquide, placée entre deux buvards propres et abandonnée au séchage : on la suspend par une pince à une corde tendue dans le laboratoire obscur.

A partir de ce moment, on ne doit plus s'éclairer qu'avec une lumière faible artificielle telle qu'une bougie.

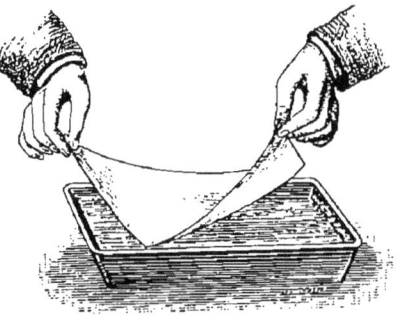

Fig. 72.

Le papier, sec, se conserve à plat, à l'abri de la lumière et de l'obscurité. On le recouvre du mélange de gomme et de couleur, comme nous l'avons indiqué ci-dessus.

91. — Impression. — L'exposition à la lumière de ce papier sensible sous un cliché négatif se fait à la manière ordinaire ; mais, comme il est impossible de suivre en aucune façon la venue de l'image, qui reste absolument invisible, on doit, pour la durée du tirage, soit se guider sur les indications d'un photomètre de tirage, soit, comme première donnée, laisser ce papier à la lumière pendant le même temps qu'il faudra à un papier sensible du genre aristotypique pour noircir au point voulu sous un négatif de même opacité que celui utilisé au tirage sur gomme bichromatée ; mais cette indication est évidemment loin d'être infaillible, car la durée d'insolation dépend essentiellement de l'épaisseur de la couche de gomme : la lumière qui arrivera à la couche la plus profonde, seule sensible, sera d'autant plus faible que les couches superficielles seront plus épaisses. Trop peu de pose donnant des images faibles, une pose exagérée donnant, au contraire, une image empâtée, dans laquelle le papier ne se découvrira qu'à grand'peine dans les plus grandes lumières, on se guidera sur les premiers résultats pour régler la durée d'insolation des épreuves suivantes.

92. — Dépouillement. — Il suffirait pour dépouiller l'image de la plonger un temps suffisamment long dans une cuvette pleine d'eau comme le faisaient les premiers inventeurs du procédé. Mais ce dépouillement par dissolution convient surtout aux images *sous-exposées*. En outre, c'est là une méthode purement mécanique qui ne permet pas l'intervention de l'opérateur. Aussi est-il préférable d'opérer ainsi que l'indique M. G. Naudet dans son traité.

L'épreuve est, au sortir du châssis-presse, placée face en dessous dans une cuve assez profonde pleine d'eau ; l'image étant des plus fragiles, le moindre contact soit avec le fond, soit avec les parois de la cuvette, suffit pour la détériorer complètement. Après un séjour de dix à quinze minutes dans l'eau froide, les parties que n'a pu atteindre la lumière, celles, par exemple, qu'ont protégé les rebords du châssis-presse et peut-être aussi les régions les plus claires de l'image, sont dépouillées ; on se borne, dans ce cas, à changer l'eau de lavage, en surveillant de temps à autre les progrès du dépouillement. Si, au contraire, le pigment reste à peu près uniformément fixé à son support, on doit avoir recours à des moyens plus énergiques : aspersion d'eau froide ou tiède, immersion dans l'eau tiède, arrosage à la sciure de bois ou frottement au pinceau des parties où l'on veut éclaircir la teinte sur une très petite surface.

Pour ces diverses corrections, l'épreuve humide est appliquée sur le pupitre dont nous avons indiqué le montage ; on fait couler avec l'éponge la plus grosse une certaine quantité d'eau au-dessus du bord supérieur de l'image ; l'eau se répand en nappe et coule à la surface de l'épreuve, entraînant ainsi l'excès de couleur déjà détaché du support : sur les régions à éclaircir on fait tomber directement, d'une hauteur de quelques centimètres, le jet de la petite éponge que l'on aura pu, en cas de besoin, plonger alternativement dans l'eau froide et dans une bouillotte d'eau chaude; mais ces jets d'eau tiède ont une action très énergique que l'on doit suivre attentivement et arrêter à temps.

De temps à autre on balaye l'excès de couleur par l'écoulement d'une nappe d'eau donnée par la grosse éponge.

En cas de surexposition extrême, on pourrait enfin soit ajouter à l'eau de lavage quelques gouttes d'ammoniaque, soit mêler à l'eau un peu de sciure de bois très fine que l'on ferait couler en bouillie froide sur les régions à éclaircir en se servant pour cela de la cafetière verseuse recommandée pour le dépouillement des papiers charbon-velours.

93. — Précautions finales et séchage. — Il est bon de passer l'image dépouillée dans une solution d'alun à 5 $^0/_0$ qui la durcit ; on recommande aussi parfois de la passer avant dans une solution diluée de bisulfite de sodium pour enlever l'excès de bichromate.

On rince bien entendu entre le passage dans ces bains.

Le séchage doit s'effectuer à l'air libre : on suspend l'image, mais on ne doit jamais la presser entre deux feuilles de buvard.

94. — Procédé de M. Foxlee. — Dans ce procédé, on peut juger de la venue de l'image.

Le papier est d'abord encollé à l'arrow-root ou à la gélatine.

Une fois sec, on le sensibilise en le faisant flotter deux ou trois minutes sur une solution de bichromate de potassium à 3 %.

Après séchage à l'obscurité, on imprime au châssis-presse jusqu'à apparition des détails dans les grandes lumières.

On porte l'image dans le laboratoire obscur et on la recouvre avec le mélange :

Solution de gomme à 50 %	16 cc.
Eau	12 —
Glycérine	8 —
Acide acétique cristallisable	12 —
Pigment	à volonté

On abandonne, à l'obscurité, l'épreuve ainsi enduite, durant douze heures environ (on la suspend) et on procède au dépouillement et à l'achèvement comme dans le procédé ordinaire.

95. — Photogrammes de petit format à la gomme bichromatée. — M. H. Renault a indiqué à la séance du 7 avril 1905 de la *Société française de photographie* d'ingénieuses modifications qu'il a apportées au procédé à la gomme bichromatée à l'effet d'obtenir des photogrammes, de petites dimensions[1], et qui sont décrites avec tous les tours de main et détails nécessaires dans sa brochure *Photo-Gomme*, à laquelle nous renvoyons le lecteur, nous contentant de résumer ici ces modifications.

---

1. *Bulletin de la Société française de photographie*, 1ᵉʳ juin 1905, p. 278.

LA GOMME BICHROMATÉE

Comme produits, M. Renault utilise : 1° une solution de bichromate de potassium à 10 $^{\circ}/_{0}$.

2° Une solution de gomme à 30 $^{\circ}/_{0}$ ayant au moins quatre à cinq mois ;

3° Les couleurs d'aquarelles en tube suivantes :

1. Noir de vigne..................
2. Noir de bougie............... } Rowney.

3. Indigo.........................
4. Vert anglais .... } Lefranc.
5. Laque fine (garance Andrinople).

6. Rouge de Venise ....
7. Brun rouge ....
8. Laque de garance foncée .... } Bourgeois, aîné.
9. Jaune indien..................

Seules les couleurs 1, 2, 6, 7, 8 peuvent être employées seules ; l'*indigo*, le *vert anglais* n° 1 et le *jaune indien* ne peuvent servir que mélangées avec le noir pour obtenir les tons *bleu foncé, vert foncé, sépia*, etc.

4° Le papier de René Blanchet frère et Kléber, format à lettres (133 millimètres × 205 millimètres) blanc et lisse, et le papier dit *simple transfert* ou, de préférence, le papier à lettre ci-dessus traité comme suit : le revêtir d'un côté d'une couche de gélatine à 3 $^{\circ}/_{0}$ de formol.

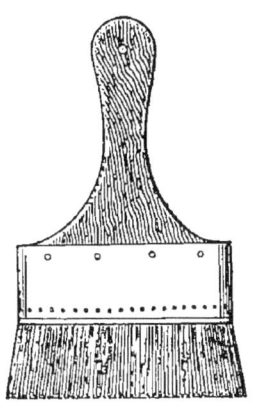

Fig. 73.

Comme matériel, M. Renault emploie :

1° Une brosse spéciale de 13 centimètres de large en petit gris, première qualité, forme *spalter*, ayant des poils de 4 centimètres de long (*fig.* 73) ;

2° Un petit pinceau dur en soie de porc pour malaxer la couleur avec la gomme;

3° Une petite queue de morue de 32 millimètres en petit gris, première qualité, bien droite, destinée au dépouillement;

4° Trois ou quatre pinceaux petit gris d'aquarellistes de grandeurs différentes pour retouches locales;

5° Une cuvette à dépouillement 18 × 24 pour la manipulation de photogrammes 13 × 18;

6° Une plaque de zinc plane rectangulaire de $1^{mm},5$ d'épaisseur (*fig.* 74) et un gabarit évidé et mobile en zinc plané (*fig.* 75), de 3 millimètres d'épaisseur de cadre dont l'intérieur est terminé en biseau ayant un demi-centimètre de largeur, destiné à adoucir la touche du blaireau. L'épreuve placée entre le gabarit et le support peut ainsi être maintenue plane au fond de l'eau.

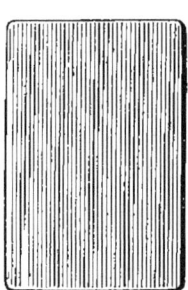 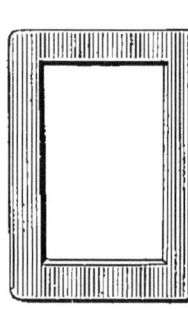

Fig. 74.   Fig. 75.

7° Un buvard perpétuel en pierre poreuse de 2 centimètres d'épaisseur ayant 20 centimètres × 30 centimètres, qu'on choisira de surface bien plane, sans trous ni rayures, qui remplace avantageusement le papier buvard.

8° Un rouleau à encrer à main, en gélatine souple.

Pour la pratique du procédé, on prépare sous la main les objets suivants : une cuvette 9 × 12 pour y mettre la mixtion, une cuvette (A) assez grande pour contenir le papier à sensibiliser (133 millimètres × 205 millimètres), la brosse à étendre de 13 centimètres, le petit pinceau de soie de porc pour malaxer, une glace dépolie pour le couchage, le buvard perpétuel en pierre poreuse ou, à défaut, du papier buvard à fibres très serrées, le rouleau gélatiné, la couleur en tubes, un petit verre gradué et un petit carré de mousseline fine pour passer le mélange, les solutions de bichromate et de gomme, le papier à couvrir.

On procède comme suit :

On verse dans la cuvette (A) du bichromate en quantité suffisante. Au moyen d'un petit tube de verre on puise au centre du flacon (pour éviter de prendre le dépôt du fond et le gras du dessus), la quantité de gomme nécessaire ; on y introduit la couleur comme cela se pratique habituellement ; on malaxe intimement avec le petit pinceau et on essaye l'intensité du mélange, en ayant soin de ne pas chercher l'opacité. Du papier couvert de noir doit être gris foncé.

Lorsque le ton est jugé convenable, on humecte la mousseline dont on recouvre le verre gradué que l'on retourne au-dessus d'une cuvette 9 centimètres × 12 centimètres inclinée sur un de ses grands côtés.

On trempe dans l'eau la brosse d'étendage pour l'assouplir, mais on a soin de l'essorer minutieusement de façon qu'elle reste seulement humide (faute de quoi la quotité de gomme se trouverait considérablement amoindrie). L'auteur conseille même que la première feuille à couvrir ne soit que du papier commun afin d'absorber cet excédent de liquide.

C'est alors seulement que l'on procède à la sensibilisation d'une première feuille de papier de Rives.

On la plonge adroitement dans le bichromate, on

la retourne en chassant les bulles, puis on laisse environ une minute dans le bain. On la retire avec précaution pour éviter de la froisser, on égoutte par un angle, puis on place sur la dalle poreuse. On passe le rouleau au dos de la feuille jusqu'à ce que le papier présente une surface *absolument mate* [1].

On porte ensuite la feuille essorée sur la glace dépolie. Point n'est besoin de fixation du papier, qui demeure absolument plan. Il n'y a qu'à le maintenir des doigts de la main gauche pendant que de la droite on procède à l'étendage.

La brosse étant imprégnée à mi-poils du mélange coloré, on en élimine l'excès contre le rebord de la cuvette et cela des deux côtés.

« Je me trouve bien — dit M. H. Renault — de préserver la glace de la souillure du blaireau au moyen d'un cache en zinc *muni* de la forme du gabarit de dépouillement, mais dont l'ouverture est un peu plus grande dans le sens de la longueur. Ce gabarit d'étendage me servait surtout avec les précédentes manières d'étendre le papier sec. Il maintenait mieux que des punaises, le papier plan ; car étant relativement léger, il permettait au papier de s'étendre par dessous librement, évitant d'avoir à reculer des punaises, opération fastidieuse à un moment aussi peu propice. Par ce moyen, j'évitais aussi les fausses touches. Je l'emploie donc ici, bien qu'il ne soit pas indispensable. Il maintient quand même le papier par la pression que l'on y exerce sur la partie gauche et évite le salissement de la glace.

---

[1]. Le papier ne s'enroule que très rarement autour du rouleau. Cet accident provient de maladresse lorsqu'on n'opère pas la pression verticalement.

De toute façon que le papier se trouve maintenu, je porte le blaireau vers l'extrémité gauche de la feuille et je le passe avec une pression moyenne et bien égale.

Trois ou quatre fois passé ainsi (toujours en reprenant de gauche à droite) suffisent pour uniformiser la couche qui se fond pour ainsi dire ensuite en séchant à la manière d'un lavis. A peine quelques différences d'intensité inappréciables apparaissent-elles comme des imperfections dont le dépouillement au blaireau aura d'autant mieux raison qu'il venait à bout de défauts beaucoup plus apparents avec les autres manières d'étendre. Le papier posé à plat ne se recroqueville pas en séchant.

La méthode d'étendage que nous préconisons n'est pas exclusive aux petits formats et donnera sans aucun doute les résultats les plus satisfaisants pour les dimensions supérieures à 13×18.

Le seul écueil qui se puisse rencontrer est la granulation produite par suite de l'absorption de la couleur par du papier mal encollé ou dont la qualité n'est pas constante.

C'est donc une question de papier, et c'est pourquoi nous insistons sur l'emploi des supports à sous-couche de gélatine insoluble pour opérer à coup sûr et ne pas être à la merci des fabricants.

C'est une méthode de principe que nous indiquons de pratiquer l'étendage du papier à l'état imbu, et nous ne craignons par d'affirmer que nous lui devons nos meilleurs résultats.

C'est aussi la manière offrant le plus de sécurité au dépouillement par frictions et avec laquelle les demi-teintes conservent toute leur valeur.

Pour l'*insolation*, M. H. RENAULT se passe de photomètre ; il insole jusqu'à ce que l'image soit silhouettée à la surface et nettement visible par transparence.

Pour le *dépouillement*, on verse environ 1 litre d'eau froide ou tiède dans la cuvette 18 × 24; on y plonge l'image une demi-minute pour lui donner le temps de s'étendre; on la retire pour la placer sur le support de dépouillement; on assujettit le gabarit en zinc plané et on plonge à nouveau le tout dans la cuvette.

On tâte l'image par une première touche légère avec le petit blaireau trempé dans l'eau, en le tenant à plat et incliné, sur une partie opaque ou un blanc à dégager entièrement (qui ne risque rien en un mot). Dès qu'on s'est rendu compte de la consistance de la couche, on procède en conséquence, tantôt avec le plat, tantôt avec le dos de la brosse.

Si on connaît bien le négatif, on amène l'image au point par quelques touches locales appropriées à la résistance de la couche, et l'on met ainsi très rapidement en valeur l'harmonie de l'ensemble.

En cas de sous-exposition, il n'y a rien à faire. S'il y a surexposition, on laisse tremper longtemps; on emploie l'eau tiède ou chaude et au besoin un peu d'ammoniaque.

L'image sortie du bain est étendue sur du buvard propre placé sur un plan incliné ; si la pose a été correcte et le dépouillement bien conduit, il n'y a pas à craindre de coulage sur les blancs. D'ailleurs, on place de préférence en bas la partie de l'image la plus foncée.

L'image sèche est plongée dans une solution à 5 $^0/_0$ de bisulfite de soude durant deux à trois minutes pour enlever la teinte jaune du bichromate, qu'on ne doit pas voir quand on examine l'image par transparence.

On rince deux minutes à l'eau pure, et le séchage définitif s'opère sans aucun risque.

On peut retoucher avec les couleurs même qui ont servi, en observant les proportions des mélanges.

95. — **Impressions multiples.** — Le procédé à la gomme bichromatée se prête aux impressions multiples. Une fois une première image obtenue et terminée, on peut la couvrir d'une nouvelle couche de mélange sensible et l'imprimer à nouveau derrière le même négatif en ayant soin de bien répéter l'image.

On peut obtenir ainsi soit des *impressions ton sur ton*, soit des *impressions en double ton*, soit, si au lieu d'imprimer sous le même négatif, on opère successivement sur les trois négatifs anxalytiques de la méthode indirecte de photographie des couleurs de Cros et Ducos du Hauron, *des impressions en couleur*.

La plus grosse difficulté réside dans le repérage : on peut coller deux petites bandes de carton mince du côté verre du négatif, sur deux bords opposés, et les faire dépasser de 2 ou 3 centimètres. On fixe à ce bristol des punaises dont la pointe sort du côté de la gélatine du négatif, de façon qu'elles piquent le papier à la gomme ; lors du second tirage, on replace le papier de manière que les pointes des punaises entrent dans les mêmes trous.

On peut aussi opérer le repérage par transparence ; c'est assez facile quand il s'agit d'un portrait, parce qu'on s'aperçoit aisément de la coïncidence des yeux, de la bouche et des narines. Nous reviendrons d'ailleurs sur le repérage en ce qui concerne le tirage de photographies en couleur.

Lorsqu'on doit faire plusieurs impressions superposées, il faut modifier la composition du mélange sensible.

Lorsqu'il s'agit de *double impression ton sur ton*, le commandant Puyo, dans son *Traité du procédé à la gomme bichromatée* à l'usage des commençants, recommande de diminuer la proportion de gomme et la proportion de couleur pour la première couche, la seconde ayant la composition habituelle.

Pour les *impressions en double ton*, on diminue un peu la quantité de gomme pour la première couche et la quantité de pigment coloré pour la seconde couche.

Pour les *impressions en plusieurs couleurs*, la proportion de couleur doit diminuer dans les couches successives. Le commandant Puyo a pu ainsi obtenir de très belles gommes qui ont été très admirées aux salons du Photo-Club.

97. — Papiers à la gomme du commerce. — Depuis quelques années, on trouve chez les marchands de fournitures photographiques des papiers à la gomme tout préparés. Le plus connu est celui de M. Farinaud, pharmacien à Mirambeau (Charente-Inférieure), qui est maintenant fabriqué par M. V. Stouffs, de Bruxelles.

Ce papier, dont l'usage est tout indiqué pour guider les premiers pas du gommiste, se trouvait tout sensibilisé. Actuellement on le vend non sensibilisé, ce qui permet de le conserver très longtemps.

Nous ne décrirons pas la manipulation de ce papier, qui se trouve décrite en détails dans les pochettes. Nous tenions seulement à signaler son existence à cause de sa facilité d'emploi.

CHAPITRE X

Le procédé ozotype [1]

98. — **I. Historique.** — C'était en 1873. Le procédé aux mixtions colorées, plus connu alors sous le nom de procédé au « charbon », avait déjà, depuis bien des années, fait ses preuves, l'inaltérabilité absolue des photogrammes positifs, qu'il permettait d'obtenir, lui donnant, sur les procédés aux sels d'argent, une incontestable supériorité.

Cependant la pratique en était relativement délicate et quelque peu compliquée ; l'impossibilité dans laquelle l'opérateur se trouvait de pouvoir surveiller la venue de l'image positive, la nécessité de recourir à un double transfert ou à un contre-type négatif pour obtenir une épreuve dans son vrai sens, telles étaient les raisons principales qui faisaient et font encore que le procédé au charbon, malgré ses immenses avantages, ne fut jamais pratiqué par la grande masse des amateurs et ne fut exploité que par un certain nombre de professionnels. C'est alors que des chercheurs firent des tentatives dans le but de simplifier et de mettre à la portée de tous cette méthode d'impressions pigmentaires.

Parmi ces chercheurs se trouvait M. MARION, qui

---

1. Nous devons remercier M. F. MONPILLARD d'avoir bien voulu nous autoriser à reproduire ici l'intéressante étude qu'il a consacrée à l'ozotypie dans *la Photographie française*.

fit connaître à la Société française de photographie, le 4 avril 1873, *un procédé pour le tirage direct de l'épreuve au charbon sans report ni renversement de cliché* [1].

Ce procédé consistait « à sensibiliser le papier albuminé en le faisant flotter sur un bain de bichromate de potasse à 4 % et d'alun de chrome à 2 % après dessiccation », exposer ce papier sous un négatif un temps convenable, relativement très court : « de un à cinq minutes suivant l'intensité de la lumière ».

Un avantage considérable est de permettre à l'opérateur de suivre au châssis-presse et sans photomètre la venue de l'épreuve; l'image est apparente, bien formée, mais fugace ; il s'agit de lui donner une coloration et de la fixer.

Une pellicule de gélatine colorée (papier mixtionné) est posée humide sur l'épreuve, et le tout mis en pression au châssis-presse pendant cinq à dix minutes.

« L'insolation qui s'est produite sur le papier semble se continuer par transmission sur la gélatine colorée, car l'image s'empare de cette gélatine et se l'approprie en la rendant insoluble dans toutes les parties du dessin plus ou moins frappées par la lumière. »

Plongeant dans l'eau chaude l'épreuve et le papier mixtionné qui lui adhérait, la gélatine non fixée par l'image se dissolvait, et l'on obtenait en fin de compte une épreuve au charbon présentant toutes les qualités d'inaltérabilité de celles résultant de la mise en pratique des procédés ordinaires.

Malgré les réels avantages de la nouvelle méthode, son étude ne fut pas poursuivie; aucun professionnel, aucun amateur ne chercha à la perfectionner dans le

---

1. *Bulletin de la Société française de Photographie*, 1873, p. 95.

but d'en tirer parti au point de vue de la pratique courante.

Cette indication de MARION, pourtant bien précise, tomba complètement dans l'oubli, et à tel point, que le 28 mars 1899, un amateur anglais, M. T. MANLY, annonça à la *Royal Photographic Society* qu'il venait découvrir un procédé d'impressions pigmentaires, basé sur un principe absolument nouveau, quelque peu anormal et révolutionnaire dans sa conception, ce procédé supprimant l'emploi du photomètre et du contre-type négatif[1].

En principe M. MANLY proposait d'imbiber la surface encollée d'un papier avec une solution de bichromate de potasse et de sulfate de manganèse, sécher dans l'obscurité, puis exposer à la lumière sous un négatif; l'image ne tarde pas à se dessiner en prenant une coloration brune; quand elle est jugée suffisamment venue, l'épreuve obtenue est lavée jusqu'à élimination complète des sels solubles; elle est superposée à une couche de papier à la gélatine mixtionnée ordinaire (papier au charbon), préalablement imbibée d'une solution contenant de l'acide acétique et de l'hydroquinone; après quelques heures de contact sous presse, le développement est effectué à l'eau chaude.

La gélatine du papier mixtionné s'étant insolubilisée au contact de l'image, et en proportion d'autant plus considérable que les portions de celle-ci avaient été plus insolées, l'épreuve qui en résulte constitue, comme dans le procédé Marion, une image pigmentaire absolument inaltérable.

---

1. *The Photographic Journal* (Traduction anglaise *in extenso*: *Bulletin de la Société française de Photographie*, 1899, p. 361).

Ce simple exposé, en quelque sorte schématique, montre la similitude qui existe entre les deux méthodes, elle deviendra plus évidente encore lorsque nous étudierons celles-ci au point de vue des réactions chimiques qui président à la formation de l'image primaire, puis à l'insolubilisation de la gélatine.

Si, comme bon nombre de chercheurs, M. Manly n'a fait que de « redécouvrir » et de baptiser d'un nom spécial le procédé proposé en 1873 par Marion, il a l'incontestable mérite d'en pousser à fond l'étude et de nous montrer toutes les ressources précieuses dont l'amateur comme le professionnel disposent en mettant en pratique une méthode d'une souplesse remarquable, permettant de tirer d'un même négatif les effets les plus variés, souvent artistiques, et de pouvoir enfin exécuter avec facilité et avec le matériel ordinaire des épreuves absolument inaltérables.

II. **Pratique du procédé ozotype.** — La série des opérations nécessaires pour obtenir une épreuve ozotype comprend :

1° *La sensibilisation du papier;*

2° *L'impression de l'épreuve et son lavage;*

3° *La superposition à la couche de papier mixtionné;*

4° *Développement, alunage, séchage et montage de l'épreuve.*

D'une façon aussi claire et aussi concise que possible, nous allons décrire chacune de ces opérations ; l'étude chimique que nous ferons ensuite de ce procédé dans le but d'expliquer les réactions mises en jeu au cours de ces différentes phases permettra en outre à l'amateur d'en faire l'application avec discernement et avec toutes les chances de réussite.

99. — Choix et sensibilisation du papier. — Tout papier dont la surface présente un encollage de géla-

tine, d'albumine ou d'amidon peut être rendu sensible en le badigeonnant avec la solution sensibilisatrice, ou en le faisant flotter sur celle-ci par sa surface encollée. Cette opération peut s'effectuer à la lumière d'une bougie, du gaz ou du pétrole, mais la dessiccation qui devra être aussi complète que possible devra se faire dans l'obscurité.

Il est beaucoup préférable d'encoller soi-même son papier; cette opération qui, comme nous le verrons par la suite, peut s'effectuer simultanément avec celle de la sensibilisation, laisse à l'amateur toute latitude dans le choix du papier qui lui paraît le mieux convenir pour réaliser un effet cherché.

Si le grain du papier est pratiquement nul, les détails des négatifs seront scrupuleusement reproduits; s'il est de quelque importance, nous pourrons alors obtenir des effets artistiques imitant l'aquarelle, la sanguine ou le fusain; dans cet ordre d'idées, les papiers Wathmann, Turkey-Mill, Canson, etc., par exemple, feront merveille.

La feuille de papier à sensibiliser est fixée sur une planchette par ses quatre coins au moyen de punaises.

A 6 centimètres cubes, par exemple, de solution sensibilisatrice,

Sulfate de manganèse 14
Bichromate de potasse.................... 7
Eau....................... Q. S. pour faire 100

nous ajouterons 1 à 2 centimètres cubes de solution de gélatine blanche à 2 $^0/_0$, nous verserons ce mélange au centre de la feuille à raison de $2^{cc},5$ de mélange par 30 centimètres carrés de surface à couvrir, et sans nous préoccuper de ce que la gélatine se sera coagulée sous l'influence de la première solution; au moyen d'une brosse de soie de porc plate et douce, de 9 à 12 centimètres de largeur, nous répartirons rapidement et aussi également que possible le mélange sur toute la surface de la feuille de papier en donnant des coups de brosse de plus en plus légers; cette opération, nous l'avons dit, peut s'effectuer à une faible lumière artificielle.

Si, après cet étendage, il subsistait encore quelques stries, attendre une minute ou deux, puis passer légèrement sur toute la surface un tampon sec de fine mousseline, ou de soie, les surépaisseurs de gélatine disparaîtront rapidement, et nous obtiendrons une couche parfaitement lisse et homogène.

Laisser sécher à l'abri de la lumière et de l'humidité.

Étant donné le peu d'épaisseur de la couche, cette dessiccation, dans des conditions normales, doit être complète au bout d'une heure au grand maximum : si au bout de ce temps la surface du papier était encore humide, il serait absolument nécessaire de l'exposer au feu afin de la sécher complètement.

Si, à ce moment, la surface sensible était encore rugueuse, il suffirait de la polir à nouveau avec un tampon de mousseline ou de soie.

Dans cet état, surtout si la dessiccation a été terminée devant le feu, le papier peut se conserver trois à quatre mois, à la condition de l'envelopper de papier paraffiné et de le conserver dans un endroit très sec.

Cependant, en thèse générale, il est préférable d'utiliser le papier sensibilisé dans un laps de temps ne dépassant pas une semaine à dix jours de l'époque à laquelle il a été sensibilisé.

100. — Impression de l'épreuve et lavage. — En vue de faciliter nos descriptions, nous appellerons

« image primaire » celle qui va être obtenue en exposant notre papier sensible sous le négatif et « image pigmentée », cette image primaire, lorsqu'après avoir été mise en contact avec le papier mixtionné, puis soumise au développement, elle aura fixé la gélatine pigmentée pour constituer l'image définitive.

Après avoir, dans l'obscurité, découpé notre papier sensibilisé au format voulu, nous l'exposerons sous notre négatif à la lumière du jour, de préférence à une bonne et franche lumière diffuse; au bout de trois minutes, l'image commence à apparaître en prenant un ton brun cachou, si les indications que nous avons données sur la sensibilisation ont été suivies; cette coloration restera plutôt faible dans les grandes ombres lorsque le cliché est doux, elle acquérera une certaine intensité si celui-ci est vigoureux; mais de toute façon, étant donné que cette coloration apparaît sur une couche déjà jaune, ce n'est pas sur le plus ou moins de vigueur des ombres que l'opérateur devra se baser pour juger de la venue de son épreuve primaire, mais en observant soigneusement les hautes lumières; dès que les détails commenceront à paraître dans celles-ci, arrêter l'exposition et procéder sans retard au lavage de l'épreuve. Point essentiel, veiller à ce que les hautes lumières ne soient pas trop impressionnées, sans quoi elles seraient, par la suite, recouvertes d'un voile général.

Détail intéressant à noter : avec les papiers enduits de colle d'amidon, l'image prend une coloration brun « photographique »; avec les papiers couchés à la baryte, l'image est excessivement faible; cependant, elle possède les mêmes propriétés que si elle était de couleur brun foncé.

Le lavage des épreuves primaires s'effectue dans

l'eau froide fréquemment renouvelée, de façon à éliminer la totalité des sels solubles ; cependant cette immersion ne devra dans aucun cas dépasser une durée de dix minutes, un séjour dans l'eau plus prolongé aurait pour effet d'affaiblir notablement les images.

Les épreuves ainsi lavées peuvent être pigmentées immédiatement ou bien abandonnées à la dessiccation ; l'image étant parfaitement fixée peut se conserver pour ainsi dire indéfiniment.

101. — Superposition à la couche de papier mixtionné. — Si de la conduite de cette opération dépend en grande partie la réussite du résultat final, nous devons ajouter que c'est à elle que nous devons cette merveilleuse souplesse du procédé ozotype.

Par de légères modifications apportées dans la composition du liquide servant à baigner à la fois l'épreuve primaire et à humecter la couche du papier mixtionné, il nous sera, en effet, facile d'obtenir, par exemple, une image vigoureuse d'un négatif trop doux et réciproquement, de varier enfin les effets au gré de nos désirs.

En se reportant à l'étude chimique de la méthode, l'opérateur apprendra bien vite à connaître le rôle réciproque des différents agents qui viennent à ce moment concourir à la pigmentation de l'image ; il saura enfin promptement en tirer parti, lors de la mise en œuvre de cette troisième phase de la méthode et suivant les résultats qu'il souhaite obtenir.

Deux modes opératoires sont à notre disposition : soit constituer un bain contenant pour 1.000 centimètres cubes d'eau, 1 gramme d'hydroquinone et 1 gramme de sulfate de cuivre et auquel nous ajouterons : 3, 4 ou 5 grammes d'acide acétique cristallisable, suivant que le négatif est heurté, normal ou trop doux ; ou bien additionner un bain contenant, pour 1.000 centimètres cubes d'eau, 3 grammes d'acide acétique cristallisable et 1 gramme d'hydroquinone, de $2^{cc},5$ à $7^{cc},5$ d'une solution à 10 °/$_0$ de sulfate de cuivre, suivant les cas que nous venons d'énumérer[1].

En thèse générale, d'une épreuve primaire obtenue d'après un négatif donné, nous obtiendrons une épreuve pigmentée d'autant plus heurtée que la proportion d'acide acétique ajoutée au bain dans lequel elle sera appliquée à la surface du papier mixtionné, sera moins considérable.

Le sulfate de cuivre conduit exactement aux mêmes résultats : supprimons-le dans le bain en question, il nous sera alors possible, d'un négatif faible, d'obtenir une épreuve positive aux contrastes fortement accusés; réciproquement, ajoutons-lui une portion notable de solution de sulfate de cuivre, et, d'un négatif très dur, il nous sera facile d'obtenir un positif harmonieux dans les hautes lumières duquel apparaîtront tous les détails.

---

1. *Solutions acétiques pour ozotypie.* — Pour épreuves obtenues d'après les négatifs :

	Doux	Normaux	Heurtés
Acide acétique cristallisable.	3	4	5
Hydroquinone.	1	1	1
Sulfate de cuivre.	1	1	1
Eau....... Q. S. pour faire	1000	1000	1000

Autre formule. — A la solution A :

A { Acide acétique cristallisable.......... 3 gr.
    Hydroquinone....................... 1 gr.
    Eau................ Q. S. pour faire 1000

ajouter de la solution B :

B { Sulfate de cuivre.................... 10 gr.
    Eau................ Q. S. pour faire 100

$2^{cc},5$ pour épreuves obtenues d'après les négatifs *doux*.
5^{cc} pour épreuves obtenues d'après les négatifs *normaux*.
$7^{cc},5$ pour épreuves obtenues d'après les négatifs *heurtés*.

Un excès d'acide acétique, de même qu'un excès de sulfate de cuivre, amène fatalement un voile sur l'épreuve pigmentée. Notons enfin qu'en pratiquant cette opération il nous est très facile, par une imbibition plus ou moins complète du papier mixtionné par la solution acétique, de corriger dans une certaine mesure les conséquences pouvant résulter de ce que notre épreuve primaire aurait été sur ou sous-exposée, accident facile à constater, l'image étant parfaitement visible, surtout sur l'épreuve lorsque celle-ci a été débarrassée de la présence des sels solubles.

Dans le premier cas, l'immersion du papier mixtionné dans la solution acétique sera aussi courte que possible (trente à quarante-cinq secondes); dans le cas contraire, elle pourra être prolongée (une à deux minutes).

La solution acétique est alors versée dans une cuvette en porcelaine que nous chaufferons très doucement. Si notre épreuve primaire a été tirée sur papier lisse, la température sera maintenue entre 21 ou 22°; si le tirage a été exécuté sur un papier rugueux, il sera bon de pousser jusqu'à 25 à 26° maximum.

Plonger dans ce bain le papier mixtionné face gélatinée en dessous ; le retourner, chasser les bulles d'air ayant pu s'attacher à la surface en s'aidant d'un pinceau, laisser séjourner le temps que l'on aura jugé convenable (de trente secondes à deux minutes), puis plonger rapidement l'épreuve primaire dans ce même bain ; superposer à la face de celle-ci portant l'image la couche de gélatine mixtionnée, retirer du bain les deux feuilles adhérentes l'une à l'autre, donner un léger coup de raclette pour chasser l'excès de liquide, et placer le tout entre deux feuilles de papier buvard, sous un poids un peu lourd, un gros livre par exemple.

Une seconde épreuve superposée à la couche mixtionnée et essorée sera placée sur la première et ainsi de suite.

En vue de laisser à la solution acétique le temps d'agir d'une façon efficace sur l'image primaire, il est essentiel que les épreuves, une fois mises en contact avec la gélatine pigmentée, puissent conserver un certain degré d'humidité, pendant deux ou trois heures, période pendant laquelle nous les laisserons sous presse ; un séjour plus prolongé devenant alors nuisible, si nous ne devions pas les développer de suite, il serait préférable de les laisser ensuite sécher spontanément.

Précaution essentielle : épreuve primaire et papier mixtionné ne devront être saisis entre les doigts que par leurs coins ou par leurs extrêmes bords ; il ne faut pas perdre de vue, en effet, que, dans ce bain acétique tiède, la gélatine pigmentée étendue sur ce papier s'est considérablement ramollie et que la moindre pression des doigts sur le centre de l'épreuve aurait pour effet de faire pénétrer une partie de pigment dans les pores du papier de l'épreuve primaire et occasionner lors du développement des taches irrémédiables d'un désastreux effet.

Enfin, notons que tous les papiers mixtionnés vendus dans le commerce pour le procédé dit « au charbon » conviennent parfaitement pour le procédé ozotype ; l'opérateur a donc toute latitude pour le choisir de la teinte qui lui paraît la plus convenable et la plus en rapport avec la nature du sujet ou l'effet à réaliser.

102. — Développement, alunage, séchage et montage de l'épreuve. — Si l'épreuve a été abandonnée à la dessiccation, avant de procéder à l'opération préliminaire qui va consister à la séparer du papier portant la mixtion colorée, il sera nécessaire de l'humecter par un séjour dans l'eau froide, d'une durée de trente minutes en hiver et de quinze à vingt minutes en été.

Les épreuves sortant d'être pressées et par conséquent encore humides peuvent être traitées immédiatement. Les immerger dans de l'eau chauffée à 40 ou 42°.

Deux cas peuvent se présenter : 1° le papier portant la mixtion gélatineuse, tend, au bout de quelques instants, à se détacher de la surface de l'épreuve; cet accident, dont la cause peut être due à une sous-exposition, une immersion trop prolongée du papier mixtionné dans la solution acétique ou un séchage trop rapide de l'épreuve, compromet gravement le résultat final ; le seul remède consiste à abaisser la température de l'eau, dans laquelle doit s'effectuer la séparation du papier support et de l'épreuve;

2° Le papier support, au contraire, semble se détacher difficilement ; une surexposition de l'épreuve primaire, le lavage insuffisant sur l'un des coins, le papier ne tend pas à se détacher, élever très légèrement (de 2 ou 3°) la température de l'eau et prolonger l'immersion jusqu'à ce que le papier support quitte spontanément l'épreuve.

Dans les cas désespérés, lorsque, malgré l'élévation de la température de l'eau, et un séjour un peu prolongé, le papier support ne présente aucune tendance à se détacher, l'on pourra mettre à profit les propriétés, que possèdent certains chlorures métalliques, et en particulier le chlorure de baryum, de dissoudre la gélatine [1].

L'image primaire et le papier mixtionné seront plongés dans l'eau à 20 ou 25° et contenant en dissolution 1 à 2 % de chlorure de baryum ; dès que le papier support commencera à se détacher, surveiller avec soin l'opération, qu'il faut conduire avec beaucoup de prudence, l'action du chlorure de baryum étant très énergique.

Dans des conditions normales, lorsqu'un des coins du papier support se détache, l'opérateur s'en saisit et, maintenant toujours l'épreuve sous l'eau, tirera le papier d'un mouvement lent et régulier en évitant surtout de l'arracher par de trop grands efforts; mieux vaut dans ce cas prolonger le séjour dans l'eau chaude.

Le papier support ayant été complètement séparé, la majeure partie de la mixtion gélatine reste adhérente à l'image primaire ; il nous reste maintenant à dépouiller celle-ci de l'excès de gélatine colorée; c'est cette opération qui constitue le véritable développement.

Elle peut s'exécuter avec la plus grande facilité; l'épreuve est étendue, face gélatinée en dessus, sur une feuille de verre ou de métal et, dans cet état, doucement agitée dans une quantité d'eau suffisante, chauffée à 40° environ; cet excès de gélatine qui empâtait l'image primaire, se dissout peu à peu ; pour terminer le développement, inclinant légèrement le support portant l'épreuve, nous verserons doucement de l'eau chaude sur sa surface et, rapidement, nous ver-

---

[1]. LUMIÈRE, *Bulletin de la Société française de Photographie*, 1890, p. 256.

rons l'image se dégager ; lorsque nous jugeons que le développement peut être considéré comme terminé, après un lavage à l'eau froide, nous plongerons notre épreuve dans un bain d'alun à 7 % environ, nous ne l'y laisserons que cinq minutes, de façon à durcir et insolubiliser la gélatine qui s'est fixée sur l'image primaire, puis nous la soumettrons à un lavage à l'eau froide. Le développement de notre épreuve étant terminé, si nous éprouvions le désir d'augmenter l'éclat de certaines grandes lumières avant de procéder à l'alunage, il nous sera facile, au moyen d'un pinceau imbibé d'eau plus ou moins chaude, de pratiquer des retouches locales de façon à obtenir les effets cherchés.

L'épreuve, développée, peut présenter certains défauts que nous croyons utile de signaler, en vue de mettre en garde les opérateurs contre les accidents qui peuvent leur donner naissance.

Des bulles d'air emprisonnées entre l'épreuve primaire et la couche mixtionnée lors de la superposition dans le bain acétique se traduisent par des points blancs circulaires.

Si la gélatine mixtionnée, pendant cette même opération, a subi un refroidissement accidentel, toute la surface de l'épreuve pigmentée pourra être couverte de piqûres blanches.

Cet accident se produit fréquemment lorsqu'on met en œuvre des papiers à surface très rugueuse ; aussi, dans ce cas particulier, est-il bon d'élever légèrement la température du bain acétique, nous avons déjà indiqué que, si elle oscille entre 21 et 26°, nous nous placerons dans les conditions les plus convenables; enfin notons également que l'immersion devra être un peu plus prolongée que s'il s'agissait de papier lisse.

L'épreuve pigmentée, alunée, lavée et séchée est essorée entre des feuilles de papier buvard ; si l'on désire la monter, il est préférable d'effectuer cette opération pendant qu'elle est encore humide ; à cet effet, poser sa face sur une feuille de verre, enduire le verso d'une solution de colle et monter sur bristol.

103. — III. **Théorie chimique.** — Notre intention n'est pas de faire ici une étude purement scientifique de la question, mais, en nous basant simplement sur les travaux qui ont été publiés, de nous faire une opinion qui nous permette de nous rendre compte des diverses actions qui entrent en jeu et de pouvoir opérer avec discernement.

En présentant le procédé ozotype en 1899, M. Manly supposait que, sous l'influence de la lumière, le bichromate de potasse perdait une partie de son oxygène, qui venait alors se fixer sur le protoxyde de manganèse du sulfate pour former un peroxyde. Sous l'action de l'acide acétique imprégnant la mixtion colorée gélatinée, ce peroxyde reformait un nouveau sel de protoxyde et l'oxygène dégagé se fixait sur la gélatine, insolubilisant celle-ci et communiquant des propriétés identiques à celles qu'acquiert la gélatine bichromatée après insolation et dont la principale réside dans son insolubilité dans l'eau chaude.

L'oxygène, ainsi mis en liberté sous l'influence de l'acide acétique, était considéré par M. Manly comme se trouvant à l'état d'ozone ; de là le nom d'ozotypie qui fut donné au procédé.

Étant donné que, dans l'image primaire, la quantité d'oxygène dégagée et, par conséquent, de peroxyde de manganèse formé, est en raison directe de l'action de la lumière au travers du négatif, il résulte que, dans cette image qui est visible, les ombres et les demi-teintes sont constituées par du peroxyde de manganèse en proportion plus ou moins grande, suivant que la lumière a traversé des portions du négatif correspondant aux ombres ou aux demi-teintes du sujet original.

Ces proportions variables de peroxyde de manganèse, dégageant leur oxygène sous l'influence de l'acide acétique, insolubiliseront par oxydation des quantités correspondantes de gélatine pigmentée, qui se fixera sur l'image en augmentant son intensité.

En vue d'accroître cette intensité en permettant à la gélatine de s'insolubiliser dans des proportions plus notables, M. Manly eut l'idée d'additionner son bain acétique d'une certaine proportion d'hydroquinone; sous l'influence de l'oxygène, l'hydroquinone s'oxyde, et, dans ces conditions, agissant sur la gélatine de la même façon qu'une matière tannante, contribue à en insolubiliser et, par conséquent, à en fixer de plus grandes quantités sur l'image primaire.

L'année dernière. M. A. Hadden, par une série d'expériences qu'il serait trop long de rappeler ici, démontra que l'action de la lumière sur le mélange de bichromate de potasse et de sulfate de manganèse n'avait pas pour effet de produire un peroxyde, mais de former un chromate neutre de potasse et un chromate de manganèse. Sous l'action de l'acide acétique, ce chromate de manganèse perd son acide chromique qui agit alors sur la gélatine (et sur l'hydroquinone) en l'insolubilisant.

Nous savons en effet que dans l'obscurité, une solution, même étendue d'acide chromique libre, rend la gélatine insoluble; c'est, du reste, en vue de parer à cet accident qu'il est d'usage, lors de la sensibilisation des papiers au charbon, de toujours additionner le bain de bichromate d'une petite quantité de carbonate d'ammonium ou d'ammoniaque pure.

Nous reportant aux premiers essais de Marion, dans lesquels il employait pour sensibiliser son papier un mélange de bichromate de potasse et d'alun de chrome, nous pouvons fort bien admettre que, sous l'influence de la lumière, l'image visible qu'il obtenait était constituée par du chromate neutre de potasse et un chromate de chrome ou un chromate d'albumine; ces derniers composés, étant peu stables, cédaient aisément leur acide chromique à la gélatine du papier mixtionné que l'on superposait à l'image primaire en produisant une insolubilisation permettant à cette gélatine de se fixer sur l'image en la renforçant par suite de la présence du pigment qui lui était incorporé.

Maintenant que nous connaissons bien quelle est la constitution de l'image primaire et de quelle façon agit l'acide acétique sur cette image pour insolubiliser la gélatine et l'y fixer, nous pouvons nous expliquer comment les variations apportées dans les quantités de cet acide dans la composition du bain dans lequel sera plongé le papier mixtionné, la durée d'immersion de celui-ci, pourront avoir une influence sur le résultat final.

Prenons un exemple : nous avons imprégné notre papier mixtionné avec un bain riche en acide acétique. Que va-t-il se passer lorsque, sur la couche de gélatine, nous appliquerons notre image primaire?

En raison de la quantité notable d'acide acétique mise en présence du chromate de manganèse qui entre dans la constitution de notre image, il y aura décomposition immédiate; sur toute la surface, l'acide chromique sera mis en liberté insolubilisant la gélatine et formant en quelque sorte une pellicule imperméable qui fera que les couches de gélatine sous-jacentes, contenant de nouvelles quantités d'acide acétique, ne pourront plus agir sur l'image primaire. De ce fait il ne se fixera sur celle-ci, lors du développement, qu'une mince couche de gélatine entraînant par conséquent peu de pigment; l'image pigmentée qui en résultera sera trop douce et manquera de vigueur si l'image primaire était d'intensité normale ; elle sera excellente si notre image primaire était trop dure.

Réciproquement : que notre couche mixtionnée soit imprégnée d'un bain faible en acide acétique, son action sur le chromate de manganèse de l'image primaire sera lente et progressive ; dans les portions de cette image correspondant aux ombres un peu intenses, l'insolubilisation de la couche de gélatine sera plus profonde ; il en résulte que dans ces régions, lors du développement, il y aura fixation d'une plus forte proportion de pigment ; notre épreuve pigmentée gagnera en vigueur, bien que les contrastes de noter épreuve primaire aient été peu accusés.

L'hydroquinone, nous l'avons vu, entraînant en quelque sorte l'insolubilisation de la gélatine sous l'action de l'acide chromique mis en liberté, il est bien évident qu'en modifiant les proportions de cet agent dans la formule de notre bain acétique, nous serons encore à même de pouvoir, à volonté, varier nos effets ; un excès nous permettra d'obtenir des épreuves douces d'une épreuve primaire ou d'un phototype négatif trop dur ; au contraire, en diminuant les proportions d'hydroquinone, nous pourrons augmenter les contrastes de notre épreuve pigmentée.

Il en est de même pour le sulfate de cuivre dont, tout dernièrement, M. MANLY a particulièrement recommandé l'emploi; c'est sa dernière formule que nous avons communiquée à nos lecteurs.

104. — Applications diverses. — Ozotypie a la gomme. — Tous ceux qui ont quelque peu pratiqué les procédés à la gomme bichromatée savent que les meilleurs résultats sont obtenus en étendant la couche de gomme pigmentée sur une feuille de papier dont la surface a été préalablement imprégnée d'une solution de bichromate de potasse.

Dans ces conditions, l'image se forme, en effet, sur la surface même du papier et y reste fixée lors du développement.

Or, étant donné que, dans notre épreuve ozotype, l'image primaire présente une constitution chimique telle que, sous l'influence d'un acide, elle peut mettre en liberté de l'acide chromique pouvant insolubiliser une substance colloïde ou gélatineuse au contact de laquelle elle est placée, nous nous trouverons dans d'excellentes conditions pour obtenir des images à la gomme, si sur notre épreuve primaire nous étendons une solution d'une nature colloïde pigmentée et préparée dans certaines conditions.

C'est ce qu'a proposé et réalisé M. Manly, dont voici le mode opératoire[2] :

L'image primaire ozotype, ayant été lavée et séchée, est étendue face en dessus sur une planchette sur laquelle elle est fixée au moyen de punaises.

Avec une brosse en soie de porc, nous enduisons la surface de cette épreuve d'une solution de gomme à

---

1. *La Photographie*, XIV⁰ année, p. 59, 71 et 166.
2. Th. Manly, *Lessons in Ozotype*. Une traduction française de cette brochure est récemment parue, à la maison P. Hoffen, à Paris; on peut se la procurer chez tous les marchands de fournitures photographiques (G.-H. N.).

laquelle nous avons incorporé la quantité jugée nécessaire du pigment dont on aura choisi la teinte. Ce mucilage est additionné d'une solution acétique de formule à peu près semblable à celle employée pour l'ozotypie à la gélatine, mais dans laquelle M. Manly substitue le sulfate de fer au sulfate de cuivre, bien que l'emploi de celui-ci conduise également à de bons résultats[1].

A 30 centimètres cubes de solution gommeuse seront ajoutés 3 centimètres cubes environ de solution acétique.

Les épreuves sont ensuite mises à sécher; lorsque la dessiccation est complète, elles sont placées face en dessous dans de l'eau froide contenue dans une cuvette; la gomme se dissout peu à peu, les hautes lumières commencent bientôt à apparaître et, en pro-

---

[1]. *Solutions pour ozotypie à la gomme.*

PREMIÈRE FORMULE

A. Gomme arabique .... 40 gr.
    Eau .... Q. S. pour faire 100

Dissoudre à froid en agitant et filtrer au travers d'un linge à mailles fines; incorporer ensuite intimement le pigment à raison de $1^{gr},5$ par exemple de *terre d'ombre* pour 30 centimètres cube de solution gommeuse.

B. Sulfate de cuivre .... 20 gr.
    Eau.......................... Q. S. pour faire 100
C. Alun de chrome................................. 10 gr.
    Eau .... Q. S. pour faire 100

A 30 centimètres cubes de la solution A, ajouter 4 centimètres cubes de solution B et 1/2 à 2 centimètres cubes de solution C; mélanger et étendre au pinceau sur l'image ozotype sèche.

DEUXIÈME FORMULE

Eau .... 30 gr.
Acide acétique cristallisable .... 2 —
Hydroquinone .... 1 —
Sulfate de fer .... $0^{gr},5$ à 5 —

Ajouter à la solution de gomme pigmentée A 10 % de solution acétique et étendre au pinceau sur l'image ozotype.

longeant l'immersion, l'image se dépouille d'une façon complète.

S'il est nécessaire de faire quelques retouches locales, elles pourront être effectuées au pinceau sur l'épreuve disposée sur une plaque de verre; en un mot, les opérations seront continuées tout comme s'il s'agissait d'une épreuve à la gomme ordinaire.

L'acide acétique que nous avons ajouté à notre mucilage a agi sur l'image primaire en mettant en liberté de l'acide chromique, qui a insolubilisé une quantité de gomme pigmentée d'autant plus notable que le dépôt de chromate brun de manganèse était lui-même plus considérable.

Après développement complet, il est indispensable de fixer définitivement l'image pigmentée par un passage au bain d'alun suivi d'un lavage à l'eau froide.

Enfin, si le développement s'effectuait péniblement à l'eau froide, il deviendrait alors nécessaire d'élever lentement et progressivement la température de cette eau, jusqu'à ce qu'on aperçoive un commencement de dissolution à la couche gommeuse.

105. — Épreuves colorées. — En 1892, MM. Lumière, après être parvenus à fixer sur le papier une image constituée par un sel manganique, montrèrent qu'il était possible d'utiliser les propriétés oxydantes de celui-ci, en le faisant agir sur certaines matières colorantes d'aniline pour les transformer en pigments colorés insolubles, dont les nuances vives étaient susceptibles de former des images en couleur[1].

Or, notre image ozotype se trouvant, par suite de la présence du chromate de manganèse, dans des conditions identiques, il vint à M. Manly l'idée d'utiliser

---

1. *Bulletin de la Société française de Photographie*, 1892, p. 221.

les propriétés oxydantes de l'acide chromique, si facilement mis en liberté sous l'influence d'un acide faible pour obtenir, de même que MM. Lumière, des images en couleur résultant de l'oxydation de certaines matières colorantes d'aniline [1].

C'est ainsi que l'image primaire ozotype, après avoir été débarrassée de l'excès des sels dont elle est imprégnée, immergée dans un bain acidulé contenant en dissolution du chlorhydrate d'aniline, se colore en vert d'autant plus intense que les régions de cette image, ayant subi à un plus haut degré l'action de la lumière, sont constituées par un dépôt plus abondant de chlorate de manganèse [2].

Cette teinte verte peut être virée au bleu par une immersion dans un bain de chlorure de cuivre; si cette solution est additionnée de bichromate de potasse, nous obtiendrons un ton bleu noir.

Enfin, notre image verte, traitée par une solution légèrement alcaline, virera également en prenant une teinte mauve. Il est bien entendu que chacune de ces opérations doit être suivie d'un lavage soigné.

---

1. Manly, *Ozotype*. Hazell, Watron et Viney limited, éditeurs, London, 1901.

2. *Épreuves ozotypes en couleur :*

Chlorhydrate d'aniline	5 gr.
Acide sulfurique	1/2 —
Eau	Q. S. pour faire 100 —

Plongée dans ce bain, l'épreuve primaire acquiert une teinte verte qui peut être virée au bleu dans le bain suivant :

Chlorure de cuivre	5 gr.
Eau	Q. S. pour faire 100 —

et au bleu noir, si du bichromate de potasse est ajouté au chlorure de cuivre.

Pour virer l'épreuve verte en une teinte mauve, la plonger dans :

Carbonate de soude	5 gr.
Eau	Q. S. pour faire 100

Telles sont, dans l'état actuel des choses, les ressources qui nous sont offertes par le procédé ozotype, ressources nombreuses qui ne pourront que s'accroître par la suite.

Sans matériel spécial, sans avoir besoin de photomètre, l'image étant directement visible lors du tirage au châssis-presse, sans qu'il soit nécessaire de recourir à un négatif pelliculaire ou à contre-type, cette méthode, par des manipulations fort souples et à la portée de tous, nous permet d'obtenir des épreuves pigmentaires absolument stables, du ton que nous désirons, celui-ci n'étant subordonné qu'au choix de la teinte du papier mixtionné ; c'est, dans toute l'acception du mot, le procédé « au charbon » mis à la portée des amateurs, avec cette différence que le procédé ozotype présente l'avantage de posséder une merveilleuse souplesse ; par suite de la faculté dont dispose l'opérateur de faire varier la composition de son bain acétique, nous avons vu combien il était maître de varier ses effets.

Les amateurs de gomme bichromatée trouveront dans le procédé ozotype de nouvelles ressources pour exercer leur art.

Enfin, l'application des couleurs d'aniline nous paraît ouvrir aux chercheurs un vaste champ pour les expériences, le sujet n'ayant été qu'effleuré par M. MANLY.

Très étudié de l'autre côté de la Manche, le procédé ozotype, dont l'origine est française, mérite au plus haut point d'attirer l'attention de nos compatriotes.

CHAPITRE XI

Le montage à sec des photogrammes

106. Dans notre *Traité élémentaire de photographie pratique* (212, page 397), nous avons dit que le procédé de collage à sec au moyen d'*adhésifs* qu'on interpose entre le photogramme et le support présente un certain nombre d'inconvénients, notamment celui d'exiger un matériel assez coûteux; en outre, les adhésifs étant brevetés, on peut ne pas en avoir toujours sous la main.

Depuis la publication de notre *Traité élémentaire*, un habile praticien, M. BRIAND, a montré qu'on peut se passer d'adhésifs.

On prépare la mixture suivante :

Gomme laque blanche.................	30 gr.
Gomme élémi	3 —
Baume de Canada sirupeux............	5 —
Glycérine	3 —
Alcool à brûler 1er choix	100 cc.

On dissout d'abord à part dans une partie de l'alcool prélevé, la gomme élémi et le baume de Canada, puis, dans l'autre partie la gomme laque blanche concassée; on mélange les deux solutions.

La glycérine augmentant la flexibilité de l'épreuve la rend moins cassante.

Seulement il est de toute urgence de ne pas appliquer la mixture directement sur le papier parce que l'alcool ayant une très grande pénétration, il entraîne plus ou moins les molécules de gomme-résine, ce qui produit des petites taches par places, surtout dans les blancs.

En face de cet inconvénient et pour y remédier, M. G. BRIAND, qui est un chercheur minutieux, a imaginé de donner au papier un encollage supplémentaire, appliqué par le verso, avant le calibrage, et qui consiste en une solution gommeuse préparée comme suit :

Eau.	1000 cc.
Gomme arabique concassée	200 gr.
Formol du commerce	50 cc.
Glycérine ordinaire	15 gr.

Grâce à la présence du formol, qui est un puissant antiseptique, la solution se conserve indéfiniment ; la glycérine a pour but de donner de la souplesse et du liant.

Les épreuves étant disposées à plat, et maintenues par des épingles piquées aux quatre coins, on étend avec un pinceau (queue de morue de 4 à 5 centimètres de large) une bonne couche d'encollage, et on porte à sécher dans une pièce aérée ou auprès d'une source de chaleur.

A défaut de gomme arabique, on pourrait substituer à l'encollage ci-dessus un empois d'amidon peu cuit, ou plus simplement encore un mélange par parties égales de colle de pâte et d'eau, additionnée de 10 $^0/_0$ de formol, qui la rendra imputrescible.

Si l'on désirait conserver leur brillant aux épreuves mises à glacer sur tôle, ébonite, etc., il faudrait apporter au mode d'encollage que nous venons de décrire une double modification de composition et d'emploi.

A raison de ses propriétés hygroscopiques, la glycérine devrait être supprimée de la formule; enfin l'encollage serait appliqué au moment où les épreuves disposées sur les plaques d'émaillage sont à moitié sèches.

Sur la couche de gomme, dont la dessiccation ne demande que quelques instants, on étend de la même façon une couche de solution adhésive et on fait sécher.

La première couche de mixture adhésive une fois sèche, il est bon d'en étendre une seconde couche. Cette manière d'opérer vaut mieux que d'étendre une seule couche copieuse qui est toujours forcément inégale.

Pour mettre l'épreuve en place et la fixer provisoirement sur son support, on peut donner un petit coup avec la pointe arrondie du fer chaud, à 2 ou 3 millimètres du bord en interposant un feuillet de mica (qui sert indéfiniment, et que l'on nettoie au besoin avec un chiffon imbibé d'alcool); on peut également toucher en deux points le dos de l'épreuve avec une spatule portant gros

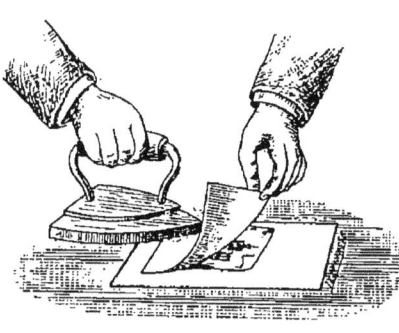

Fig. 76.

comme une tête d'épingle de gomme élémi, et avec le pouce presser l'épreuve sur le carton pour la faire adhérer et la maintenir dans la position requise. Passer ensuite au fer chaud en interposant entre le fer et l'épreuve une feuille de papier blanc (*fig.* 76); il est bon de placer le support sur un coussin formé de deux ou trois épaisseurs de papier buvard posé sur une surface plane ; de cette façon le fer porte moins.

Aussitôt après l'application du fer chaud, on soumet l'épreuve et son support à une forte pression, ce qui permet à l'*adhésif* de prendre en refroidissant, surtout si on a dépassé la température exacte, ce qui arrive le plus généralement ; cette pression fait en outre disparaître le « gondolage » du support dû à l'application locale du fer chaud.

Il nous reste à examiner le cas spécial de montage sur fonds, encadrements en papier doré, argenté, etc., M. Briand conseille d'opérer sur des fonds rapportés comme avec l'épreuve elle-même, c'est-à-dire d'encoller à la gomme ou à la pâte avant d'étendre la solution adhésive. Indépendamment de la nécessité démontrée ci-dessus de ce traitement pour empêcher l'embu de se produire, l'encollage présente cet avantage complémentaire de diminuer la quantité de solution résineuse nécessaire pour donner une adhérence absolue avec le carton support, ce qui ne pourrait être obtenu qu'en passant deux couches de mixture sur les épreuves et les fonds rapportés, si l'on négligeait l'encollage préalable.

107. — **Transformation d'une presse à copier en une presse à coller.** — Au lieu du fer à repasser, on peut employer avec avantage une presse à chaud.

M. Ch. Adrien a indiqué dans *la Photographie* le moyen d'utiliser, après lui avoir fait subir quelques transformations, une presse à copier ordinaire :

La transformation en presse à coller les photographies au moyen des adhésifs peut être faite à toutes les presses à copier du commerce tout en laissant à ces dernières leur caractère et leur fonction de presse à copier. Ainsi toute presse modifiée servira non seulement à copier des lettres, mais encore à coller les photographies.

La modification consiste dans l'addition, sous le plateau supérieur de la presse, d'un second plateau creux et ajouré en fonte que l'on peut chauffer au moyen

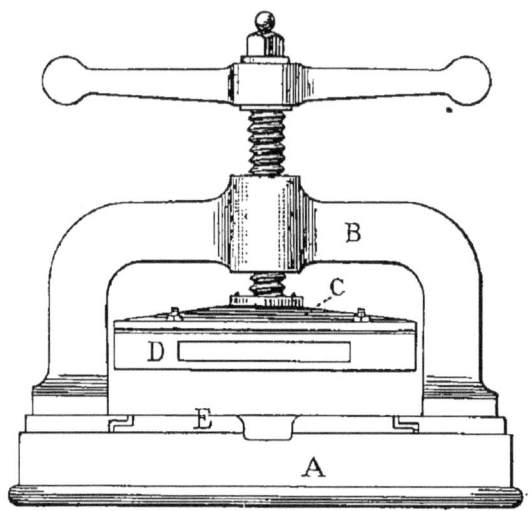

Fig. 77. — Presse à copier transformée.
A. socle; B. arcade; C. plateau de la presse à copier; D. plateau ajouté à la presse; E. gouttière.

d'une rampe à gaz dont les jets sont inclinés vers le bas. Ce dernier, parfaitement dressé sur ses deux faces, se fixe au plateau de la presse au moyen de quatre boulons pénétrant dans quatre trous percés sur celui-ci.

Il n'est pas nécessaire, lorsqu'on se sert de la presse comme presse à copier, de démonter le plateau, car il reste généralement entre ce dernier et le socle de la presse un espace suffisant pour le passage d'une copie de lettres. S'il n'en était pas ainsi, il n'y aurait qu'à desserrer légèrement les boulons qui retiennent l'arcade de la presse au socle, et d'interposer entre ces deux parties des cales en bois de quelques millimètres d'épaisseur.

Pour se servir de la presse pour le collage des photographies, on place sur le plateau un thermomètre.

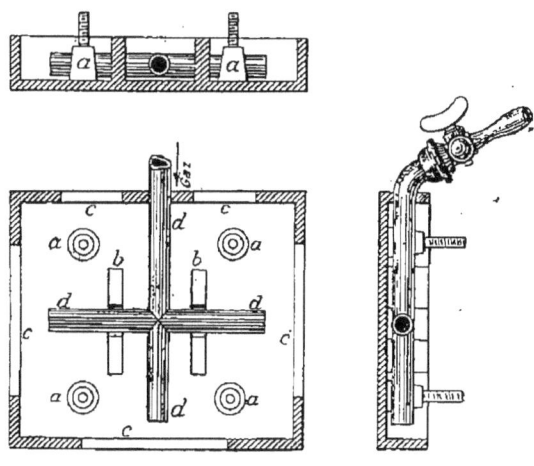

Fig. 78. — Plateau ajouré : plan et coupe.

a, 4 colonnes avec boulon d'attache ; *b*, 2 supports de renfort du plateau ; *c*, ouverture d'air ; *d*, rampe à gaz à jets inclinés vers le fond.

La rampe de gaz étant ensuite allumée, on laisse monter la température entre 65 et 70°, ce qui demande de dix à quinze minutes, puis on règle l'arrivée du gaz de façon à maintenir cette température pendant la durée des collages que l'on a à faire. Les épreuves à coller, placées sur leur carton à l'endroit désiré, sont glissées sur le socle de la presse ; on abaisse ensuite rapidement le plateau et l'on donne une pression énergique pendant une durée de trois à cinq secondes. En relevant ensuite le plateau, on retire la photographie, qui se trouve parfaitement collée sur son carton.

Une glissière en tôle fixée à l'arcade facilite les opérations; mais cette dernière n'est pas indispensable.

Toutes les presses du commerce peuvent être modifiées ainsi qu'il a été dit. Les presses dont l'arcade se trouve dans le sens de la plus grande dimension du plateau sont plus avantageuses que celles dont l'arcade est dans le sens de la plus petite dimension, car elles permettent dans le premier cas le passage d'un carton plus large que dans le deuxième cas.

108. — Montage à sec à la gomme laque. — Un abonné de *la Photographie*, M. Tesson, a envoyé à cette revue la description d'un procédé basé sur l'emploi d'une solution alcoolique de gomme laque, qu'il utilise depuis longtemps et qui sert, en horlogerie, au collage des cadrans.

La solution de gomme laque se prépare au bain-marie : on met l'alcool et la gomme laque dans un flacon, qu'on plonge dans une casserole pleine d'eau chaude ; la dissolution, qui doit avoir l'aspect d'un sirop, s'emploie à froid.

On l'étend sur le revers de l'épreuve bien séchée à l'aide d'un pinceau et rapidement, si la dissolution de gomme laque est suffisamment épaisse et le degré de l'alcool suffisamment élevé, la couche sèche de suite sans pénétrer le papier.

On peut étendre une deuxième couche ; mais il faut attendre que la première soit sèche.

M. Tesson préfère au fer à repasser un dispositif permettant d'avoir une température régulière.

« J'ai fait établir, dit-il, une boîte en tôle galvanisée du format 17×22 sur 4 centimètres d'épaisseur, fermée entièrement, avec un entonnoir soudé à l'un des angles pour la remplir d'eau; une plaque de fonte de 0,006 est fixée sur le dessus de la boîte, une seconde plaque de 0,015 sert à exercer une pression sur l'épreuve à coller.

Pour me servir de cet appareil, je le remplis aux 3/4 d'eau, je le mets sur une lampe à alcool, la plaque de 0,006 en dessus et celle de 0,015 sur cette dernière pour qu'elle atteigne une certaine chaleur. Quand l'eau bout, je mets le carton face en dessus sur la première plaque, l'épreuve, une feuille de papier propre et la plaque de 0,015 ; en moins de deux minutes, l'épreuve adhère parfaitement.

On peut charger la plaque supérieure ou appuyer avec la main pour activer le travail.

Les côtés de plaque en contact avec le carton et l'épreuve doivent être parfaitement dressés et polis. »

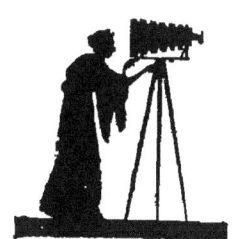

CHAPITRE XII

Les positifs sur verre

109. — Généralités. — On peut, au lieu de tirer les photogrammes positifs sur un support opaque tel que le papier, les obtenir sur un support transparent ; ils sont alors utilisés soit à la confection de vitraux, soit à la projection sur un écran des vues représentées afin de les montrer à tout un auditoire... etc.

La plupart des procédés d'impressions positives que nous avons passés en revue soit dans notre *Traité élémentaire de photographie pratique*, soit dans les premiers chapitres du présent traité, peuvent se prêter à l'obtention d'images photographiques transparentes.

Le support le plus employé est le verre; il présente cependant de nombreux inconvénients, notamment un poids élevé et une grande fragilité. Les nombreux efforts faits pour le remplacer par un support aussi rigide, aussi inaltérable et aussi transparent que lui, mais ne présentant pas ces inconvénients, n'ont pu encore aboutir.

On utilise le plus souvent — surtout pour les vues de projection — du verre mince, ayant environ 1 millimètre d'épaisseur.

Lorsqu'on prépare soi-même la surface sensible, il faut commencer par bien nettoyer le verre afin de le débarrasser de toute trace de poussière ou de corps gras.

On le dégraisse en l'immergeant durant un quart

d'heure dans une solution à 3 %, de potasse; on les rince ensuite à l'eau pure.

On peut utiliser le verre des vieux négatifs ou positifs sur verre; on les plonge une ou deux heures dans une solution à 5 % d'acide chlorhydrique; dès que la pellicule de gélatine commence à se gonfler, on l'enlève en commençant par un des angles; si le négatif est verni, il faut, avant d'enlever la pellicule par l'acide chlorhydrique enlever le vernis par immersion dans un bain de potasse.

La pellicule de gélatine enlevée, le verre est nettoyé en le plongeant durant environ un quart d'heure dans le bain:

```
Bichromate de potassium................  4 gr.
Acide sulfurique.......................  5 —
Eau..............................  Q. S. pour 100
```

On le rince à l'eau et on le met sécher.

Il est bon de polir les verres avant l'emploi. Dans ce but, au sortir de l'eau de lavage, on le place sur le *polissoir* (*fig.* 79), on l'essuye avec un linge propre et on le frotte avec un tampon de vieux linge trempé dans une bouillie épaisse de blanc de Meudon, faite avec de l'eau dans laquelle on a dissous 2 %, d'iodure de potassium et ajouté quelques gouttes de teinture d'iode. On frotte en décrivant des spirales serrées et on laisse sécher. Ce n'est qu'au moment d'utiliser le verre qu'on enlève le blanc de Meudon

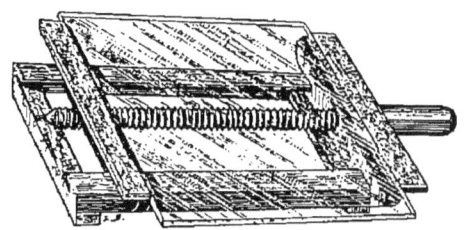

Fig. 79.

en frottant énergiquement avec un tampon de papier de soie; on essuye ensuite avec un linge bien propre.

110. — Diapositives aux sels d'argent à image apparente. — On trouve dans le commerce des plaques sensibles pour positifs transparents recouvertes d'une émulsion analogue à celle des papiers dits au citrate; on traite ces plaques exactement comme les papiers de même espèce; il est seulement utile de procéder à l'impression dans des châssis-presse spéciaux, dans des châssis à ventouse, par exemple, permettant d'examiner la venue de l'image.

On obtient d'excellents résultats en utilisant l'émulsion au collodio-chlorure dont l'usage est dû à Wartman SIMPSON en 1866 et dont le mode de préparation et d'emploi a été très bien décrit par MONCKOVEN dans son *Traité général de photographie* :

On prépare la solution :

I. Chlorure de magnésium cristallisé.......	5 gr.
Alcool chaud à 90°....................	500 cc.

qu'on filtre et laisse refroidir.

On mélange :

II. Solution précédente (I)...............	100 cc.
Pyroxyle...........................	3 gr.
Ether à 66° B......................	100 cc.

On introduit d'abord le pyroxyle; on agite fortement le flacon et on ajoute l'éther par portions successives en agitant chaque fois fortement.

Le collodion ainsi obtenu, qui se conserve bien, et peut par suite être préparé d'avance en grande quantité, doit être laissé déposer au moins quinze jours.

D'autre part, on prépare :

III. Alcool à 90°..........................	200 cc.
Eau chaude............................	8 —
Azotate d'argent finement pulvérisé.....	8 gr.
Pyroxyle.............................	6 —
Éther	200 cc.

On dissout d'abord l'azotate d'argent dans l'eau chaude, puis on ajoute l'alcool par portions successives, on agite ; on filtre, on laisse refroidir et on ajoute le pyroxyle ; on ferme le flacon et on agite vivement ; puis on verse l'éther par portions successives, en agitant fortement chaque fois.

Ce collodion, dit *collodion à l'argent*, doit rester au repos durant huit jours avant d'être utilisé.

On ne doit employer de ce collodion III ainsi que du collodion II que la partie claire supérieure.

Le collodion III prend parfois une coloration brune dont il n'y a pas lieu de s'inquiéter.

On prépare, en outre, la solution suivante :

IV. Acide citrique........................	18 gr.
Eau bouillante........................	18 cc.
Alcool à 90°.........................	162 —

On dissout en premier lieu l'acide citrique et on ajoute l'alcool par portions successives ; cette solution doit être filtrée.

Le collodio-chlorure s'obtient en mélangeant :

Collodion II...........................	200 cc.
Collodion III..........................	200 —

On agite bien ce mélange et on y verse :

Solution IV............................	4 cc.
Ammoniaque pur......................	VIII gouttes.

On agite fortement.

Ce mélange doit se faire dans un flacon en verre jaune de manière à préserver l'émulsion de l'action de la lumière.

Le collodio-chlorure ainsi obtenu présente, examiné par transparence, une teinte opaline; bon à l'usage dès le lendemain de sa préparation, il se conserve assez longtemps; ce n'est qu'au bout de quelques mois, quand il a pris une apparence laiteuse, lorsque le chlorure d'argent s'est déposé, qu'il doit être mis hors d'usage.

Les verres bien nettoyés et polis ainsi qu'il a été dit plus haut, sont albuminés avec :

Eau................................. 4 parties.
Albumine battue en neige et décantée. 1 partie.

Le verre est mis horizontalement, bien de niveau, et on verse dessus l'albumine, au centre, et on l'étend rapidement sur la surface du support avec une bande de verre. La glace ainsi recouverte est redressée, l'excès d'albumine s'écoule. Ainsi albuminées les plaques se conservent longtemps, il suffit de les épousseter avant d'étendre la couche de collodion.

L'émulsion au collodio-chlorure est étendue comme d'habitude (30, p. 68); il faut l'étendre très lentement de manière à avoir une couche assez épaisse; une couche trop mince donne des images sans vigueur.

Un excellent mode d'opérer consiste à placer le verre bien horizontalement sur un support à vis calantes, à verser le collodion au milieu et à le laisser s'étendre jusqu'aux bords et à laisser sécher la couche spontanément, dans la position horizontale; en opérant ainsi, la couche une fois sèche présente parfois des rides, mais elles disparaissent lors du fixage.

Les plaques sensibles ainsi préparées se conservent indéfiniment une fois sèches.

Au moment de s'en servir, il faut les soumettre aux fumigations ammoniacales (*Traité élémentaire de photographie pratique*, 174, p. 312). On dispose sur une table une boîte à rainures de manière que les rainures soient horizontales ; sur le fond on place un verre de montre contenant environ 25 grammes de carbonate d'ammonium finement pulvérisé mêlé d'un peu de chaux vive; on met la plaque sensible à environ 10 centimètres du carbonate, la face sensible tournée vers lui; on referme le couvercle et, cinq minutes après, on retire la plaque ainsi fumigée pour l'impressionner immédiatement.

Sur la glace épaisse du châssis-presse on place le négatif, la pellicule gélatinée étant en dessus, on la couvre de la plaque au collodio-chlorure, les faces émulsionnées étant en contact; avant de mettre la planchette pliante, on place sur le dos de la plaque sensible un morceau de feutre épais de format au plus égal à celui du négatif. Si le feutre était plus grand que le négatif, l'image serait floue.

L'impression s'effectue à l'ombre ou au soleil comme nous l'avons indiqué pour les papiers sensibles aux sels d'argent à image apparente, dans notre *Traité élémentaire de photographie pratique* (175, p. 312).

Lorsque l'image a atteint l'intensité suffisante, on la traite comme les papiers.

MONCKOVEN recommande l'emploi des bains suivants :

Eau distillée...............	Q. S. pour 1000 cc.
Sulfocyanate d'ammonium...............	15 gr.
Hyposulfite de sodium...............	1 —
Chlorure d'or et de potassium..........	1 —

On dissout d'abord le sulfocyanate et l'hyposulfite dans environ 800 centimètres cubes d'eau ; on dissout le chlorure d'or dans 25 centimètres cubes d'eau, on mélange les deux solutions et on complète le volume du litre. Le mélange, d'abord rouge, est décoloré au bout de deux à trois heures.

Au sortir du châssis-presse la plaque est immergée dans le bain de virage où on la laisse de deux à dix minutes selon qu'on désire un ton plus ou moins bleu. On la plonge ensuite dans le bain de fixage :

Eau de pluie............... Q. S. pour 1000 cc.
Hyposulfite de sodium................. 100 —

On la lave ensuite à l'eau pure renouvelée trois ou quatre fois, toutes les dix minutes, et on met sécher.

Les images obtenues ainsi sont d'une *admirable transparence* et donnent d'excellents résultats pour les agrandissements, les projections et l'examen au stéréoscope.

111. — **Diapositives aux sels d'argent à image latente.** — On trouve dans le commerce une très grande variété de plaques sensibles destinées à l'obtention des positifs sur verre ; elles sont généralement obtenues en coulant sur verre une émulsion au gélatinochlorure d'argent ; il est bon — étant donné la grande variété de ces plaques qui existe — de tenir compte des notices rédigées par les fabricants et que l'on trouve dans chaque boîte.

Chaque fabricant en produit généralement de deux espèces : celles dites à *tons noirs* et celles dites à *tons chauds*, qui sont d'une sensibilité moindre.

Un préjugé très répandu consiste à croire que les plaques à tons chauds ne peuvent être utilisées que par *contact*. C'est là une erreur. Les plaques lentes à tons chauds peuvent très bien être impressionnées, soit dans la chambre à trois corps (*Traité élémentaire de photographie pratique*, fig. 47, p. 60) ou dans un réducteur. Ce n'est qu'une question de temps de pose : le plus souvent les plaques à tons chauds sont environ trois fois moins sensibles que celles à tons noirs.

La manipulation des plaques pour positifs sur verre est analogue à celle des papiers au gélatino-bromure d'argent (*Traité élémentaire de photographie pratique*, chap. xv).

Les négatifs qui donnent les meilleurs photogrammes sur verre sont les négatifs *complets*, développés à fond.

Le plus généralement l'impression par contact se fait comme celle des papiers au gélatino-bromure, à la lumière artificielle.

Si on peut utiliser indifféremment la lumière d'une bougie, d'une lampe à essence ou à pétrole, d'un bec Auer ou d'une lampe à incandescence, nombre de photographes préfèrent la lumière obtenue par la combustion d'un ruban de magnésium. Elle permet en effet une plus grande exactitude dans la détermination du temps de pose.

Le temps de pose est défini : 1° par la distance de la source lumineuse au châssis-presse; 2° par l'intensité de la source; lorsqu'il s'agit du magnésium, la longueur.

Il est préférable de garder constant l'un de ces facteurs et de faire varier l'autre, selon la rapidité de l'émulsion employée, la transparence du négatif à copier comme nous le verrons plus loin — selon le ton qu'on désire obtenir.

Les révélateurs employés pour le développement

des papiers au gélatino-bromure conviennent aussi pour révéler les plaques pour diapositives.

Le développement terminé, il est facile de se rendre compte si le temps de pose a été bon ; une pose insuffisante se traduit par un ton verdâtre ; une pose exagérée par un ton trop rouge.

Bien entendu, on doit faire varier le développement et le temps de pose selon l'intensité qu'on désire donner à l'image, et cette intensité dépend de l'usage auquel elle est destinée : vitraux ou projections.

Il est bon, en général, de pousser le développement à fond et d'éclaircir l'image par passage dans un bain de Farmer dilué (*Traité élémentaire de photographie pratique*, 152, p. 268) : on obtient ainsi des blancs purs.

112. — Développement en teintes variées des diapositives. — Ce que nous avons dit du développement en tons variés des papiers au gélatino-bromure d'argent dans notre *Traité élémentaire de photographie pratique* (201, p. 362), nous pourrions le répéter pour les positifs sur verre.

Nous nous contenterons de donner ici deux autres formules. Nous avons vu (111) que la surexposition conduit à des tons rouges ; c'est en utilisant la surexposition, mais en additionnant le révélateur de bromure d'ammonium pour assurer la pureté des blancs qu'on peut obtenir les tons :

Brun chaud, brun violacé, pourpre et rouge carmin.

— Le révélateur suivant donne des résultats assez réguliers :

```
Eau ..................................  750
Sulfite de sodium cristallisé ........   80
Ferrocyanure de potassium ............   30
Hydroquinone .........................   10
Potasse caustique ....................   50
Eau ..........................  Q. S. pour 1000
```

Le tableau ci-dessous donne une idée des temps de pose relatifs correspondant à la réalisation de chacune des teintes ci-dessus énoncées; ils correspondent à une série d'expériences faites avec un négatif d'opacité moyenne, vigoureux et sans dureté; le châssis-presse était placé à 30 centimètres d'un bec Auer; à côté des temps de pose figurent, exprimées en centimètres cubes, les quantités de la solution à 10 % de bromure d'ammonium à ajouter par 100 centimètres cubes de révélateur; enfin une troisième colonne indique la durée probable du développement :

TEINTES A OBTENIR	TEMPS DE POSE (en secondes)	BROMURE	DURÉE DU DÉVELOPPEMENT (en minutes)
Brun chaud........	15	5	3 à 5
Brun violacé.......	25	10	10 à 15
Pourpre	45	15	20 à 30
Rouge carmin......	75	20	30 à 40

Après développement, on rince abondamment à l'*eau pure*, avant de procéder au fixage dans une solution à 20 % d'hyposulfite de sodium.

Une fois fixées, les images ainsi obtenues doivent être éclaircies par immersion dans un bain de Farmer dilué; après quoi on procède à un lavage en eaux fréquemment renouvelées avant le séchage.

Le *British Journal of Photography* a indiqué une autre formule qui donne également de bons résultats. Il préconise l'emploi, comme source lumineuse, de la combustion d'un fragment de ruban de magnésium, de longueur variable, placé à 60 centimètres de la surface sensible.

Comme révélateur on prépare les trois solutions de réserve :

A. Sulfite de sodium.................................. 75
   Hydroquinone.................................... 12
   Bromure de potassium........................ 4
   Eau................................. Q. S. pour 1000

B. Eau................................ Q. S. pour 1000
   Soude caustique............................... 16

C. Eau................................. Q. S. pour 100
   Bromure d'ammonium........................ 5
   Carbonate d'ammonium..................... 5

Pour l'usage, on mélange :

Eau.. 80
A.. 20
B.. 20

et on ajoute, selon la longueur de ruban de magnésium brûlé, les doses indiquées ci-dessous de la solution C :

COULEUR DE L'IMAGE DÉFINITIVE	LONGUEUR DE MAGNÉSIUM (en centimètres)	NOMBRE DE GOUTTES DE C	DURÉE PROBABLE DU DÉVELOPPEMENT (en minutes)
Brun............	5	100	5
Brun pourpre......	7,5	200	10
Pourpre..........	12	250	12
Rouge carmin......	20	300	15

Ajoutons enfin que les positifs sur verre peuvent, comme les photogrammes sur papier au gélatinobromure, être virés aux ferrocyanures (Voyez notre *Traité élémentaire de photographie pratique*, 204, p. 368).

113. — **Photogrammes positifs sur verre par le pro-**

cédé à l'albumine. — Le procédé à l'albumine est un des plus anciens : il a été indiqué en 1848 par Niepce de Saint-Victor. Il donne des images très brillantes, d'une grande finesse et d'une pureté parfaite Aussi est-il le procédé de choix pour le tirage des diapositives à projections.

Il est seulement un peu délicat à pratiquer, exigeant des soins très minutieux, une propreté rigoureuse étant indispensable pour obtenir de bons résultats.

On emploie soit le procédé à l'albumine seule, soit le procédé au collodion et albumine, indiqué par Taupenot. Nous ne décrirons que ce dernier procédé, tel qu'il est actuellement pratiqué dans les maisons d'édition de vues pour projections.

Nous extrayons la description de cette méthode de la revue *le Procédé*, qui l'a publiée d'après *la Photographie française* :

On se procure douze œufs frais que l'on casse en séparant avec soin les jaunes des blancs qui, seuls, ont à être recueillis pour cet usage ; encore en doit-on retirer les germes ; de préférence, recueillir les blancs un par un, dans un bol, avant de les mélanger aux autres; de cette façon, si un jaune crève, on ne perd qu'un œuf, et non toute la provision de blancs déjà recueillis. Ajouter 30 centimètres cubes d'une solution à $4\ ^0/_0$ d'acide acétique cristallisable (ou $10\ ^0/_0$ d'acide acétique distillé à 8°, soit à $40\ ^0/_0$) et remuer doucement avec un agitateur en évitant la formation de mousse, mais en continuant d'agiter jusqu'à ne plus sentir les parties épaisses ou visqueuses. On abandonne le tout au repos pendant plusieurs heures, autant que possible dans un local frais ; il se forme alors à la surface, par l'agglomération des débris de cellules, une croûte compacte que l'on peut saisir et enlever avec les doigts; si toutes ces opérations ont été faites avec le soin nécessaire, la solution d'albumine obtenue est parfaitement limpide, au cas contraire, on n'a d'autre ressource que de recommencer avec plus de précautions. On filtre sur un tampon d'ouate tassé dans la douille d'un entonnoir, puis on ajoute au liquide filtré 3 centimètres cubes d'ammoniaque (de densité aussi voisine que possible de 0,880) et 10 centimètres cubes de la solution :

   Eau.............................. Q. S. pour 100
   Iodure de potassium...................... 12
   Bromure de potassium..................... 5

Ce mélange, une fois effectué, est prêt à l'emploi; il se conserve assez longtemps en flacons bien bouchés.

On prépare d'autre part, ou, de préférence, on se procure tout préparé, un collodion ioduré que l'on laisse vieillir un mois ou deux pour lui donner plus de porosité.

Les plaques de verre, du format désiré, sont d'abord bien nettoyées (**109**, p. 206) pour éviter tout soulèvement de la couche au cours des opérations; un moyen excellent consiste à dissoudre quelques cristaux d'iode dans de l'alcool fin (ou à diluer d'alcool une petite quantité de teinture d'iode), puis à ajouter du tripoli commun jusqu'à former une crème assez épaisse que l'on étend sur le verre au moyen d'un tampon de flanelle, en appuyant assez fortement; on laisse sécher cet enduit sur le verre, puis on polit à sec avec une peau de chamois bien dégraissée par un lessivage à chaud dans une solution de carbonate de soude (cristaux de soude communs). La plaque, une fois nettoyée, est recouverte de collodion ioduré par les moyens connus (**110**, p. 211); après étendage du collodion, la plaque est plongée dans une cuvette d'eau jusqu'à ce qu'elle ait perdu son aspect graisseux et que l'eau mouille uniformément ; on rince sous un robinet et on met égoutter pendant une ou deux minutes ; on verse alors sur la plaque un peu de la solution d'albumine et on l'y fait circuler en tout sens, puis on égoutte à nouveau ; l'eau qui restait sur la couche de collodion ayant été ainsi entraînée, on y verse à nouveau de l'albumine et on balance la plaque de façon à la mouiller uniformément ; après une ou deux minutes, une quantité suffisante d'albumine a pénétré dans les pores du collodion ; on peut alors faire écouler le surplus et dresser la plaque sur un égouttoir pour la faire sécher ; après environ un quart d'heure, on peut, sans inconvénient, sécher la plaque devant le feu ; c'est à la fois le procédé de séchage le plus rapide et le plus avantageux, car, lorsque la plaque a été chauffée à tel point que l'on ne puisse plus y tenir la main qu'avec difficulté, on est garanti contre tout risque de soulèvement de la couche ou de formation d'ampoules. Toutes ces opérations ont été effectuées en pleine lumière ; les plaques pouvant, en cet état, se conserver indéfiniment, on peut, à chaque fois, en préparer un assez grand nombre ; la préparation de quatre ou cinq douzaines, si les opérations sont conduites méthodiquement, n'est guère plus longue que la préparation d'une seule plaque.

Le bain sensibilisateur est préparé en dissolvant 100 grammes de nitrate d'argent dans environ 800 centimètres cubes d'eau distillée. On ajoute alors 125 grammes d'acide acétique cristallisable et 3 centimètres cubes environ de la solution d'iodure et de bromure employée ci-dessus. La solution se trouble par la formation de bromure et d'iodure d'argent ; on agite de façon que la solution puisse se saturer de ces deux sels, faute de quoi les premières plaques sensibilisées ne donneraient pas la vigueur désirable ; on complète à 1 litre le volume du bain en lui ajoutant la quantité nécessaire d'eau distillée et on filtre sur papier. La sensibilisation s'effectue dans le laboratoire largement éclairé par la lumière jaune ; le bain d'argent est versé soit dans une cuvette verticale en verre, soit dans une cuvette horizontale à recouvrement, en porcelaine ou en verre doublé de bois ; les plaques, mises au bain de façon à être couvertes instantanément, sont abandonnées de une demi-minute à une minute dans la solution sensibilisatrice ; cette durée varie avec la température, mais on ne doit, en aucun cas, dépasser une minute. On retire la plaque avec un crochet d'argent ou de corne et on la met dégorger pendant trois ou quatre minutes dans une cuvette d'eau distillée que l'on balance plusieurs fois ; de là, la plaque est portée pendant le même temps dans une cuvette d'eau ordinaire, puis enfin, rincée sous le robinet jusqu'à ce que l'eau qui s'en écoule n'ait plus le moindre aspect laiteux. A ce moment, tout l'excès de nitrate d'argent a été enlevé de la couche. Si ce lavage est parfait, les plaques peuvent être conservées fort longtemps à l'état sensible ; le séchage s'effectue soit dans une étuve, soit sur le séchoir recouvert d'une boîte en carton pour éviter l'accès de la lumière ; le séchage est d'ailleurs très rapide par suite de la faible épaisseur de la couche.

L'exposition à la lumière se fait généralement par contact dans le châssis-presse. Sous un négatif d'intensité moyenne en lumière du jour diffusée, le temps d'exposition peut varier de 8 à 30 secondes ; il est de 2 à 8 minutes, à 30 centimètres d'un bec de gaz

« papillon » de modèle courant. Un essai préliminaire sur deux ou trois plaques donnera toutes les indications désirables sur la sensibilité des plaques de chaque lot.

Le développement s'effectuait, autrefois, à l'acide gallique. Dans ces conditions l'opération était des plus lentes (une heure, ou plus) et l'image était d'une couleur gris olive, sans inconvénient pour un cliché négatif, mais inacceptable pour images positives. Les méthodes plus modernes fournissent plus rapidement des résultats plus satisfaisants. La plaque est d'abord tiédie dans un bain d'eau distillée chauffé à 55° C., auquel ont été ajoutées quelques gouttes d'une solution de nitrate d'argent à 10 %. Quand la plaque a pris la température du bain et que la couche est bien imprégnée de liquide, on sort la plaque, on l'égoutte sommairement en la tenant par un coin, bien horizontalement au-dessus d'un évier ou d'une cuve, on la couvre du révélateur, chauffé lui-même à 50 ou 55° C. Pour préparer ce révélateur, on dissout 6 grammes d'acide pyrogallique et 2 grammes d'acide acétique dans 1 litre d'eau acidulée d'acide acétique (eau distillée, 950 ; acide acétique, 50). Au moment même de l'emploi, on ajoute aux 25 centimètres cubes de révélateur nécessaires deux gouttes de la solution à 10 % de nitrate d'argent. Dès que ce mélange est versé sur la plaque, l'image apparaît très rapidement et acquiert bientôt la vigueur suffisante. Si cependant le révélateur se colorait trop fortement avant que le développement ne soit terminé, on le rejetterait, on rincerait sommairement la plaque et on lui appliquerait une nouvelle portion de révélateur chaud additionné d'argent comme ci-dessus. Il n'est pas nécessaire d'obtenir une très grande intensité au développement, car l'image monte considérablement au virage. Le développement pourrait, à la rigueur, s'effectuer à froid, mais l'opération serait plus longue et le ton de l'image moins agréable. Ne pas se préoccuper des taches superficielles qui disparaissent au rinçage final, pendant lequel, la plaque étant tenue sous le robinet, on passe doucement sur elle une touffe d'ouate mouillée. Le fixage se fait dans une solution hyposulfite de soude à 20 %; le fixage très rapide est suivi d'un rinçage sommaire sous le robinet, après quoi l'on procède au virage.

Le bain de virage se prépare en ajoutant *goutte à goutte* 80 centimètres cubes d'une solution à 1 % de chlorure d'or à un litre de solution à 20 % d'hyposulfite de soude, en ayant soin d'agiter vigoureusement entre chaque addition. Pour « faire » un bain neuf, y plonger quelques rognures de papier sensible à image apparente que l'on a laissé noircir complètement à la lumière, puis laisser reposer le mélange pendant environ douze heures. Après ce temps, on filtre s'il y a lieu et le bain est prêt à l'emploi. Le virage est plus lent que dans le cas des papiers; il peut durer de vingt minutes à une heure, suivant la température du bain et le ton désiré; les tons brun et noir chaud sont ceux généralement préférés. Après virage, on rince pendant cinq à six minutes, puis on abandonne au séchage; l'intensité de l'image sèche est notablement plus grande que celle de l'image humide.

Si ce procédé est plus compliqué que l'emploi des plaques du commerce il est, du moins, beaucoup plus économique et surtout il fournit des images qui ne sont en rien comparables à celles que peuvent fournir même les meilleures plaques au gélatino-bromure.

114. — Photogrammes transparents au charbon. — Bien que les diapositives au charbon puissent à la rigueur être obtenues avec n'importe quel papier au charbon, il est préférable d'utiliser un papier au charbon spécial, plus chargé en couleur, celle-ci devant aussi être broyée plus finement.

La sensibilisation et le séchage s'effectuent comme pour le papier ordinaire (54, p. 103). Il est seulement bon, si on veut avoir une grande netteté d'opérer ainsi que l'indique Monchoven, pour que le papier sec présente une surface parfaitement unie : on recouvre une glace, polie et cirée[1] de collodion et on immerge dans l'eau.

Après avoir sorti le papier du bain sensibilisateur, on le racle et on le pose sur la glace, face mixtionnée en contact avec le collodion ; on passe la raclette pour le faire adhérer et on le met à sécher.

Si une fois sec, on recouvre le papier d'une seconde glace, de manière qu'il soit placé entre deux glaces, on peut le conserver ainsi plusieurs jours : si on a sensibilisé plusieurs feuilles, il suffit de les empiler les unes sur les autres avec leurs glaces.

Quand on détache le papier, sa surface sensible est brillante et, lors de l'impression au châssis-presse, le contact avec le négatif est parfait.

Il faut une image assez intense pour que les demi-teintes soient visibles par transparence ; aussi l'impression doit-elle durer environ deux fois plus que s'il s'agissait d'obtenir un photogramme sur papier.

---

1. On cire avec la solution :

Cire jaune raclée en petits morceaux.................. 1
Benzine... 150

(Voir 60, p. 116.)

Quant au dépouillement et au report, ils s'effectuent comme d'habitude.

Le report peut s'effectuer sur verre ordinaire ou sur verre talqué. Mais, comme le fait remarquer M. Lamy, le plus souvent l'adhérence est insuffisante et, quand elle est suffisante, l'image terminée se boursoufle et s'écaille facilement sous l'influence des variations de température.

Aussi, M. Lamy recommande-t-il de faire le report sur verre fiellé ou, mieux, sur verre gélatiné, bichromaté et insolé qui donne une meilleure adhérence et une plus grande résistance aux variations de température.

Nous décrirons le mode d'opérer, d'après la *Nouvelle instruction pour l'emploi du papier au charbon et du papier de transport*, de M. E. Lamy, que nous avons déjà eu l'occasion de citer.

On fait tremper durant un bon quart d'heure 10 grammes de gélatine blanche en feuille dans la solution :

Eau froide....................................	900 cc.
Carbonate de sodium.........................	$0^{gr},5$

On chauffe au bain-marie et, lorsque la gélatine est dissoute, on ajoute la solution :

Eau..	100
Bichromate de potassium....................	1

On agite pour bien mélanger et, après refroidissement, on filtre.

Cette liqueur gélatineuse reste liquide et doit être employée dans les trois jours.

On met de cette liqueur au fond d'une cuvette horizontale et on en écume la surface.

Le verre à enduire, préalablement nettoyé et épousseté, est *descendu* lentement et régulièrement, face à enduire en dessous, dans la cuvette, de manière à mouiller la face inférieure sans mettre de liquide sur la face supérieure. On relève aussitôt la glace pour la mettre à sécher sur un égouttoir, à l'abri de la poussière, mais à la lumière du jour, de manière à insolubiliser l'enduit gélatineux.

Les glaces enduites une fois sèches peuvent se conserver indéfiniment; on peut donc en préparer une grande quantité d'avance.

Le report et le dépouillement se font comme d'habitude; ceux de nos lecteurs qui ne réussiraient pas n'auraient qu'à suivre pas à pas le mode opératoire dans l'instruction de M. Lamy.

La retouche s'effectue aisément avec un crayon demi-tendre dans les régions recouvertes de gélatine et avec un pinceau chargé d'encre de chine mélangée de carmin ou de bleu de Prusse [1] dans les régions totalement dépourvues de gélatine, sur lesquelles le crayon ne mord pas.

---

1. *Traité élémentaire de photographie pratique*, **156**, 274.

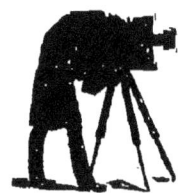

CHAPITRE XIII

Examen des photogrammes

115. — Nous avons, dans notre *Traité élémentaire de photographie pratique* (**11, 12, 13, 14,** p. 10) dit, dans quelles conditions on devait examiner une image photographique avec un seul œil, placé exactement au point de vue.

Si l'œil n'est pas exactement au point de vue, il en résulte, pour l'objet reconstitué, des déformations que nous ne pouvons passer ici en revue [1].

Divers dispositifs peuvent être indifféremment employés pour obtenir l'effet maximum; ils ont tous pour but de supprimer la comparaison des dimensions du tableau avec les divers objets qui l'entourent et par suite de faire disparaître la sensation du plan sur lequel l'image est dessinée, pour ne laisser que la sensation de l'objet représenté.

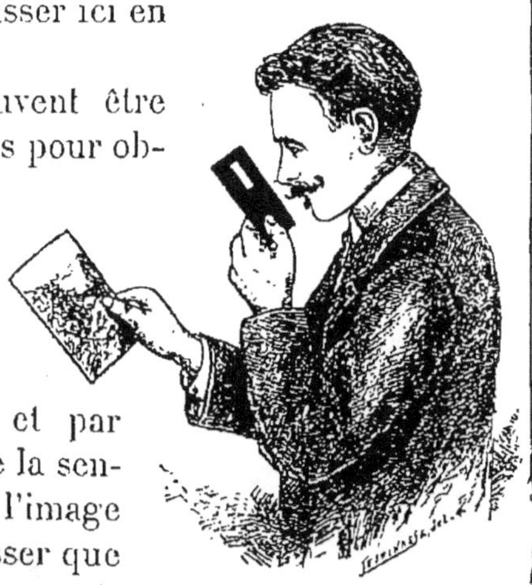

Fig. 80.

Un des dispositifs les plus simples consiste à placer devant l'œil un écran opaque percé d'une petite

---

[1]. G.-H. Niewenglowski, *Principes de l'art photographique*, H. Desforges, éditeur.

ouverture (*fig.* 80) et d'éloigner ou rapprocher l'image de l'œil jusqu'à ce que l'illusion de l'objet représenté soit aussi complète que possible.

On peut encore placer devant l'œil soit un tube noirci intérieurement soit, plus simplement, la main fermée de manière à supprimer la vision des objets environnants.

Un dispositif très pratique consiste à placer l'image (positif sur verre) à la place du verre dépoli d'une chambre noire et à l'examiner à travers une ouverture circulaire ayant 1 ou 2 centimètres de diamètre, percée dans une planchette montée sur l'avant de la chambre et remplaçant la planchette d'objectif.

Quand on ignore quel était le tirage de la chambre lors de la pose, on avance ou éloigne l'œil de l'épreuve jusqu'au moment où on a obtenu l'effet maximum.

116. — Nous avons vu, qu'il fallait tenir compte des conditions de la vision. Or notre œil, rappelons-le, ne voit distinctement que les objets situés à une distance déterminée, dite *distance minima de la vision distincte*.

Sa valeur varie avec les individus et, pour chaque individu, varie avec l'âge. C'est ainsi que le plus généralement elle est assez faible dans l'enfance (moyenne : 12 centimètres), croît avec l'âge et est plus petite pour un œil myope que pour un œil emmétrope.

La distance minima de vision distincte peut être considérée comme variant entre 25 et 30 centimètres en moyenne.

Il en résulte qu'une photographie obtenue avec un tirage de la chambre inférieure à la distance minima de vision distincte de celui qui doit la regarder, ne peut être vue par lui du point de vue exact.

117. — On peut obvier à cet inconvénient en amplifiant l'image. La figure 81 montre en effet que deux perspectives correspondant à des distances principales OP, OP' différentes, sont semblables et que les dimensions homologues aP', aP'... des divers segments linéaires sont dans le même rapport que les deux distances principales OP, OP'. Autrement dit, *amplifier une photographie dans un certain rapport*, revient à lui en substituer une qui serait prise avec une distance principale plus grande.

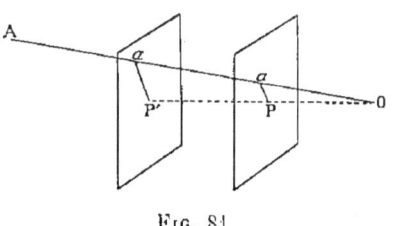

Fig. 81

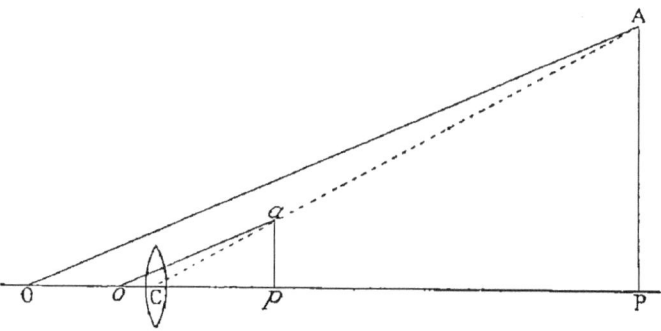

Fig. 82. — Examen des photogrammes à travers une loupe.

L'amplification des images photographiques ayant pour effet d'augmenter la distance principale, une photographie agrandie devient comparable à un tableau. Plus elle est agrandie, moins, lorsqu'on l'examine (à tort) avec les deux yeux, l'absence de la seconde représentation relative au second œil se fait sentir. Ceci nous explique pourquoi les jurys d'admission aux expositions d'art photographique, jurys souvent composés d'artistes peintres, donnent le plus souvent la préférence aux agrandissements.

L'amplification peut se faire soit d'une manière définitive, en tirant du phototype négatif un photogramme positif agrandi, soit temporairement en examinant l'image à travers une loupe ou en la projetant.

Soit C, le centre optique d'une loupe (*fig.* 82), O la position de l'œil; on peut toujours placer le tableau *ap* de manière que l'image amplifiée AP ait son point de vue confondu avec l'œil de l'observateur[1].

Nous verrons dans le chapitre consacré aux projections quels avantages présente ce mode d'examen.

118. — Le vérant. — Dans notre *Traité élémentaire de photographie pratique*, nous avons admis que le point de vue coïncidait avec le centre optique de l'objectif. Depuis, M. Von Ronn a montré que le point de vue ou centre de projection est non pas le point nodal d'émergence, mais le centre du diaphragme, quand

---

1. Soient :
$OP = \delta$, la distance minima de vision distincte ;
a, la distance de l'œil à la loupe ;
$op = d$, la distance principale primitive ;
f, la distance focale de la loupe ;
On doit avoir :
$$\frac{AP}{ap} = \frac{\delta}{d} = \frac{\delta - a}{x}$$
et
$$\frac{1}{x} = \frac{1}{\delta - a} + \frac{1}{f};$$
d'où
$$x = f\left(1 - \frac{d}{\delta}\right),$$
x étant la distance à laquelle on doit placer le tableau de la loupe.

celui-ci est placé en avant des lentilles et le centre de la *pupille d'incidence* quand il en est autrement.

Considérons en effet, lorsque la mise au point est terminée, le plan conjugué V'V' du verre dépoli VV, que nous appellerons *plan de mise au point*.

Si l'objectif est parfait, seuls les points des objets photographiés situés dans ce plan donnent des images ponctuelles nettes sur le verre dépoli : tel le point A formant son image en A' (*fig.* 83). Les rayons d'un fais-

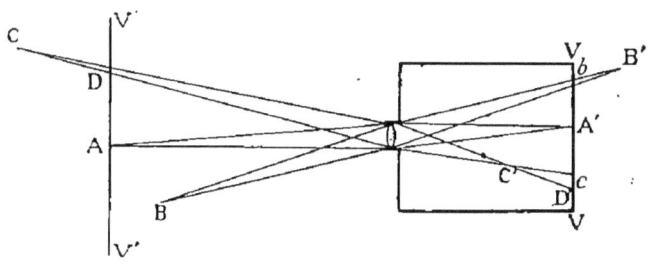

Fig. 83.

ceau lumineux émané d'un point B ou C situé derrière ou devant le plan de mise au point se coupent derrière ou devant le verre dépoli et donnent sur celui-ci une tache lumineuse b, c, plus ou moins large, qui est l'image photographique, mais non l'image optique du point B ou C. Quel est le point de cette tache qui doit être regardé comme l'image du point-objet ? Diminuons de plus en plus l'ouverture du diaphragme. Le faisceau émané du point B ou C devient de plus en plus délié et, quand l'ouverture du diaphragme est infiniment petite, il se réduit à l'axe secondaire du point B ou C. L'intersection D' de cet axe secondaire et du verre dépoli peut être considérée comme l'image photographique du point C ; or ce point D' est l'image optique de l'intersection D de l'axe secondaire relatif au point C avec le plan de mise au point.

Si on considère une série de points tels que C, formant un objet et les points D, D' correspondants, l'ensemble de ces points D n'est pas autre chose que la projection de l'objet sur le plan de mise au point; le centre de projection est le centre même du diaphragme, si celui-ci est placé devant les lentilles constituant l'objectif; s'il n'en est pas ainsi, il faut remplacer le diaphragme par la *pupille d'incidence*, image du diaphragme donnée par les lentilles de l'objectif situées au-devant de lui. L'ensemble des points D' forme l'image photographique de l'objet et l'image optique des points D. L'image optique est semblable au modèle dont elle est une réduction dans un certain rapport $\frac{1}{n}$. La photographie est donc, au point de vue géométrique, une réduction, dans le rapport de 1 à n, de la projection de l'objet sur le plan de mise au point.

Pour que la photographie rende, aussi parfaitement que possible, l'impression que le modèle produisait à la station où la vue fut prise, il est nécessaire que les rayons lumineux se dirigeant des divers points de la photographie vers l'œil forment entre eux les mêmes angles que les rayons qui allaient des points correspondants du modèle vers l'objectif.

L'auteur montre que, pour qu'il en soit ainsi, l'œil doit être placé à un point déterminé, le *centre de perspective*, situé sur l'axe de la photographie à une distance de cette dernière égale à $\frac{d}{n}$, d étant la distance séparant le diaphragme du plan de mise au point.

Lorsque la mise au point est faite sur un plan très

éloigné, cette distance $\dfrac{d}{n}$ est égale à la distance focale de l'objectif.

C'est le *centre de rotation* de l'œil, situé à environ 13 millimètres derrière la cornée, qui doit coïncider, lors de l'examen de la photographie, avec le centre de perspective.

Mais, pour réaliser cette condition, il faut, comme nous l'avons dit ici, que l'objectif qui a servi à prendre la vue ait une distance focale au moins égale à la distance minima de vision distincte.

S'il n'en est pas ainsi, la perspective est faussée, comme on peut le voir en examinant la photographie reproduite figure 115, page 156 de notre *Traité élémentaire de Photographie pratique*, obtenue avec un objectif de très courte distance focale. Nous avons montré que, pour remédier à cet inconvénient il suffisait d'agrandir la photographie, de la projeter ou de l'examiner à la loupe.

L'emploi de la loupe est le plus simple et le plus expéditif de ces procédés. MM. GULLSTRAND et Von ROHR ont calculé une loupe achromatique, aussi parfaite que possible, donnant une image virtuelle très éloignée d'une photographie placée à son foyer antérieur. Les faisceaux lumineux formant l'image étant des faisceaux très étroits, les aberrations à éliminer sont celles des faisceaux déliés, c'est-à-dire l'astigmatisme, la courbure de champ et la distorsion. Dans la lentille de vérant, c'est ainsi qu'est appelée la loupe de MM. GULLSTRAND et Von ROHR, ces défauts sont corrigés pour un point P' situé à 27 millimètres de la surface postérieure de la lentille ; il est donc aisé de faire coïncider le centre de rotation de l'œil avec ce point.

EXAMEN DES PHOTOGRAMMES

Si la distance focale de cette loupe est identique à la distance focale de l'objectif qui a servi à prendre le négatif, les rayons lumineux allant de deux points quelconques de l'image lointaine formée par la lentille, vers le centre de rotation, formeront entre eux le même angle que les rayons se dirigeant des points correspondants du modèle, vers le centre du diaphragme de l'objectif photographique. L'œil estimant alors correctement les angles aura, par cela même, une sensation assez exacte des profondeurs, sensation qui se traduira par celle de relief aussi nettement, parfois même plus nettement marquée que dans le stéréoscope.

En pratique, la distance focale de la loupe peut différer d'environ 15 % de la valeur théorique sans que l'image en souffre

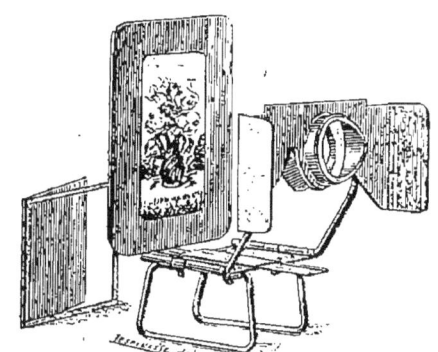

FIG. 84. — Le vérant.

sensiblement. Aussi la maison Zeiss qui fabrique ces lentilles de vérant en fait-elle deux modèles ayant respectivement 11 centimètres et 15 centimètres de distances focales, le premier pour l'examen des vues prises avec un objectif de distance focale variant entre 9 et 13 centimètres, le second pour les vues prises avec un objectif ayant de 13 à 17 centimètres de distance focale.

La monture se compose de plusieurs pièces, ce qui permet de la démonter pour l'emballage (*fig.* 84 et 85). Une plaque-base réunit toutes les pièces entre elles ;

elle est munie de deux étriers servant de pied quand on pose l'appareil sur un support (*fig.* 84) et de poignée quand on le tient à la main (*fig.* 85). Ce dernier mode d'opérer est préférable quand la chambre qui a servi à prendre la vue n'était pas horizontale pendant la pose; en inclinant convenablement l'appareil, on arrive à corriger la convergence que présentent, dans ce cas, les lignes verticales.

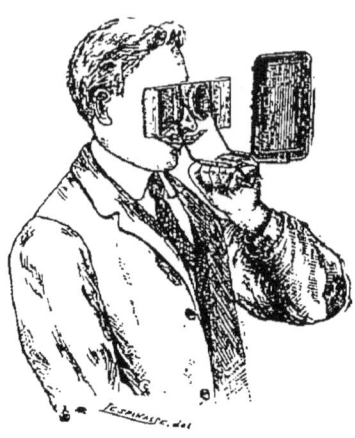

Fig. 85. — Examen d'une photographie avec le vérant.

Quand on examine avec le vérant une photographie telle que celle citée plus haut l'exagération des premiers plans disparaît.

Sous le nom de *bivérant* (*fig.* 86) sont associées deux lentilles de vérant destinées à l'examen par les deux yeux soit de deux images identiques, soit mieux, de deux images stéréoscopiques. Les deux vérants coulissent dans une direction *parallèle au plan des images*. Grâce à ce mouvement, on peut

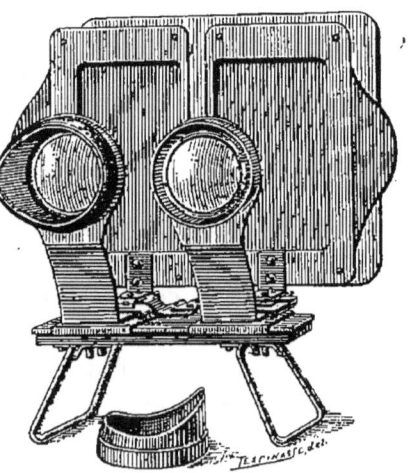

Fig. 86. — Le bi-vérant.

amener les centres de rotation des yeux sur les axes des loupes correspondantes. Il est vrai que cette disposition ne permet pas de réunir (comme on le faisait jusqu'à présent) les deux vues sur un seul support, mais elle empêche d'une manière efficace une certaine déformation de relief sans qu'il soit nécessaire de rendre les lentilles excentriques. On obtient un relief parfait pour tout écartement des yeux compris entre 54 et 72 millimètres.

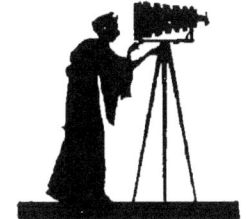

CHAPITRE XIV

La photographie panoramique

119. — Étendue de la surface utilisable du tableau. — Une photographie devant être, comme nous l'avons vu, examinée *avec un seul œil* placé exactement au point de vue et ne se déplaçant pas, il en résulte que la surface utilisable du tableau, c'est-à-dire le format de la plaque, doit être telle que l'œil puisse embrasser le tableau tout entier.

On conçoit par suite que, pour une distance principale déterminée (pour un tirage déterminé de la chambre noire), le format ne doit pas dépasser certaines limites.

Les limites dépendent de l'angle embrassé par notre œil ; or notre œil embrasse environ un angle de 180° en ligne horizontale, un angle de 130° selon la direction verticale.

Mais, en réalité, la netteté de la vision diminue beaucoup dans les directions obliques, de sorte que l'angle maximum de netteté de la vision ne dépasse pas 90°.

On peut en conclure que la surface utilisable du tableau doit être inscrite dans un cercle ayant pour rayon la distance principale.

Cependant on indique généralement une limite plus étroite : la surface utilisable du tableau doit être renfermée dans le carré obtenu en reportant la distance principale à droite et à gauche, au-dessus et au-dessous du point principal et en joignant les quatre points ainsi obtenus ; en un mot, on donne comme règle habituelle que la surface utilisable doit être renfermée dans le carré ABCD inscrit dans le cercle dont nous venons de parler ; c'est ainsi que $abcd$, $a'b'c'd'$, par exemple, seraient des surfaces utilisables pour une distance principale égale à OA (*fig.* 87).

Ceux de nos lecteurs qui voudraient approfondir ces questions liront avec profit l'ouvrage de MM. BRÜCKE et HELMHOLTZ intitulé *Prin-*

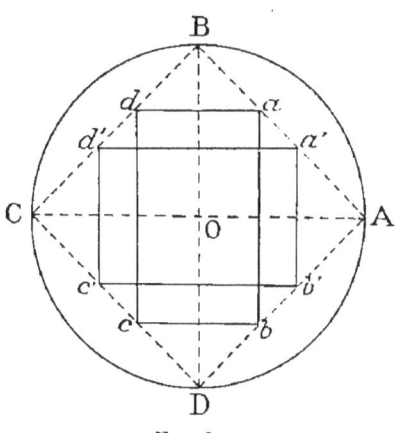

FIG. 87.

cipes scientifiques des Beaux-Arts, paru dans la Bibliothèque scientifique internationale. Ils y verront en particulier la discussion des diverses limites qui ont été proposées.

Nombre de savants et d'artistes adoptent l'opinion de LAMBERT, « qui dit qu'on ne peut représenter aucun objet à plus de 45° au-dessus ou à plus de 45° au-dessous de l'horizon, à droite ou à gauche de la verticale du point de vue. Ce système donnera, pour la surface utilisable du tableau, un carré qui serait circonscrit à celui dessiné dans la figure 87, c'est-à-dire une surface certainement trop grande dans la plupart des cas. On voit en même temps qu'il faut le réduire, quand on lit les raisons que donne Lambert. Il dit qu'on doit pouvoir embrasser le tableau tout entier, en supposant le regard fixé sur le point de vue. Mais la netteté de la vision, dans une direction oblique, diminue sur les parties latérales de la rétine, comme dans la direction verticale et dans la direction horizontale.

Suivant Lambert, on ne devrait ainsi tenir pour utilisable que le cercle circonscrit au carré ABCD de la figure. Mais le principe adopté par cet homme éminent est faux. En effet, l'œil de l'observateur, que nous supposons placé juste au point voulu, n'est pas nécessairement fixé sur le point de vue ; l'expérience nous montre qu'il promène le regard sur toutes les parties du tableau. L'œil reste bien au même point, mais on doit supposer qu'il peut se tourner dans toutes les directions. La possibilité de tout embrasser d'un seul regard perd donc tout son intérêt. En raison de l'imperfection de la vision sur les parties latérales de la rétine, elle n'aurait pas de valeur, même si nous adoptions l'opinion de Lambert sur la mesure de la surface utilisable.

« Léonard de Vinci (*Trattato della pittura*, cap. xxv) dit que, si l'on veut dessiner un objet d'après nature, il faut se placer à une distance de lui égale au triple de sa grandeur : cela laisse deviner la grandeur de la surface qui lui semblait inutilisable [1]. »

En pratique, on est loin d'atteindre les limites que nous avons indiquées : le plus souvent on se contente d'un angle inférieur à 40°, angle embrassé par la plupart des objectifs.

On en comprendra aisément la raison si nous rappelons que, lors de l'examen d'un tableau, le sentiment de la nature de la surface sur laquelle il est inscrit doit disparaître pour donner l'illusion des objets représentés.

---

[1]. Brücke et Helmholtz, *Principes scientifiques des Beaux-Arts*, p. 156.

Or « tant que ce sentiment subsiste, disent Brücke et Helmholtz dans leurs *Principes scientifiques des Beaux-Arts*, il se livre dans l'esprit du spectateur — et à son insu — une lutte entre l'illusion que l'artiste a cherché à produire et la conclusion qu'il tire de ses impressions visuelles. Il sait qu'il a devant lui un plan et il en apprécie les aires diverses non pas directement au moyen de la grandeur des images rétiniennes, mais au moyen des idées inconscientes des grandeurs telles qu'il les trouverait s'il se déplaçait le long du plan. Dans cette lutte, les déformations des objets produites par la perspective — très sensibles sur les parties latérales d'un paysage trop étendu — lui apparaissent comme les déformations réelles, et non comme les véritables images des objets [1]. »

Ce n'est qu'en faisant un effort que le spectateur se débarrasse de l'idée du plan du tableau.

120. — Les considérations précédentes expliquent pourquoi on doit rejeter, autant que possible, l'emploi des objectifs dits « *grands angulaires* », c'est-à-dire des objectifs embrassant un angle supérieur à 60°.

D'ailleurs, dans certains cas, — notamment quand il s'agit d'un portrait en buste, — on n'utilise pas toute la surface indiquée par la règle que nous avons donnée plus haut.

Cependant il ne faut pas non plus que l'angle embrassé par le tableau soit trop petit, que les dimensions de la surface utilisée du tableau soient trop faibles vis-à-vis de la distance principale ; car l'image prend alors le caractère d'un paysage vu à travers le cadre d'une fenêtre.

---

[1]. Brücke et Helmholtz, *Principes scientifiques des Beaux-Arts*, p. 22. — Paris, Félix Alcan, éditeur, 1891.

En résumé, l'angle embrassé par un objectif doit, autant que possible, être compris entre 28° et 40°, au moins lorsqu'on ne vise que la production des photographies artistiques.

Mais, quand il s'agit uniquement de photographies documentaires, on peut faire usage des objectifs dits « grands angulaires », c'est-à-dire embrassant un angle de 70°, de 80° et même de 100°.

D'ailleurs, si l'objectif est bon, dit avec raison le lieutenant-colonel MOESSARD (dans un article *Sur la perspective des peintres et la perspective des photographes* paru dans l'*Annuaire général et international de la photographie*, 3ᵉ année, 1894, p. 135), « la perspective sera correcte et se prêtera en restitutions géométriques qui forment le domaine de la photogrammétrie ; si même la distance focale n'est pas par trop courte, si l'angle embrassé n'est pas par trop grand, s'il ne dépasse pas 60° par exemple ; si, de plus, l'opérateur a eu le soin de ne pas faire figurer trop près des bords de l'image des objets de forme régulière bien définie, l'effet général peut n'être pas déplaisant. Quoiqu'on fasse cependant, l'ensemble est toujours faussé et les détails dénaturés. J'ajoute que ces épreuves pseudo-panoramiques n'ont jamais, dans leur abondance trompeuse, ni l'amplitude, ni la vérité de rendu, ni l'égalité d'impression, ni la sincérité d'accent qui caractérisent à si haut titre les vues panoramiques proprement dites ».

121. — Photographie panoramique. — C'est dire que lorsque la nature des objets représentés exige une surface de grandes dimensions, on doit renoncer à employer un tableau plan.

Si on pouvait donner au tableau la forme d'une sphère creuse, ayant comme centre le point de vue O, la différence qui existe entre les images situées au centre ou au bord d'un tableau plein disparaîtrait ; les images seront également déformées de tous côtés.

Au lieu de prendre une sphère, on doit se contenter de prendre comme tableau, sur lequel on veut représenter un panorama, une portion de sphère, une zone annulaire ABCD, l'angle AOB, que l'œil peut embrasser, étant limité (*fig.* 88).

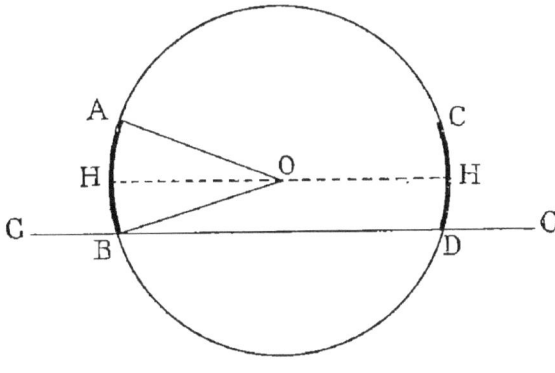

Fig. 88.

Remarquons que, sur un tableau sphérique ou cylindrique, il n'y a plus de point principal ; quant à la ligne d'horizon, elle est représentée par le grand cercle intersection du tableau et du plan horizontal passant par l'œil O de l'observateur.

Mais une telle surface sphérique serait difficile à donner aux préparations sensibles ; on peut, sans erreur sensible, lui substituer un cylindre tangent à la sphère, et à génératrices verticales, afin de ne pas déformer les verticales de la nature ; une telle forme cylindrique a le double avantage de pouvoir être donnée aux pellicules sensibles et de pouvoir se développer sur un plan, ce qui facilite les diverses manipulations photographiques.

Rappelons qu'on a proposé un grand nombre de modèles de chambres panoramiques dont les plus usitées sont celles du colonel Moessard (fig. 89, 90, 91), et de l'ingénieur Damoizeau; rappelons aussi, avec le colonel Moessard (article déjà cité), que tous les appareils panoramiques connus se composent en principe d'un objectif dont le centre optique (ou mieux le point nodal d'émergence)

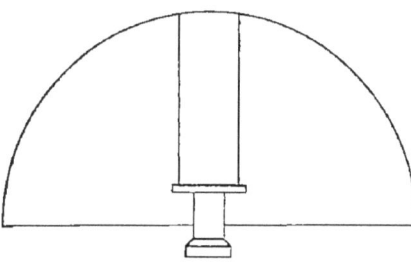

Fig. 89. — Schéma d'un appareil panoramique.

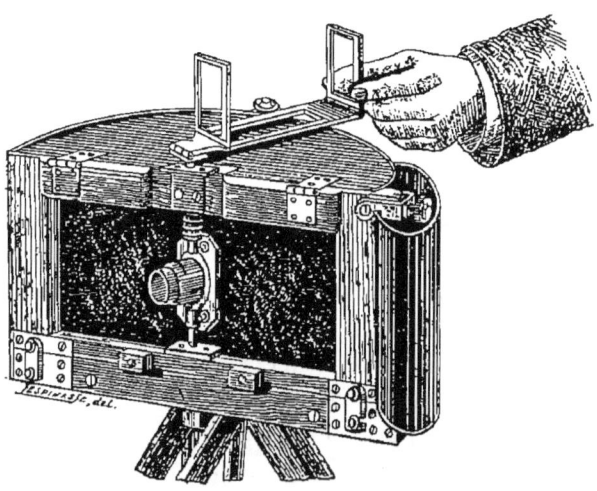

Fig. 90. — Appareil panoramique du colonel Moessard (cylindrographe).

est sur l'axe du cylindre formé par la surface sensible. Le rayon du cylindre est justement égal à la distance focale de l'objectif, qui se tourne successivement vers les divers points de l'horizon et forme sur la paroi cylindrique une image continue de tout ou partie de cet horizon.

« Une vue cylindrique ne s'attaque pas comme la plane au motif isolé, au site particulier qu'on embrasse d'un coup d'œil; ce qu'elle donne, c'est l'espace indéfini, où les aspects divers s'enchaînent, où les plans se rendent sans lacune, où la nature se déroule sans bornes dans son harmonieuse vérité. » (MOESSARD.)

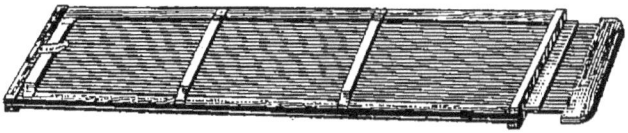

FIG. 91. — Châssis du cylindrographe.

Bien entendu, pour que la restitution d'une telle vue soit correcte, il faut enrouler le photogramme positif sur un cylindre de rayon égal à la distance focale de l'objectif et placer l'œil sur l'axe du cylindre.

« C'est ainsi seulement, — dit le colonel MOESSARD — qu'on recueille l'impression d'ensemble d'un panorama. Mais, lorsqu'après la première impression d'ensemble on veut passer à l'étude des détails, il est loisible de dérouler le cylindre sur un plan; cela revient en effet à confondre en chaque point le cylindre avec son plan tangent et, en raison du petit angle embrassé par le regard, cette substitution n'a rien de choquant. »

D'ailleurs, l'emploi de tableaux plans peut être considéré comme l'utilisation d'une portion de sphère assez faible pour être confondue avec son plan tangent; la perspective sur un plan cesse d'être acceptable —

nous l'avons vu, quand l'angle embrassé est trop grand, c'est-à-dire quand on ne peut faire cette confusion.

On conçoit, avec cette considération, qu'on puisse photographier sur des surfaces planes une série de tableaux embrassant dans leur ensemble tout ou une bonne partie de l'horizon visible, puis les reporter sur la zone sphérique, ou — plus pratiquement — sur un cylindre.

Mais il faut, pour cela, que les divers photogrammes se raccordent bien, ce qui n'a lieu que si on fait tourner l'appareil autour d'un axe vertical passant par le point nodal d'émergence de l'objectif.

122. — On a, dans ce but, imaginé un certain nombre de dispositifs.

Le plus simple est celui qui a été décrit jadis par M. Bérenguier : il se compose (*fig.* 92) de deux planchettes superposées, reliées par un écrou à oreilles placé en E point où se projette le point nodal d'émergence de l'objectif.

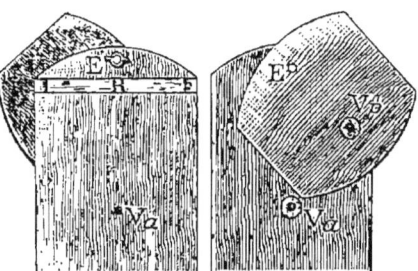

Fig. 92. — Planchette Bérenguier.

La planchette inférieure fixe se visse sur la tête du pied de l'appareil, au moyen de la vis Vp; la planchette supérieure, plus longue, supporte l'appareil qu'on y fixe au moyen de la vis Va; une petite réglette faisant corps avec cette planchette sert à buter l'avant de la chambre.

Il semblerait qu'on puisse se contenter de la planchette supérieure vissée directement en E sur la tête de pied; mais tout le poids de l'appareil serait ainsi reporté en dehors du pied et la stabilité de l'ensemble serait douteuse.

Le mode d'emploi est des plus simples : la planchette inférieure étant vissée sur le pied de l'appareil, on visse la chambre noire sur la planchette supérieure ; on s'assure de l'horizontalité de la base de la chambre et, desserrant l'écrou à oreilles E, on exécute successivement les divers négatifs devant constituer le panorama, en faisant pivoter la planchette supérieure.

On a soin de faire en sorte que les images fixées sur deux négatifs successifs empiètent l'une sur l'autre d'environ 2 centimètres ; on peut faciliter l'obtention des négatifs en traçant à l'avance des repères sur la planchette inférieure.

123. — Sur la demande de M. J. DROUET, M. PARMENTIER a bien voulu travailler à perfectionner le dispositif précédent et les modifications qu'il y a apportées sont telles qu'il a créé un instrument nouveau, pratique, léger et peu encombrant, que M. DROUET a décrit dans les termes suivants à la *Société lorraine de Photographie*, en ajoutant quelques conseils sur l'obtention des panoramas, conseils qui complètent heureusement ceux donnés par M. Ach. DELAMARRE, dans sa classique brochure sur la photographie panoramique.

« Notre collègue a changé la forme des deux planchettes: il a diminué la largeur de la planchette supérieure et a modifié les contours; il a arrondi complètement la planchette inférieure, il lui a fait affleurer le bord de la planchette supérieure et a assuré l'horizontalité indispensable pour prendre une vue panoramique, en constituant la planchette inférieure par la juxtaposition de deux feuilles de bois collées à fil contraire. Il a supprimé l'écrou à oreilles, et, faisant coïncider le pivot avec la vis d'entrée du pied, il a fait tourner la planchette de l'appareil sur la tête même de l'écrou. Il a tracé, sur la tranche extérieure des deux planchettes, des traits dont la réunion permet d'obtenir automatiquement le tour complet de l'horizon, la chambre placée en hauteur ou en largeur (*fig.* 93 et 94).

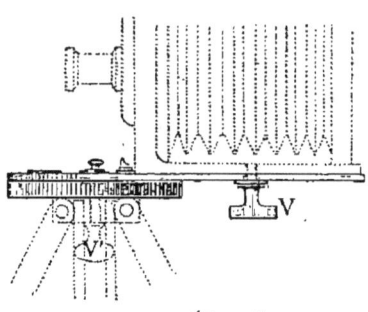

Fig. 93. — Élévation de la planchette Parmentier.

« Désireux enfin de ne pas compliquer le bagage du touriste photographe, notre collègue a fait du tout un pied léger et peu embarrassant.

« Après avoir décrit un pied panoramique réunissant toutes les qualités désirables, je voudrais, aussi brièvement que possible, en justifier le choix et soumettre quelques observations *exclusivement pratiques* sur l'obtention des panoramas.

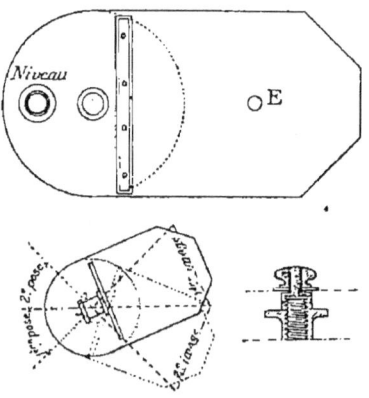

Fig. 94. — Plan, schéma et détails.

« Je trouve préférable l'emploi du pied panoramique à celui de la chambre rotative panoramique pour les raisons suivantes :

« La chambre rotative, tout d'abord, ne permet pas l'usage des plaques. Je ne ferai pas le procès des pellicules : elles ont des défenseurs dont je respecte les convictions ; mais, malgré les perfectionnements annoncés dans leur fabrication, aux seuls points de vue des manipulations et du résultat obtenu, je leur préfère les plaques.

« La chambre rotative, en second lieu, devant fournir une image complète sur une pellicule relativement petite, est munie d'un objectif à courte distance focale, tandis que l'appareil destiné à prendre une vue panoramique exacte doit être muni, à mon avis, d'un objectif à long foyer. L'objectif à court foyer accentue, en effet, dans de trop notables proportions, la dimension des objets placés dans des plans très différents, et je ne crois pas que, par un agrandissement excessif, on rétablira les proportions avec une netteté et une variété dans les teintes égales à celles obtenues avec un objectif à long foyer ; enfin, l'objectif à court foyer donnera une image que l'œil n'est pas habitué à voir ; le panorama se présentera à lui dans son ensemble sur un plan vertical alors que, en fait, l'œil décompose successivement la vue s'étendant sur une surface circulaire. La planchette panoramique permet d'employer des objectifs de foyers différents ; plus le foyer sera long, plus l'image se rapprochera de la réalité.

« Si le panorama, pris sur une série de plaques avec un objectif à longue distance focale, me semble plus conforme à la réalité et par suite préférable à un panorama rétréci sur une petite pellicule, je dois reconnaître que l'obtention des négatifs et des positifs et le raccordement des épreuves présentent plus de difficultés ; mais ces difficultés ne sont pas insurmontables, et le résultat final compense largement les efforts tentés.

« La série des clichés doit être posée et développée également. Je ne parlerai pas du temps de pose dont on peut assurer assez facilement l'uniformité, en réglant l'ouverture et la fermeture de l'obturateur. Les clichés ayant été également impressionnés, au lieu de les développer dans une seule cuvette, ce qui peut être embarrassant avec plusieurs négatifs de grande dimension, je les plonge successivement dans un bain préparé à l'avance, en quantité suffisante, et renouvelé entièrement pour chaque plaque. Le temps nécessaire au développement m'est donné par un cliché d'essai, pris dans les mêmes conditions que la série entière et développé jusqu'à la venue complète et normale de l'image. Le développement de la série s'opère alors successivement et automatiquement pendant le même laps de temps.

« Le tirage et le virage des épreuves s'effectuent dans les mêmes conditions, c'est-à-dire avec une exposition et dans un bain identiques pour toutes.

« Le découpage, le montage et le raccordement des épreuves demandent une certaine attention. Les épreuves à raccorder, portant chacune une image semblable sur une largeur d'un centimètre environ, sont coupées, verticalement à angle droit, puis rapportées l'une sur l'autre et coupées, soit ensemble, soit séparément, le calibre appuyé contre la tranche de la feuille supérieure.

« Le montage des épreuves peut se faire de la manière suivante : un papier support, légèrement mouillé sur les deux faces, est collé, par les bords, sur une planche de dimension appropriée. Puis, lorsqu'il est sec, et par conséquent parfaitement tendu, les morceaux composant le panorama sont collés successivement aussi exactement que possible.

« Ici se présente une objection qui a sa valeur : les raccords se voient : c'est vrai, mais avec un peu d'habitude on peut atténuer, sinon supprimer tout à fait, ces petites imperfections.

« Je rappelle en terminant que la photographie panoramique, comme la téléphotographie, ne peut être faite que par un temps très clair et qu'il est utile d'employer des plaques orthochromatiques sensibles au vert et au jaune et un écran compensateur jaune légèrement teinté. L'absence d'écran supprimerait les lointains et un écran de couleur très foncée accentuerait trop les contrastes. »

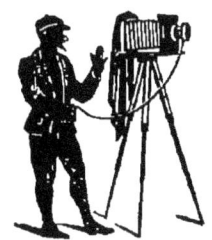

CHAPITRE XV

La photographie stéréoscopique

124. — Avantages de la photographie stéréoscopique. — Le spectateur placé devant un tableau ou une photographie ne voit pas la surface plane sur laquelle est représenté le sujet, mais bien *au-delà* de cette surface.

Soit (*fig.* 95) O l'œil de l'observateur[1], T le plan du tableau sur lequel les points $a, b, c, \ldots$, sont les perspectives des points de l'objet A, B, C, … L'œil O, regardant le tableau T, voit non pas les points $a, b, c, \ldots$ sur la surface même du tableau, mais les points A, B, C, …, dans la direction des rayons visuels $Oa, Ob, Oc, \ldots$; or tous les points situés sur la ligne droite OaA ont, sur le tableau T, la même perspective a; il y a donc indétermination : l'œil peut voir le point A reconstitué en un point quelconque de la ligne droite Oa.

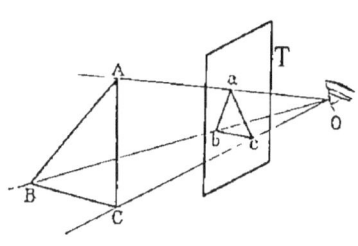

Fig. 95.

Mais, s'il paraît y avoir indétermination au point de vue de la théorie, qui nous montre qu'à un même dessin perspectif vu d'un même point de vue corres-

---

1. Voyez notre *Traité élémentaire de photographie pratique*, **10**, p. 9.

pondent une infinité d'objets reconstitués, il n'en est pas de même dans la pratique. Grâce, en effet, à la distribution des ombres ou des couleurs (dans le cas des photographies en couleurs et des peintures), grâce aux connaissances acquises du spectateur, à l'éducation de son organisme, l'œil ne voit qu'un objet reconstitué.

Cependant cet objet reconstitué (idéal) n'est pas toujours identique à l'objet représenté (effectif), les règles de la *perspective aérienne* et de la *perspective chromatique* étant rarement observées, surtout en photographie.

On comprend donc la nécessité de deux perspectives pour obtenir une illusion exacte, si on peut s'exprimer ainsi, et, par suite, les avantages de la stéréophotographie.

125. — Choix de l'appareil stéréoscopique. — On peut obtenir des stéréotypes au moyen d'un appareil muni d'un objectif unique; on exécute alors les deux négatifs par poses successives, l'appareil étant, entre les deux poses, déplacé d'une distance égale à l'écart des yeux (65 à 70 millimètres); il existe un certain nombre de dispositifs permettant d'utiliser n'importe quel appareil.

Mais il est préférable d'exécuter simultanément les deux vues au moyen d'un appareil muni de deux objectifs, sur une surface sensible unique ou sur deux surfaces sensibles distinctes.

En ce qui concerne le choix de l'appareil stéréoscopique, nous ne pouvions mieux faire que de reproduire quelques conseils extraits d'un article publié par M. B. Lmou, président du *Stéréo-Club français*, dans le bulletin de cette société.

« Il n'y a peut-être pas de question plus difficile à

résoudre que celle-ci : *Indiquez-moi donc un bon appareil stéréoscopique* ». On nous l'a posée si souvent qu'il nous semble utile d'en finir une fois pour toutes et de résumer ici quelques idées qui nous sont personnelles à ce sujet. Et d'abord nous ne nommerons aucun appareil; ils sont tous parfaits, ils ont tous de chauds adeptes et, à vrai dire, ils peuvent donner, par leur variété, satisfaction à tous les goûts. Quelques amateurs, reculant devant le poids, se contentent d'un appareil bijou, léger et peu encombrant; d'autres, de vieux routiers qui veulent savoir ce qu'ils font, se munissent d'une chambre solide, avec châssis doubles, paires d'objectifs à foyers différents; d'autres encore, pour être sûrs de ne rien rater et d'être toujours en batterie, ont mis toute leur confiance dans la jumelle à magasin. Enfin tous les formats, tous les poids, toutes les variétés se rencontrent. Donc nous nous bornerons à examiner les conditions générales qu'il faut rechercher dans un appareil stéréoscopique pour obtenir les résultats les plus satisfaisants.

Format. — Quel format choisirons-nous? Y a-t-il un format à choisir? Oui, car, quoi qu'on en ait dit, il y a en stéréoscopie des règles étroites dont il ne convient pas, pratiquement, de s'écarter. Le Congrès a adopté les dimensions 70×136 millimètres, soit deux éléments de 66×70 séparés par 4 millimètres. Cette mesure est en somme très rationnelle et, chose curieuse, il n'existe aucun appareil au format du Congrès (format sur lequel nous reviendrons à la fin de cet article); il nous faut donc opter pour les formats 6×13 ou 8×16 qui s'en rapprochent le plus. Au dessous, nous avons le $4^5 \times 10^7$, à courte distance focale, qui donne des résultats remarquables, mais sur verre seulement; la finesse des images, très petites,

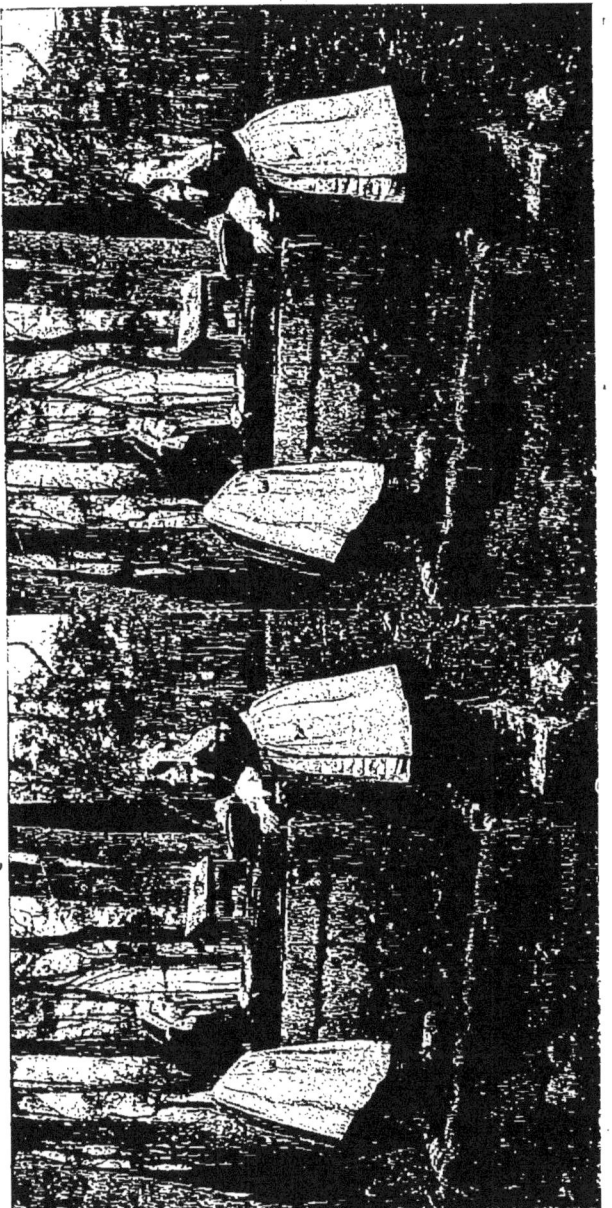

Fig. 96. — Photographie stéréoscopique (Stéréotype J. Ganczynski).

est un obstacle à un tirage d'épreuves sur papier. Au dessus, nous trouvons le format 9 × 18, voire 13 × 18 trop grand si l'on ne veut rien sacrifier de l'image, car les homologues seront nécessairement séparés par une distance manifestement supérieure à l'écart moyen des yeux.

Nous opterons donc pour le 6 × 13, vrai format stéréoscopique, format *humain*, si je puis dire, puisque les yeux sont, en moyenne, à 65 millimètres d'écartement. Toutefois nous avouons avoir une petite faiblesse pour le format légèrement supérieur : dans le 8 × 16, l'image unique 8 × 8 est parfaite pour la projection. De plus, une coupe légère peut amener l'épreuve définitive 7 × 14, que nous appellerons l'épreuve idéale.

Donc, nous arrêterons notre choix sur la dimension 8 × 16, sous les réserves que nous rejetons en note.

Plaques. — On peut opter entre les plaques 8 × 8 accouplées ou les plaques uniques 8 × 16. Ces dernières offrent tellement d'avantages qu'il est impossible de ne pas les recommander. Le développement d'une plaque unique est plus pratique, le classement des clichés plus commode, le tirage des positives, soit sur papier, soit sur verre, tout aussi rapide et non moins sûr. Personnellement, nous ne voyons pas un cas où la plaque unique soit inférieure à deux plaques accouplées, même dans les travaux d'agrandissement. La plaque unique permet de plus, et exclusivement, la prise des vues oblongues dites panoramiques qu'on ne peut logiquement négliger.

Chassis ou magasin. — Devrons-nous pencher pour l'un ou pour l'autre système? Le photographe prudent possède les deux; mais, s'il fallait choisir, nous conseillerions plutôt les châssis. Le magasin est certainement très pratique ; il permet d'être toujours prêt, comme le chasseur a son fusil armé, et, lorsqu'il est bien construit, présente une ressource très agréable ; mais enfin, si parfaits qu'ils soient, ils peuvent se déranger, et cela dès la première plaque, et alors on se trouve avec un poids mort de surfaces sensibles non utilisables sur-le-champ. Au contraire, un châssis fonctionne-t-il mal, on se rabat sur les autres. Le magasin ne peut admettre qu'une sorte de plaques ; les châssis permettent d'employer telle ou telle plaque, suivant les besoins. On peut avoir en châssis des émulsions rapides ou lentes, anti-halo, orthochromatiques, etc., et choisir sa plaque à ce sujet.

Si l'on veut toute notre pensée là-dessus, disons ceci : qu'on nous fasse des magasins à 6 plaques et non à 12, sauf dans les petits formats, et alors nous n'aurons plus besoin de châssis à rideaux.

Avec trois magasins interchangeables, de 6 plaques chacun, nous en aurons pour tous les cas qui peuvent se présenter au cours d'une excursion.

Quoi qu'il en soit, rappelons que l'examen des châssis doit être minutieux : les prendre parfaitement étanches, en bois, à rideaux de préférence aux châssis métalliques à volet, qui donnent souvent des coups de jour pendant la pose.

OBJECTIFS. — En stéréoscopie, de *très bons* objectifs sont indispensables. Il les faut fins et lumineux pouvant travailler à l'ombre, en instantané, car beaucoup de scènes à prendre occupent un espace restreint de quelques mètres, et souvent la lumière n'est pas forte. Il faut écarter les objectifs à bon marché si l'on veut faire un travail sérieux et ne pas se borner à ne faire que des paysages ensoleillés ou de la pose. On veillera avec la plus grande attention à ce que les deux objectifs soient parfaitement apairés ; ne pas hésiter à les faire essayer : là encore, en se montrant difficile, on évitera une source de déboires. On peut rejeter un châssis défectueux, on ne peut pas toucher aux objectifs : c'est le cœur de l'appareil. Les diaphragmes seront à iris, commandés par une bielle[1].

L'obturateur devra fonctionner avec douceur, aussi bien au doigt qu'à la poire. Il devra être à grand rendement, de manière à fournir, même en instantané, des images régulièrement éclairées. Nous ne recommandons pas ici d'obturateur de plaques, surtout aux débutants. Un bon obturateur d'objectif travaillant jusqu'au 100e de seconde est largement suffisant pour les travaux courants.

CHAMBRE OU CORPS D'APPAREIL. — Maintenant que nous avons examiné séparément le détail des organes, il nous reste à choisir la chambre, le squelette de l'appareil. Les modèles différents peuvent à peu près se ranger en deux classes : les appareils rigides, d'une seule pièce, genre jumelle ou détective et les appareils à soufflet, genre folding ou chambre ordinaire. Les appareils rigides sont assez lourds, sauf si l'on se confine aux dimensions les plus petites. Bien que quelques-uns soient munis d'un verre dépoli pour la mise au point, celle-ci s'effectue par un léger déplacement du porte-objectifs à l'avant, par le moyen d'une crémaillère. L'avantage de ces appareils, presque tous à magasins, c'est qu'ils sont faciles à dégainer et à mettre en position, le cas échéant : —

---

[1]. Nous ajouterons que l'on peut aussi obtenir, au moyen du sténopé, de très bonnes photographies stéréoscopiques (*fig*. 97).

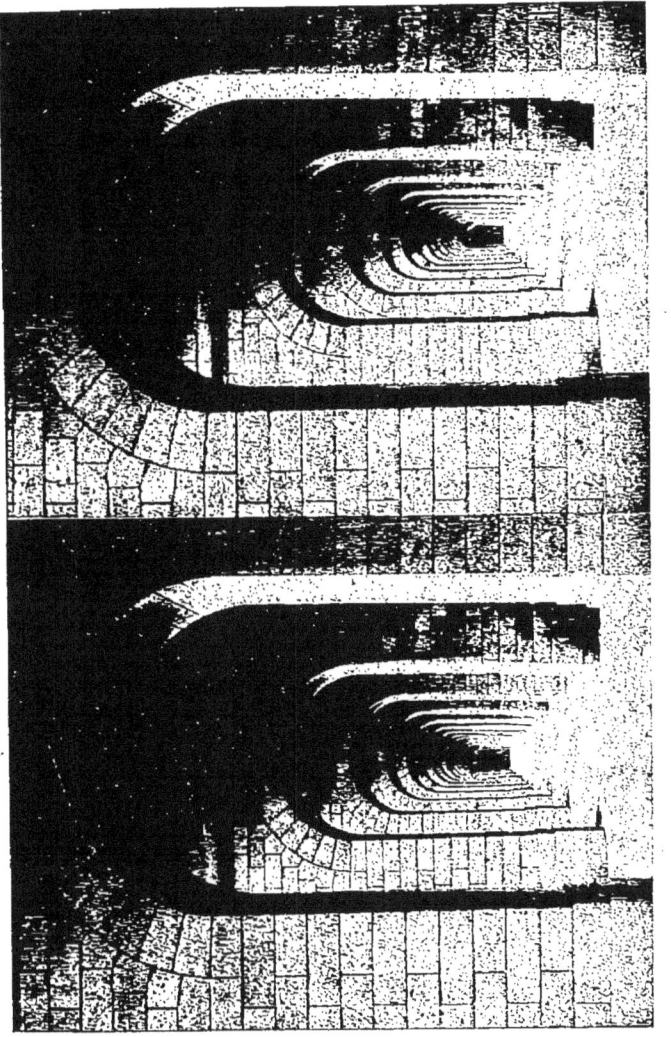

Fig. 97. — Sténopéstéréophotographie.

sur ces appareils un bon viseur est de toute rigueur. A ce genre d'appareil, très pratique, on pourra préférer, pour certains travaux, le genre folding ou appareil pliant dont on use comme de la chambre ordinaire et qui permet une mise au point et une mise en plaques rigoureuses. Pour le paysage, pour certains travaux de pose et d'art, ce genre d'appareil est tout indiqué; il est peu encombrant et, une fois l'avant refermé, les objectifs sont bien à l'abri.

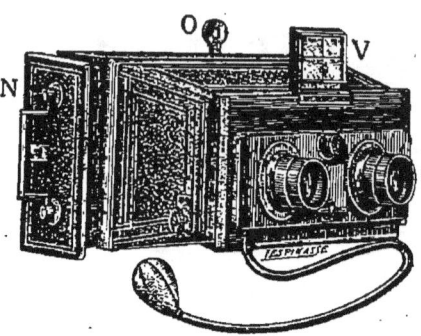

Fig. 98. — Jumelle stéréopanoramique, position stéréoscopique.

Que l'on choisisse les uns ou les autres, ne pas oublier le *décentrement* des objectifs. Le décentrement en hauteur est *indispensable*, même à notre avis dans les petits formats, sous peine de se contenter de la ligne d'horizon toujours au centre de la plaque. Quant au décentrement en largeur, il n'est utile que dans les appareils à séparation mobile, pour faire des images uniques en amenant un seul des objectifs au

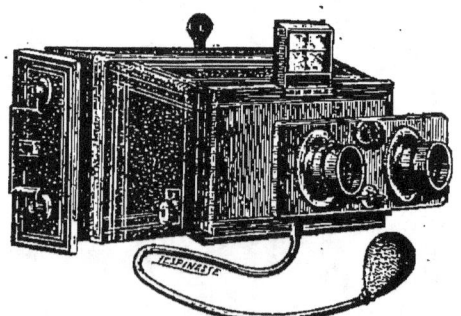

Fig. 99. — Jumelle stéréopanoramique, position panoramique.

centre de l'avant (appareil stéréopanoramique, *fig*. 99). Ces vues oblongues ne manquent pas de cachet dans certains cas et, *sans en abuser*, il peut se présenter quelques occasions d'en profiter, notamment à la mer et en montagne.

Nous serions incomplets si nous ne touchions pas quelques mots des appareils utilisant les pellicules. Assez peu répandus en France, ils sont d'un usage courant en Amérique et en Angleterre. Nous leur reconnaissons un grand mérite : la légèreté; mais ceci dit, je crois bien que tout se retourne contre eux. La pellicule est loin d'avoir dit son dernier mot, elle tend à se perfectionner, et peut-être faudra-t-il l'envisager bientôt sérieusement comme le seul support à employer. Jusqu'à présent elle reste d'un emploi délicat et ne présente pas pour les manipulations ultérieures — surtout en stéréographie — les avantages de la plaque de verre. Au point de vue des résultats, nous accordons nos préférences aux appareils français dont quelques-uns, coûteux, hélas! paraissent arrivés à l'extrême perfection[1].

---

[1]. Bien qu'il soit admis par de nombreux stéréotypeurs qu'on peut faire des clichés stéréos de toutes dimensions, avec des écartements d'objectifs aussi variés que possible, nous pensons que, dans les cas les plus ordinaires et les plus fréquents, pour amener l'illusion de ce que *nos yeux voient*, la base du stéréotype *doit être* la même que l'écart moyen des yeux, soit environ 70 millimètres. On comprend facilement que plus la base choisie est grande, plus le relief sera accusé, mais au détriment de la vérité, car si les derniers plans, par exemple, montrent un relief saisissant au fur et à mesure qu'on se rapprochera des premiers plans, l'exagération s'accentuera jusqu'à fausser complètement la perspective. Nous émettons ici le vœu personnel qu'il nous soit enfin présenté un véritable *appareil stéréoscopique* de la dimension 7 × 14, sous quelle forme qu'on voudra lui donner, pourvu qu'on ne le destine pas à deux fins et qu'on ne lui demande ni le grand angle, ni le panorama. La jumelle ou

PHOTOGRAPHIE

126. — Nécessité de la transposition. — Il suffit d'examiner les figures 100, 101, 102 et 103 pour se rendre compte qu'une fois le photogramme tiré d'après un stéréotype il est nécessaire de transposer les deux images.

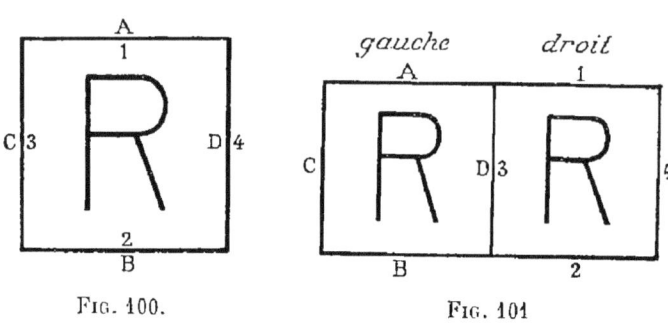

Fig. 100.   Fig. 101.

La figure 100 représente l'original, la figure 101 le stéréogramme tel qu'il doit se présenter une fois achevé, 4, D étant les côtés droits et 3, C, les côtés gauches des deux vues. La figure 102 montre comment les deux objectifs ont retourné le sujet. Occupons-nous seulement des côtés. La figure 102, I représente l'image telle qu'elle est vue sur le verre dépoli, et par suite telle qu'elle est vue quand on regarde le

---

la folding 7 × 14 avec trois magasins de 6 plaques et châssis à rideaux, avec bons objectifs et obturateur parfait, et jeu complet d'écrans colorés, voilà ce que nous sommes en droit de demander aujourd'hui. Un tel appareil répond à tous les besoins. Les fabricants de plaques nous livreront du 7 × 14 quand nous leur en demanderons. Quant au format des projections, le 7 × 7 est largement suffisant, car rien ne justifie le format 8 1/2 × 10. Un bon cliché 7 × 7 obtenu avec un objectif parfait doit se prêter à tous les travaux. En résumé nous ne voyons pas pourquoi on n'essaierait pas le format que nous demandons, étant donné qu'on a tout créé entre le 4 1/2 × 107 et le 9 × 18 sans avoir risqué — on ne sait pourquoi — le seul format rationnel 7 × 14. Le *Stéréo-Club* a-t-il quelque chance d'être entendu ? — B. Lmou.

dos du négatif; on remarquera que 3 et D, au lieu d'être contigus comme dans la figure 101, sont tous deux extérieurs.

La figure 102, II, montre le négatif examiné à l'endroit, et la figure 102, III, le photogramme tiré d'après ce négatif; la figure 103 représente le photogramme redressé : on voit que la moitié droite est à gauche et la moitié gauche à droite.

On comprend aisément que n'importe comment on tourne le stéréogramme, les deux moitiés ne seront jamais placées comme elles doivent l'être.

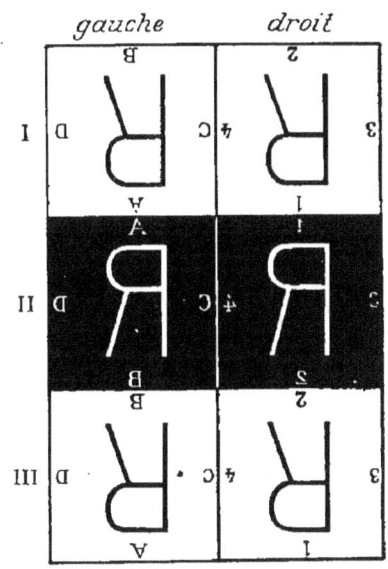

Fig. 102.

Prenons une feuille de papier transparent et décal-

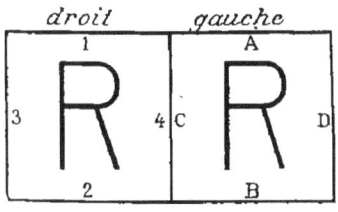

Fig. 103.

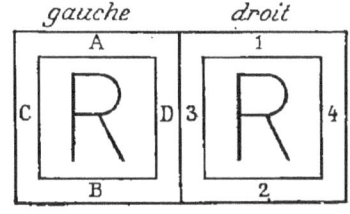

Fig. 104.

quons dessus la figure 103 ; tournons-la sens dessus dessous comme dans la figure 102, III ; piquons fortement une épingle contre chaque R, dans la table et, avec un canif, séparons les deux images. Il suffit de faire tourner chaque image en la redressant, pour avoir, comme dans la figure 101, notre stéréogramme en position correcte (*fig.* 104).

127. — Montage des stéréogrammes. — Nous reproduisons ici un très intéressant article de M. J. Bois, paru dans la *Revue suisse de photographie*, et dans *la Photographie*, qui indique nettement les conditions à remplir pour le montage correct des stéréogrammes.

« Je suppose que chacun connaît la façon dont sont produites les épreuves stéréoscopiques[1]. C'est généralement au moyen d'une chambre noire munie de deux objectifs. On obtient de cette manière deux vues dont tous les plans sont géométriquement semblables, mais placés un peu différemment les uns par rapport aux autres dans chaque vue.

Collons maintenant sur un carton, en les inversant les deux épreuves positives d'une stéréoscopie, de façon qu'elles se touchent sur la ligne médiane, ou *axe* du carton. Il est facile de démontrer que si la distance de deux points *homologues*[2] à l'arrière-plan est désignée par d, la distance d' de deux points homologues de l'avant-plan sera plus petite que d.

En effet, sur la vue de droite les avant-plans sont déplacés sur la gauche par rapport aux arrière-plans ; c'est le contraire pour la vue de gauche. Les points

---

[1]. Je ne m'occuperai que des vues stéréoscopiques destinées à être examinées au moyen des stéréoscopes de type courant ; je laisse absolument de côté la théorie du montage des grandes stéréoscopies exigeant l'emploi de stéréoscopes spéciaux et peu répandus.

[2]. J'appelle ainsi les points de chaque épreuve qui correspondent au même point du sujet.

homologues se trouvent donc rapprochés de l'axe sur chaque épreuve. Cette différence d'écartement n'est pas considérable [1]; avec des objectifs de 15 centimètres de foyer, elle atteint 3 millimètres pour des plans situés à cinq mètres des objectifs, distance en deçà de laquelle on se tiendra rarement. A la distance de dix mètres la différence $d - d'$ tombe à $1^{mm},4$ et n'est plus que de $0^{mm},7$ pour une distance de 20 mètres.

C'est à cette différence d'écartement entre les points homologues des divers plans qu'est due la sensation de relief donnée par les épreuves stéréoscopiques; comme elle est sensiblement proportionnelle à l'inverse de la distance des divers plans aux objectifs, on voit qu'elle devient presque nulle lorsque cette distance augmente; par conséquent la sensation du relief ne peut être donnée par une stéréoscopie qu'à la condition d'avoir des premiers plans suffisamment rapprochés [2].

Nos deux épreuves une fois collées et exactement juxtaposées sur l'axe du carton, nous supposerons que leur largeur est égale à l'écartement d' des points homologues du premier plan; c'est ce que j'appelle l'*état normal* d'une vue stéréoscopique. Cette distance, à peu près égale à l'écartement des yeux, peut cependant varier sans inconvénient de 65 à 85 millimètres [3].

---

1. Si on désigne par f la longueur focale des objectifs, e leur écartement et A la distance du premier plan considéré, le calcul montre que l'on a:
$$d' - d = \frac{ef}{A - f}.$$

2. C'est un conseil donné par les auteurs spéciaux, que pour avoir des stéréoscopies faisant beaucoup d'effet, il faut choisir des sujets présentant des premiers plans intéressants et bien étagés.

3. Les objectifs sont généralement écartés de 90 millimètres, de façon à donner deux vues sur une plaque de 180 millimètres; cet écartement est un peu trop fort pour les épreuves positives.

Dans cet état normal, le premier plan sera identique sur chaque épreuve ; chaque point de l'un aura son homologue sur l'autre. Ce mode de montage est à recommander, surtout pour les stéréoscopies sur papier.

Je dois à ce propos mentionner un défaut qui se rencontre souvent dans les épreuves stéréoscopiques du commerce.

Plusieurs photographes, parmi ceux qui se livrent à l'édition de ces vues, mal conseillés par les manuels, ont la fâcheuse habitude, lorsqu'ils juxtaposent presque exactement les deux vues sur l'axe du carton, de donner à chacune d'elles une largeur plus grande que l'écartement des points homologues du premier plan. Il en résulte que les points qui se trouvent au voisinage des marges extrêmes, en excès sur la largeur normale, n'ont pas d'homologues dans l'autre vue et par conséquent ne contribuent pas à la production du relief. En outre, et comme conséquence du mode de construction de la plupart des stéréoscopes, l'œil gauche peut toujours voir une partie du bord gauche de l'image de droite ; le phénomène symétrique se produit évidemment pour l'œil droit. Quand les vues sont à l'état normal, elles se superposent exactement et l'œil néglige instinctivement ces deux fragments d'images qui limitent de chaque côté la vue en relief.

Mais si en même temps les images sont *surabondantes* au voisinage de leurs marges extérieures, c'est-à-dire présentent chacune des points qui n'ont pas d'homologues sur l'autre, il est clair que, par exemple l'œil droit projettera la marge droite surabondante de l'épreuve de droite au même point où, par suite du vice de construction de l'instrument signalé ci-dessus, l'œil gauche projette la marge gauche de cette même épreuve de droite; la même chose se produisant pour la marge extérieure de l'autre image, il en résulte que la vue en relief paraît troublée à droite et à gauche par une superposition d'images non correspondantes; ce trouble est d'un effet fâcheux et diminue grandement le plaisir qu'on peut éprouver à regarder une stéréoscopie.

D'autres stéréoscopes ne présentent pas l'inconvénient que je viens de signaler et sont combinés de façon que chaque œil ne puisse voir que l'image qui le concerne. Alors les parties surabondantes de l'une des images se projettent aux mêmes points que les parois noires de l'autre cloison de l'appareil.

On peut ainsi se convaincre qu'il est non seulement inutile dans tous les cas, mais le plus souvent nuisible de garder dans les images stéréoscopiques des parties sans points homologues.

Je conseille donc de borner chaque épreuve à ses points homologues; si l'on tient à une épreuve longue, cela reviendra à admettre une distance égale pour l'écartement des points correspondants du premier plan; il ne faut toutefois pas dépasser 85 millimètres de largeur, car, au delà, l'œil a de la peine à percevoir le relief et se fatigue rapidement. En général, on adoptera donc pour la distance des points homologues du premier plan et pour la largeur de chaque épreuve de 65 à 75 millimètres. On peut avoir des vues plus étroites que 65 millimètres, mais on maintiendra la distance de leurs points homologues à 65 millimètres; les épreuves ne seront plus alors juxtaposées sur l'axe du carton; elles devront avoir leurs premiers plans semblablement coupés.

STÉRÉOGRAMMES SUR VERRE. — Il va sans dire que

les mêmes principes restent valables en ce cas; en outre, comme le verre dépoli des stéréoscopes du commerce ne dépasse guère 140 millimètres de longueur, il ne faudra jamais dépasser, ni même atteindre 70 millimètres pour la largeur des photogrammes et la distance égale de leurs points homologues au premier plan.

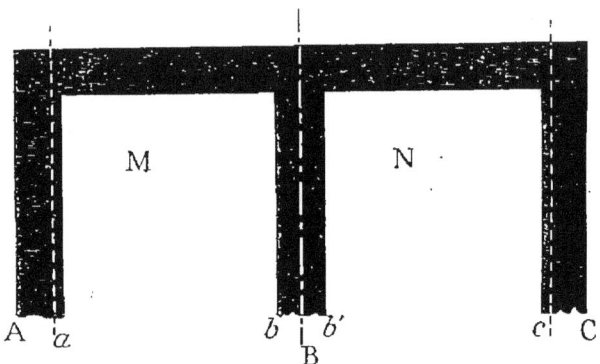

Fig. 105. — Montage des stéréogrammes.

Supposons les deux vues à l'état normal, c'est-à-dire supposons que leur largeur AB ou BC est égale à la distance MN de deux points homologues (*fig.* 105). Les unes, transparentes sont généralement munies d'un cache à deux fenêtres séparées par un espace opaque bb'. Si les bords extérieurs des caches sont à la distance normale en A et en C, les unes contiendront des parties surabondantes inutiles, en Aa et cC correspondent aux parties cachées Bb' et bB par la traverse bb'. Il faut donc rétrécir les fenêtres de façon que leurs bords tombent en a et en c, les parties ainsi enlevées correspondant aux régions déjà cachées. On pourra même rentrer davantage les bords a et c, de façon à cacher dans l'image de droite les points homologues de la ligne b et, dans l'image de gauche les points homologues de la ligne b'. La distance des bords a et b' ou b et c étant ainsi légèrement plus petite que l'écartement MN des points homologues de l'image, le cadre noir paraîtra être en avant de l'image que l'on croira voir à travers une fenêtre, ce qui contribuera beaucoup à augmenter l'effet du relief. Si, au contraire, les bords du cadre tombaient en a et c ou même à l'extérieur, le cadre paraîtrait en arrière, ce qui n'aurait aucun sens.

Un modèle commercial courant de ces caches a des fenêtres de 63 millimètres, séparées par une traverse de 6 millimètres, soit une longueur de 132 millimètres; les bords homologues du cadre ab' ou bc sont à une distance $63 + 6 = 69$ millimètres. Ce cadre viendra donc vigoureusement en avant si l'on prend une valeur plus grande, soit, par exemple, 72 millimètres comme distance des points homologues au premier plan; ce ne serait plus le cas pour un écartement inférieur à 69 millimètres entre les points homologues des deux photogrammes, d, en ce sens, le cache considéré ne conviendrait plus.

La hauteur des photogrammes n'entre pas en considération; il suffit simplement de se guider sur les dimensions des stéréoscopes usuels et sur celles des cartons et verres du commerce; en général, on donne aux vues une hauteur de 70 à 80 millimètres; il est indispensable, sous peine de compromettre absolument l'obtention du relief, que les points homologues soient sensiblement à la même hauteur sur l'un et l'autre photogramme. »

128. — Tirage, sans transposition, des stéréogrammes sur papier. — On peut évidemment, pour éviter la transposition, couper une fois pour toutes le stéréotype et transposer ses deux moitiés pour toutes les opérations de tirage ; plus simplement, on peut aussi exécuter les deux négatifs sur deux surfaces sensibles distinctes.

Dans le cas cependant où l'on préfère employer et conserver un négatif unique pour les deux vues, on peut encore éviter la transposition, en utilisant un tour de mains indiqué depuis longtemps déjà en Amérique par M. Ennel, et vulgarisé en France par M. A.-L. Donnadieu qui l'a perfectionné.

On découpe une feuille de papier sensible S ayant même hauteur que le négatif N, mais une longueur double (*fig.* 106) ; dans une feuille de carton, on découpe, d'autre part, une bande C ayant exactement le format du négatif [1] ; on marque par un pli oo' le milieu de la feuille sensible, puis deux nouveaux plis aa', bb' viennent en marquer les quarts.

Posant sur une table propre la feuille sensible S, face en dessous, on applique sur elle, entre les plis aa' et bb', le carton C, et on ramène sur ce carton les deux morceaux restés libres à droite et à gauche.

Le carton C est ainsi doublé de papier sensible sur l'une et l'autre de ses faces.

On effectue alors un premier tirage T^1 en plaçant dans le châssis-presse l'une des faces du carton derrière le négatif, puis un second tirage T_2 en isolant cette fois, derrière le même négatif, l'autre face du carton.

Si, à ce moment, on déplie la bande S, on voit

---

[1]. Pour rendre la figure plus intelligible, nous désignons par les lettres G, D, dessinées chaque fois dans le même sens qu'une inscription faite sur le modèle, les images que doivent examiner respectivement l'œil gauche et l'œil droit.

qu'elle porte côte à côte deux stéréogrammes E_1, E_2, qui se trouvent d'eux-mêmes transposés et qu'il suffit de séparer par un coup de canif le long du pli OO'.

Rappelons que, si le tirage s'effectue sur un papier sensible à surface brillante, il est à peu près indispensable, pour éviter de fausses reflexions de lumière

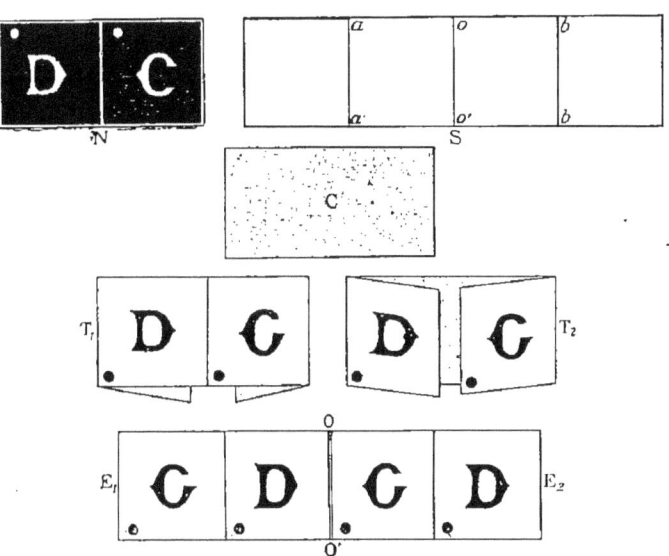

Fig. 106. — Tirage, sans transposition, des stéréogrammes.

dans le stéréoscope, de faire sécher les photogrammes sur un verre dépoli encaustiqué qui donne aux images l'aspect mat cherché.

Il existe d'autres dispositifs pour le tirage des stéréogrammes, nous ne pouvons les décrire tous ici et renvoyons pour leur description aux traités spéciaux, notamment à la *Pratique de la photographie stéréoscopique* de M. Ach. Delamarre.

129. — **Stéréoscopes.** — Bien qu'on puisse, à la

rigueur, examiner les stéréogrammes sans l'intermédiaire d'aucun instrument et obtenir néanmoins la sensation de relief, il est préférable de se servir d'un *stéréoscope*, appareil optique destiné à faire en sorte que chaque œil ne puisse voir que l'image qui lui correspond et que les deux sensations se superposent.

Il existe un grand nombre de modèles de stéréoscopes, formés de miroirs plans, de prismes ou de lentilles; il doit y avoir entre les objectifs employés pour obtenir le négatif et les verres du stéréoscope certaines relations que nous ne pouvons développer ici. Nous ne pouvons de même décrire tous les modèles de stéréoscopes[1]; nous nous contenterons de signaler le *binocle stéréoscopique* (*fig.* 107), que M. Abel Buguet présenta le 23 février 1891 à la Société photographique de La Flèche, instrument qui présente de nombreux avantages sur les stéréoscopes usuels. Dans la plupart d'entre eux, les images, surtout lorsqu'il s'agit d'épreuves sur papier, sont mal éclairées. La plupart d'entre eux portent des verres simplement convergents, de véritables loupes qui grossissent les images, mais ne donnent pas la convergence nécessaire à la vision normale de l'image stéréoscopique. Les yeux doivent faire eux-mêmes le travail; il en résulte une fatigue assez intense parce que l'effort à faire est anormal; il en résulte un mal de tête qui fait renoncer rapidement à l'examen stéréoscopique.

Quelques-uns sont bien munis de verres prismatiques convergents qui produisent la fusion des images sans fatigue. Mais ils sont montés sur une caisse plus ou moins volumineuse à parois rigides et

---

[1]. Ach. Delamarre, *Pratique de la photographie stéréoscopique*, H. Desforges, éditeur, Paris.

portant l'image à distance telle qu'elle soit nettement vue par des yeux normaux. Mais on sait que la vue normale est aujourd'hui l'exception; aussi nombre de personnes ne peuvent-elles voir le relief dans ces stéréoscopes.

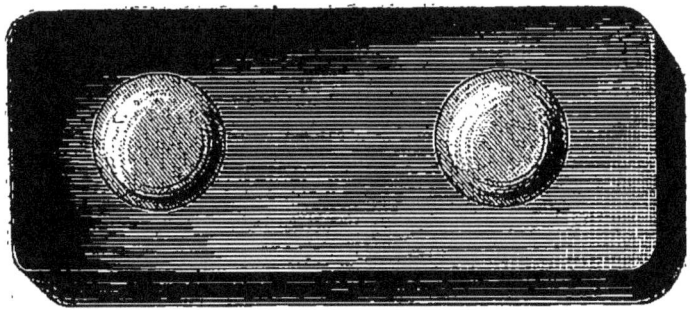

Fig. 107. — Binocle stéréoscopique Buguet
(1/2 grandeur naturelle).

Le binocle stéréoscopique de M. Buguet, d'une construction pratique et économique, évite ce défaut. L'appareil tout entier a 12 centimètres de long, 5 centimètres de large, 9 millimètres d'épaisseur; il tient dans le gousset et on peut l'avoir toujours sous la main, presque aussi bien qu'un binocle ordinaire. Il a été construit spécialement en 1891 pour les lecteurs du *Photo-Journal*, duquel nous extrayons ces divers détails. Il leur permet de jouir du relief des épreuves stéréoscopiques qui y sont fréquemment publiées. Pour voir ces images avec un stéréoscope ordinaire, il faudrait les découper à taille appropriée, c'est-à-dire gâter la planche, ou même la livraison. Le binocle stéréoscopique n'exige pas ce vandalisme.

Tous les yeux voient également bien, myopes, emmétropes, presbytes, avec ou sans leurs verres correcteurs ordinaires; la mise au point est toujours facile. L'image stéréoscopique est mieux éclairée qu'avec les autres stéréoscopes. L'instrument convient à toutes les formes d'images stéréoscopiques, transparentes ou opaques.

On placera d'abord la double image stéréoscopique en pleine lumière, puis on disposera devant les yeux, à 5 ou 6 centimètres, le binocle stéréoscopique. On déplace alors l'image ou le binocle jusqu'à bonne mise au point. Dès qu'elle est nette, on aperçoit trois images : deux images latérales plates et, au milieu, une troisième qui offre tout le relief stéréoscopique.

Il faut s'attendre à quelques tâtonnements avant d'obtenir nettement la vision stéréoscopique. Lorsqu'une première fois l'instrument aura donné un bon résultat, il sera ensuite très facile de retrouver le relief aussi vite qu'avec les instruments à champs restreints.

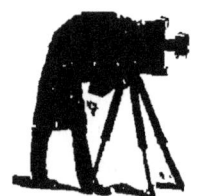

CHAPITRE XVI

Les projections

130. — Principe des projections. — Les projections ont pour but de donner, d'une petite image photographique, une image réelle très agrandie qui peut être examinée par de nombreux spectateurs.

La photographie à projeter, transparente, placée un peu au-delà du foyer principal d'un objectif spécial : *objectif à projections*, est fortement éclairée. Dans ces conditions, l'objectif en donne une image réelle, agrandie et *renversée*, qu'on met au point sur un écran, blanc opaque ou transparent, placé à quelques mètres.

L'image projetée doit être uniformément et suffisamment éclairée ; la source lumineuse employée est placée devant un système de lentilles dit *condensateur*, qui répartit la lumière émise sur la vue transparente à projeter.

Nous avons vu (**117**, page 229) quels avantages présente l'amplification des images photographiques.

Dans le cas des projections, le coefficient d'amplification est généralement fixé par les dimensions relatives de l'écran et de la vue à projeter.

Supposons, par exemple, en empruntant l'exemple numérique au colonel MOESSARD (*Annuaire général et international de la photographie*, 1894) que ce rapport soit 20 et que la distance de l'écran au centre de la salle soit 3 mètres.

Il faudra, pour que l'effet soit aussi vrai que possible et que tous les spectateurs aient une sensation peu différente, que le point de vue du tableau projeté, soit au point O, tel que OP = 3 mètres, ce qui demande que la distance principale[1] des positifs projetés soit $\frac{1}{20}$ de 3 mètres, c'est-à-dire 0^m,15 (*fig.* 109).

Seuls les, ou plus exactement le spectateur placé en O jouit de tout l'effet; ceux qui sont en avant de O voient les objets agrandis : pour eux, la vue projetée perd de sa profondeur; pour les spectateurs qui sont de côté, la perspective est faussée.

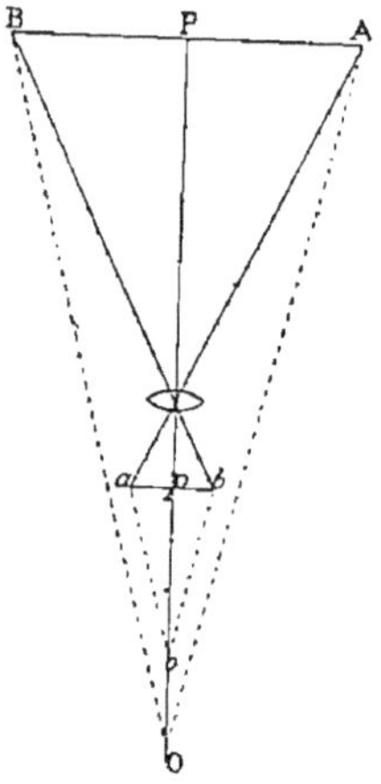

Cependant ces déformations sont d'autant moins sensibles que la distance OP est plus grande.

FIG. 109.

L'examen d'une projection présente sur celui de l'image primitive de grands avantages ; si, et c'est ce que l'on fait en pratique, on regarde une photographie projetée avec les deux yeux, l'absence de la seconde représentation, relative au second œil, se fait d'autant moins sentir qu'on est plus éloigné du tableau; en outre, la sensation de la surface plane sur laquelle est projetée l'image disparaît bien plus facilement que lorsqu'on regarde, avec les deux yeux, un tableau plus rapproché. L'obscurité dans laquelle on doit plonger la salle contribue à isoler le tableau et, par suite, à accroître l'illusion.

---

1. *Traité élémentaire de photographie pratique*, **10**, p. 10.

131. — Lanterne de projection. — La lanterne de projection n'est autre qu'une lanterne magique perfectionnée : le condensateur C et l'objectif O sont montés dans un même support fixé sur l'une des faces d'une lanterne en tôle, à l'intérieur de laquelle est installée la source lumineuse (*fig.* 110 et 111) ; la mise au point s'effectue en éloignant ou rapprochant l'objectif de la vue à projeter, au moyen d'une crémaillère.

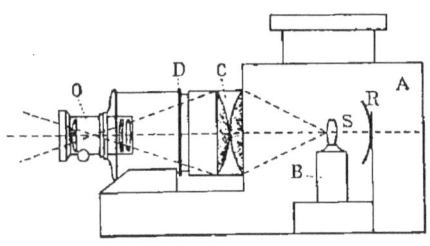

Fig. 110.

A, Lanterne en tôle contenant la source lumineuse S montée sur un support B ; S, réflecteur ; C. condensateur ; O, objectif ; D, emplacement de l'image à projeter.

Source lumineuse. — Si parfois on utilise pour les projections la lumière solaire, le plus généralement on a recours à une source artificielle, qui doit autant que possible être très intense, d'un très faible volume, facilement maniable et qu doit dégager une quantité de chaleur aussi faible que possible. Il est malheureusement difficile de réunir ces diverses conditions.

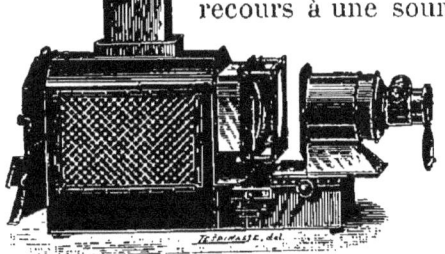

Fig. 111. — Lanterne à projection.

Le support de l'objectif peut s'écarter du condensateur, ce qui permet de projeter des expériences effectuées dans une cuve à faces parallèles.

L'une des lumières les plus faciles à se procurer partout est incontestablement celle que fournit le pétrole : une bonne lampe à pétrole bien réglée peut éclairer une projection de deux mètres de côté.

La meilleure lampe est celle à mèches plates, au nombre de deux, trois, quatre ou cinq mèches; elle se compose d'un réservoir plat, rectangulaire, muni d'une tubulure pour le remplissage; au centre sont les porte-mèches, munis de crémaillères permettant d'amener l'extrémité des mèches à la hauteur voulue, dans la *chambre de combustion*; la cheminée, formée de deux tubes rectangulaires pouvant, pour la facilité du transport, glisser l'un dans l'autre, porte à sa partie supérieure un chapiteau interceptant tout rayon lumineux sans nuire au tirage; la cheminée doit pouvoir, au moyen d'une crémaillère (*fig.* 112 et 113) s'allonger à volonté pour régler le tirage.

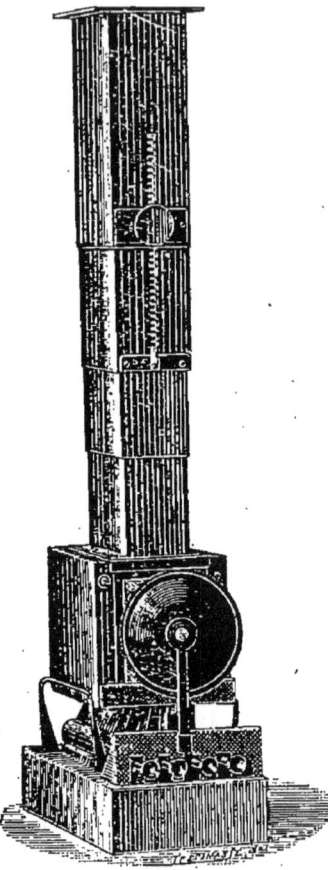

Fig. 112.

Les mèches doivent être coupées nettement; on abat les angles en les arrondissant.

Les lampes à pétrole doivent être tenues très proprement; après chaque séance, il faut les vider.

Il est bon, lors de la séance de projection, d'allumer les mèches d'avance et de les laisser brûler au moins un quart d'heure, à petite flamme; on peut alors les lever et régler le tirage. Ce n'est qu'en opérant ainsi qu'on évite de faire fumer la lampe et de remplir la salle d'une fumée désagréable.

L'*alcool* à brûler se trouve maintenant répandu partout; aussi a-t-on imaginé nombre de lampes à incandescence par l'alcool pour l'éclairage des lanternes à

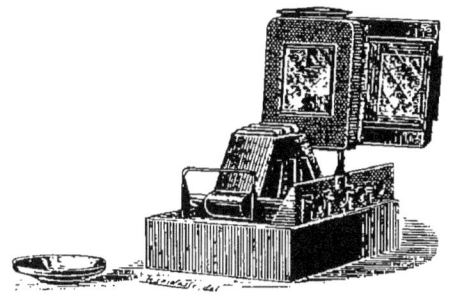

Fig. 113. — Disposition des mèches dans la lampe à pétrole.

projections; mais l'éclairage ainsi obtenu n'est pas plus intense que celui donné par le pétrole et revient plus cher, à cause de l'usure rapide des manchons. L'incandescence par le gaz (bec *Auer*) peut aussi être utilisée quand on a à sa disposition une canalisation de gaz.

L'un des éclairages les plus pratiques est l'éclairage à l'*acétylène*, qui présente l'avantage d'être très intense; il existe nombre de modèles de générateurs à acétylène; l'un des plus pratiques pour les projections est l'Héliophore Demaria, qu'on peut se procurer chez tous les marchands de fournitures photographiques (*fig.* 114 et 115). On a aussi imaginé un nombre assez grand de becs pour l'éclairage à l'acétylène;

mais le mieux compris est certainement celui représenté par la figure 116. Il est composé d'une demi-

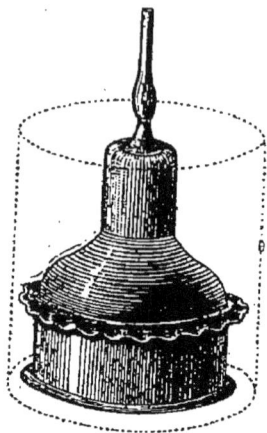

Fig. 114. — Héliophore.

L'appareil est plongé dans un seau d'eau représenté en pointillé.

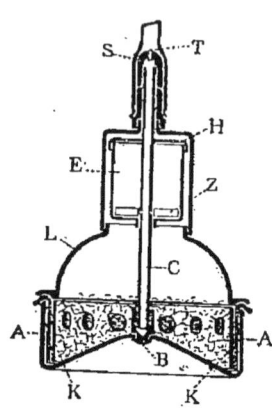

Fig. 115. — Coupe schématique de l'héliophore.

A, récipient inférieur devant contenir le carbure ; E, petit récipient contenant du carbure sec (*sécheur*) ; L et M, cloche supérieure ; S, écrou serrant la cloche supérieure sur le récipient A.

couronne de becs formant un rayonnement de flammes concentriques toutes au même plan, toutes dans un petit espace et qui ne se masquent en aucune façon[1].

L'une des lumières les plus avantageuses pour l'éclairage des projections est la lumière oxhydrique : elle consiste à

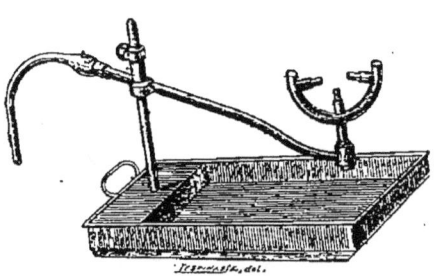

Fig. 116. — Bec à acétylène.

---

1. Duchesne, *Bulletin de la Société française de Photographie*, 15 avril 1902, page 199.

projeter sur un bâton de chaux (*fig.* 117) ou mieux sur une petite pastille de magnésie, la flamme obtenue par la combustion d'un mélange de gaz d'éclairage et d'oxygène. Les bâtons de chaux sont essentiellement hygrométriques ; exposés à l'air ils absorbent la vapeur d'eau et se désagrègent rapidement ; aussi le mieux est-il d'employer des bâtons de chaux enfermés un par un dans de petits tubes de verre fermés à la lampe (*fig.* 117) ;

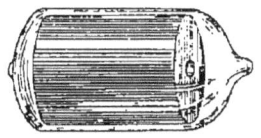

Fig. 117. — Bâton de chaux enfermé dans un tube de verre.

ils ont ainsi une conservation indéfinie. Le mélange se fait au moyen d'un chalumeau (*fig.* 118). L'oxygène se trouve dans le commerce en tubes ; on trouve aussi

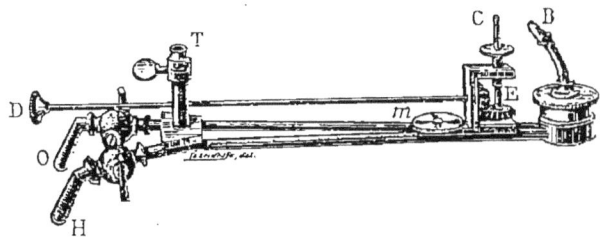

Fig. 118. — Chalumeau oxhydrique.

O, arrivée de l'oxygène ; H, arrivée du gaz d'éclairage ; B, bec projetant la flamme sur le bâton de chaux fixé sur la tige C : *m*, écrou à molette permettant d'avancer ou reculer la source lumineuse ; E, engrenage permettant, au moyen du bouton D, d'élever ou abaisser le bâton de chaux.

un certain nombre de générateurs à oxygène qui permettent d'obtenir aisément la lumière oxhydrique. Mais on n'a pas toujours le gaz d'éclairage à sa disposition. Aussi le remplace-t-on parfois par de l'air saturé d'éther (chalumeau *oxyéthérique*) ou mieux d'alcool (chalumeau *oxyalcool*).

Dans le chalumeau oxhydrique on allume d'abord le

gaz d'éclairage seul et on laisse la pastille de magnésie ou le bâton de chaux s'échauffer avant d'ouvrir le robinet à oxygène; les ouvertures des deux robinets doivent être réglées de manière à n'entendre aucun sifflement.

Enfin, chaque fois qu'on peut en disposer, l'éclairage de choix est incontestablement l'*éclairage électrique*.

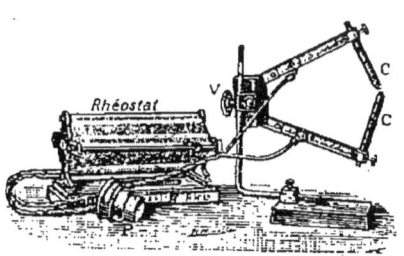

Fig. 119. — Lampe à arc *Lukor*.
P, prise de courant pouvant se visser sur la douille d'une lampe à incandescence.

Si on peut utiliser la lampe à incandescence, on emploie plus fréquemment la lampe Nernst et surtout la lampe à arc. Depuis peu on fabrique des lampes à arc donnant 200 bougies et ne consommant que 2 ou 3 ampères, pouvant se brancher instantanément sur une douille de lampe à incandescence ordinaire; telle est la lampe *Lukor* (*fig.* 119) de M. Korsten; le même constructeur a établi un modèle compact et rigide muni de tous les perfectionnements possibles, qui permet d'opérer sûrement, en toutes circonstances. Cette lampe à arc (*fig.* 120) fonctionne à volonté sur courants continus ou sur courants alternatifs.

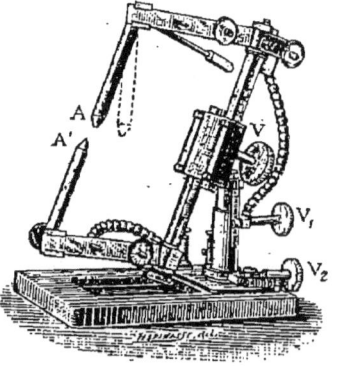

Fig. 120. — Lampe à arc perfectionnée.

L'ÉCRAN A PROJECTION. — L'image est projetée sur

un écran blanc soit opaque (*projections par réflexion*), soit transparent (*projections par transparence*). L'écran est formé par un calicot tendu sur un cadre (*fig.* 121); si les spectateurs doivent être placés derrière l'écran (projections par transparence), on le mouille avec une éponge imbibée d'eau légèrement glycérinée; si les spectateurs doivent être placés devant l'écran, celui-ci doit être enduit d'une peinture mate, telle que le mélange.

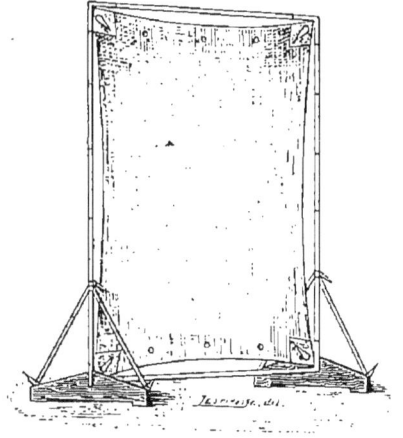

Fig. 121. — Écran à projection.

```
Gomme arabique........................  50
Magnésie en poudre ...................  200
Eau.............................. Q. S. pour 1000
```

additionné d'un peu de bleu.

Accessoires divers. — Le *châssis passe-vues* ou *main à projection* (*fig.* 122) est un petit cadre destiné à faire glisser rapidement les diapositives et à les substituer rapidement les unes aux autres, devant le condensateur de la lanterne.

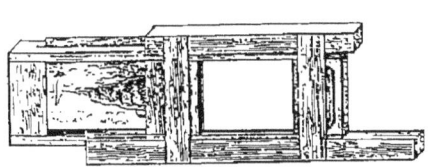

Fig. 122. — Châssis passe-vues.

On rompt parfois la monotonie des images projetées en les teintant légèrement, totalement ou partiellement, au moyen d'un teinteur (*fig.* 123), petit appareil composé d'un cercle métallique pouvant coiffer le parasoleil de l'objectif et portant des gélatines ou des verres colorés montés à charnières, qu'on incline plus ou moins sur le faisceau lumineux, ce qui donne des effets de couleurs dégradées.

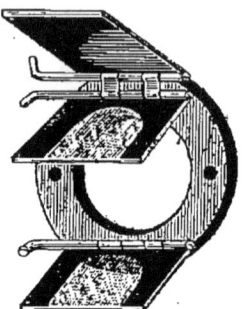

Fig. 123. — Teinteur.

La lanterne, pour le transport est enfermée dans une boîte; un des modèles les plus commodes est la boîte-support (*fig.* 124): les côtés s'ouvrent et forment tablettes A, A pour poser les verres et accessoires au cours de la projection. L'avant D s'abat, formant ainsi avec l'intérieur I case de réserve; la lanterne se place sur le dessus C.

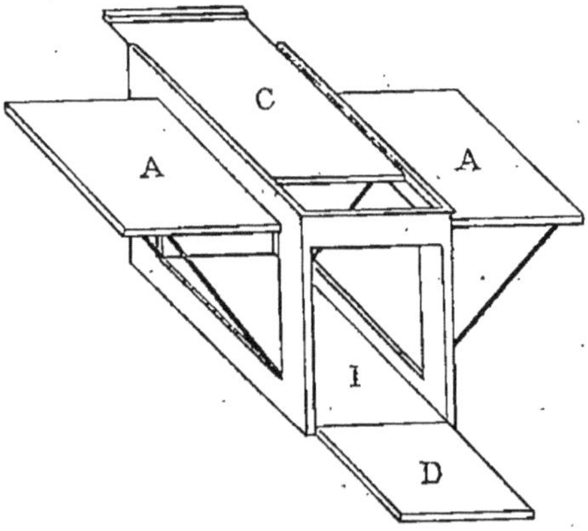

132. — Centrage du point lumineux. — La source de lumière doit être placée exactement au foyer du condensateur; il faut pour cela régler la position du point lumineux dans les trois sens : hauteur, largeur et profondeur. Les lampes à pétrole sont centrées en hauteur et largeur; pour elles on ne s'occupe que du centrage en profondeur, en avançant et reculant la lampe.

Fig. 124. — Boîte support pour la lanterne.

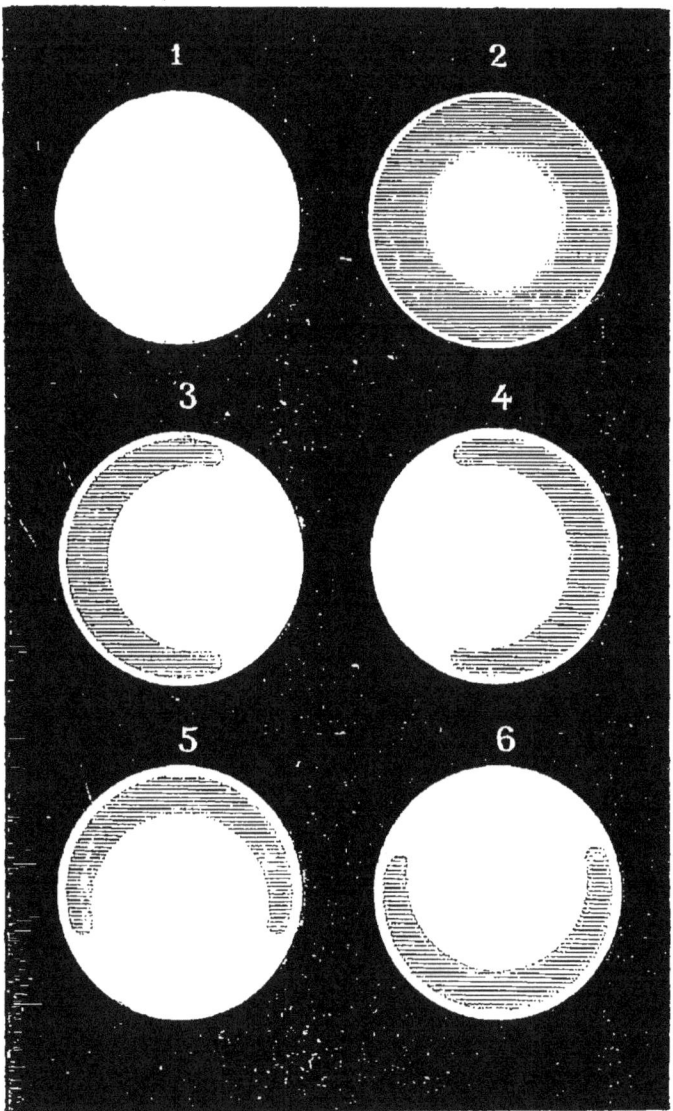

Fig. 125. — Centrage du point lumineux.

On commence, pour effectuer le centrage, par mettre au point une vue quelconque sur l'écran ; on retire alors le passe-vues et on procède au centrage de manière à ce que le *disque lumineux obtenu sur l'écran ait partout la même intensité et à ce que ses bords soient parfaitement nets sur toute la circonférence* (*fig.* 125, 1) ; lorsque le point lumineux est sur l'axe du système optique, mais trop près ou trop loin du condensateur, la circonférence du disque lumineux est moins éclairée que le centre (2) ; s'il est en dehors de l'axe, trop à gauche (3) ou à droite (4), trop haut (5) ou trop bas (6), la pénombre se forme du même côté, et il faut ramener la source lumineuse vers le centre.

133. — Des vues de projections. — Les vues de projections ne sont autres que des positifs sur verre ;

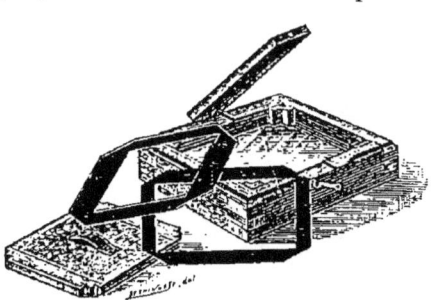

Fig. 126. — Châssis-presse pour le tirage des vues de projections.

on peut donc employer, pour les obtenir, l'un quelconque des procédés que nous avons décrits au chapitre XII (p. 208). Les photogrammes destinés à être projetés doivent être d'une grande pureté, exempts du moindre voile ; aussi, lorsqu'on emploie pour les obtenir des plaques au gélatinobromure ou gélatinochlorure par développement, est-il bon de les passer dans un bain de Farmer dilué pour les éclaircir ; le procédé à l'albumine est incontestablement celui qui donne les meilleurs résultats.

On trouve dans le commerce, pour le tirage des vues de projections des châssis-presse permettant de tirer directement par contact et centrer automatiquement un positif 8 1/2 × 10 d'après un négatif 6 1/2 × 9 ou un négatif 9 × 12 (*fig.* 126).

Quand il s'agit de tirer la vue de projection d'après un négatif 13 × 18 ou 18 × 24, on utilise soit la chambre à trois corps soit, plus simplement, un réducteur donnant une image 6 × 8 sur plaque 8 1/2 × 10 (*fig.* 127.)

On juge de la valeur d'un photogramme sur verre pour projections en le plaçant, incliné à 45°, sur un fond blanc : papier, carton ou cuvette de porcelaine ; dans ces conditions, le moindre voile s'aperçoit. Bien entendu, l'intensité de l'image doit varier avec la source de lumière employée pour la projection : telle vue qui donne de bons résultats quand on la projette avec une lampe à pétrole est beaucoup trop faible pour être projetée avec l'arc électrique.

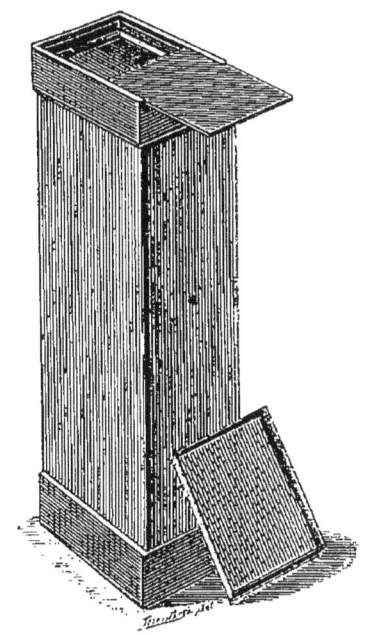

Fig. 127. — Réducteur.

Format des vues de projection. — Le Congrès international de photographie de 1889 a proposé l'adoption d'un format extérieur unique et uniforme de 85^{mm} × 100^{mm} sous prétexte que ce format avait déjà été admis pour un grand nombre de collections. Mais nombre de pays (Angleterre, Allemagne, etc.)

préfèrent un format carré 80^{mm} × 80^{mm} ou mieux 82^{mm} × 82^{mm}.

La plaque à projections devrait, en effet, de toute évidence, être de forme carrée. En effet, avec le format rectangulaire qu'on nous impose actuellement, en France, les plaques devant être placées dans la lanterne dans le sens de la largeur, on se trouve acculé aux deux solutions suivantes :

Disposer, dans le premier cas, pour les vues tirées en largeur, d'une plus grande dimension que pour celles en hauteur, ce qui est illogique. C'est ainsi que la possibilité de tirer intégralement les clichés 6 1/2 × 9 invoquée parfois en faveur du maintien du *statu quo*, est un argument boiteux, ce tirage n'étant possible que dans le sens de la largeur, et le retournement de la plaque devant la lanterne, à l'aide de passe-vues spéciaux, outre qu'il va à l'encontre de la décision du Congrès, étant une opération peu pratique dans l'obscurité et lorsqu'il s'agit de suivre un conférencier.

Si, au contraire, on est forcé d'unifier les dimensions extrêmes de l'image dans les deux sens, en se basant sur la dimension utilisable en hauteur, soit environ 75 millimètres, comme c'est le cas lorsqu'il s'agit de faire régler un réducteur, à quoi servent les 15 millimètres de différence entre les deux côtés de la plaque ? Ainsi que nous l'écrivait fort judicieusement le président de la section photographique de la *Société archéologique de Tarn-et-Garonne*, la dimension 8 1/2 × 10 est une superfétation, une dépense inutile, une augmentation de poids mort.

La nécessité d'adopter un format carré étant reconnue, à quelles dimensions faut-il s'arrêter ? Beaucoup répondront que le moyen le plus sûr et le plus rapide d'arriver à l'unification rêvée serait de se rallier au format anglais 8,2 × 8,2, puisque de cette façon le changement ne viserait qu'une partie des intéressés, au lieu de provoquer un bouleversement complet. C'est un argument qui a certainement sa valeur, mais est-ce à dire que ce format répondrait à tous nos desiderata ? Ne lui reprochera-t-on pas, par exemple, de s'opposer au tirage par contact des clichés 6 1/2 × 9 dans leur entier, tirage que les plaques actuelles permettent au moins dans un sens ?

Il ne faut pas perdre de vue que les condensateurs de 103 millimètres, qu'on peut considérer comme les plus répandus — les condensateurs classiques en quelque sorte — s'ils limitent les dimensions d'une image carrée à 7,2 × 7,2, ce qui s'accorderait parfaitement avec la plaque 8,2 × 8,2, permettent d'augmenter jusqu'à 9 et 10 centimètres l'une des dimensions de l'image, si l'autre diminue proportionnellement. Que ce soit empiriquement, en examinant si l'image peut être inscrite dans un cercle de 10 centimètres de diamètre, ou à l'aide de calculs géométriques élémentaires, le photographe trouvera les dimensions de caches variés, lui permettant d'approprier la forme de l'image à la nature du sujet et de présenter les vues sur l'écran avec le même souci qui préside à la coupe des épreuves sur le papier avant le montage. Pour arriver à ce résultat, il faut avouer que le format 8,2 × 8,2 nous enserrerait dans des limites bien exiguës. Il pourrait suffire, évidemment, au bonheur de ceux qui, perpétuant fidèlement la tradition des professionnels de la vue documentaire, auxquels nous devons le format actuel, semblent voués au cache carré 7,2 × 7,2 ; mais il gênerait assurément tous ceux qui veulent introduire dans la projection une certaine recherche artistique.

A ce point de vue, il serait plus logique de demander l'adoption d'une plaque 10 × 10. Elle permettrait l'utilisation complète du condensateur de 103 millimètres; son prix de revient et son encombrement seraient à peine supérieurs à ceux de la plaque actuelle 8 1/2 × 10; enfin — ceci pour ceux qui redoutent les complications de matériel — il serait facile de construire des châssis passe-vues recevant indifféremment l'ancien et le nouveau format.

En résumé, le choix — seul rationnel — d'un format carré, n'entraînerait pas un bouleversement dans le matériel de projection existant, mais tout se bornerait dans le cas de l'adoption d'un nouveau format, au remplacement des châssis passe-vues. Tous les postes de projection bien montés en possèdent déjà plusieurs : format du Congrès, format anglais, vérascope, etc.; un autre viendrait s'y ajouter, et voilà tout.

Montage des vues de projection. — Les photogrammes sur verre destinés aux projections sont protégés par un verre mince de même format[1]. Entre les deux verres on place un cache en papier noir (*fig.* 128), destiné à limiter exactement l'image; il existe des caches de formes diverses (*fig.* 129, 130 et 131). C'est le plus souvent sur ce cache qu'on colle l'étiquette qui porte le titre du sujet, le nom de l'auteur du négatif, le numéro de la collection, etc. Enfin, pour permettre de reconnaître, dans l'obscurité le sens de l'image, on applique sur le coin inférieur droit du photogramme une petite étiquette ronde blanche (analogue à un confetti) destinée à se trouver placée sous le pouce de l'opérateur quand celui-ci saisit la plaque entre le

---

1. Inutile de dire que ce verre doit être parfaitement propre.

pouce et l'index de la main droite et la regarde de façon à la voir telle qu'elle doit être sur la projection (*fig.* 132).

Fig. 128. — Cache pour projections.

Les deux verres sont réunis au moyen de bandelettes de papier aiguille noir ayant de 4 à 6 milli-

Fig. 129.   Fig. 130.   Fig. 131.

mètres de largeur; on trouve ces bandelettes toutes gommées dans le commerce. Pour maintenir les deux verres pendant ce *bordage* on peut employer deux pinces de blanchisseuse; il existe aussi de petits appareils spéciaux.

M. E. Cousin a décrit, dans le *Bulletin de la*

Société française de photographie, le mode d'opérer suivant, qui est très commode :

« Dans une sorte de règle épaisse en bois est creusée une rainure de 4 à 5 millimètres et de largeur telle qu'elle reçoive presqu'à frottement le papier et les deux verres[1]. A droite et à gauche de cette rainure

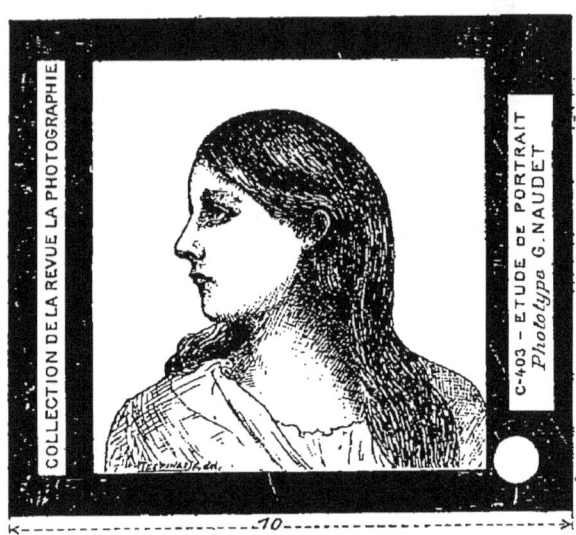

Fig. 132. — Diapositive pour projections.

sont fixées de petites réglettes ou simples pointes laissant entre elles la largeur de la bande de papier gommé, et placées de telle sorte que cette bande déborde d'une égale quantité de l'un comme de l'autre côté de la rainure. La bande de papier gommé est humectée, puis placée, gomme en dessus, entre les

---

1. On peut, sur la même planchette, disposer, côte à côte, des rainures de largeur graduées pour parer aux irrégularités d'épaisseur des verres.

pointes qui règlent sa position, et les deux verres, maintenus en contact par une pince américaine, sont alors appliqués par leur tranche sur la bande de papier et pressés contre elle de façon à l'enfoncer dans la rainure. En les retirant, ils entraînent la bande de papier qui se trouve placée très régulièrement à cheval sur leur tranche. On obtient ainsi très rapidement un montage propre et régulier. »

134. — Quelques formules relatives aux projections et aux agrandissements. — La figure 133 indique les positions relatives de l'image AB à agrandir ou à pro-

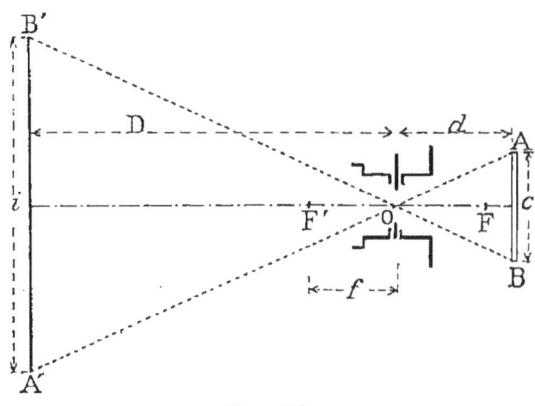

Fig. 133.

jeter, de l'objectif O et de l'image A'B' projetée sur l'écran.

Nous représenterons par des lettres les longueurs[1] que nous avons à considérer, savoir :

f, la distance focale OF de l'objectif O ;

c, l'une des dimensions, longueur ou largeur, de l'image sur le cliché AB ;

---

[1]. Toutes ces mesures doivent être exprimées au moyen d'une même unité, le centimètre par exemple.

i, la dimension correspondante de l'image agrandie;

d, la distance du cliché AB au centre O du diaphragme;

D, la distance de l'image agrandie A'B' au même point.

L'amplification ou *rapport des dimensions d'un même objet considéré sur le cliché et sur l'image agrandie*, sera présentée par a. Par exemple, si une diapositive de projection 8 1/2 × 10 portant une image du format régulier $8^{cm} \times 8^{cm}$ fournit une image projetée ayant $2^m \times 2^m$, l'amplification est $\dfrac{200^{cm}}{8^{cm}} = 25$. Plus généralement, $a = \dfrac{i}{c}$.

La considération des triangles semblables OAB, OA'B' montre qu'il y a proportionnalité entre les longueurs i, c, d'une part, et D, d, d'autre part; on peut donc écrire :

$$\text{amplification } a = \frac{i}{c} = \frac{D}{d}.$$

I. — L'une des données essentielles des divers problèmes que nous nous proposons de résoudre est la distance focale principale de l'objectif employé. Nous devons donc tout d'abord indiquer par quel moyen fort simple on peut déterminer cette grandeur avec une approximation bien suffisante pour les besoins pratiques.

Sur une diapositive manquée, encore munie de sa couche de gélatine, on trace d'un coin à l'autre, avec une pointe d'aiguille, deux traits dont le point d'intersection est le centre de la diapositive. De part et d'autre de ce point et à égale distance, on trace bien nettement, au canif, ou à la pointe, deux traits exactement parallèles, et on mesure avec soin la distance de ces deux traits. On procède alors à la projection de l'image ainsi constituée; après mise au point aussi parfaite que possible, on mesure sur l'écran la distance qui, dans la projection, sépare les images des deux traits parallèles; le quotient de cette distance agrandie à la distance vraie des deux traits représente, dans le cas particulier considéré, l'amplification a.

Pour la commodité des calculs où va figurer cette quantité a, il est bon de tracer les deux traits à une distance qui soit un nombre entier de centimètres, soit, par exemple, 6 centimètres. On fixe momentanément à l'écran un mètre divisé dont la direction soit perpendiculaire à celle des traits, puis on avance ou recule légèrement la lanterne jusqu'à ce que les images des traits viennent coïncider avec deux divisions du mètre, et comprennent autant que possible un nombre de centimètres exactement multiple du nombre de centimètres mesurant la distance vraie des deux traits sur le cliché, soit, dans l'exemple considéré, 90 centimètres; dans ces conditions, l'amplification actuelle est mesurée par un nombre entier $a = \dfrac{90}{6} = 15$.

Immobilisant alors les diverses pièces de la lanterne, on mesure exactement la distance qui sépare le cliché de l'écran à projections : pour cela, il peut être commode de dévisser l'objectif, puis de tendre, entre la diapositive et l'écran, bien normalement à leurs plans, un fil dont on mesurera la longueur; la longueur ainsi mesurée, soit par exemple $1^m,28$, représente la somme $(D + d)$ des distances de l'objectif à l'écran et à la diapositive. Il est alors facile de calculer la distance focale cherchée, donnée par la relation connue :

$$f = \frac{a(D + d)}{(a + 1)^2},$$

Pour obtenir la distance focale, on doit donc :

1° Multiplier l'amplification a calculée par la longueur $(D + d)$ mesurée ;

2° Ajouter 1 à l'amplification a et multiplier par lui-même le nombre ainsi obtenu ;

3° Diviser le premier de ces deux produits par le second.

Dans l'exemple numérique que nous avons choisi :

$$f = \frac{15 \times 128}{16 \times 16} = 7^{cm},5.$$

Pour vérifier l'exactitude de ce calcul, nous pouvons disposer autrement l'appareil, de façon à ce que, par exemple, l'amplification devienne égale à 30 ; mesurant à nouveau la distance de la diapositive à l'écran, et trouvant cette fois $2^m,40$, on trouvera pour f :

$$f = \frac{30 \times 240}{31 \times 31} = 7^{cm},5,$$

qui vérifie le premier résultat.

II. — Supposons que, sur le point d'acquérir une lanterne à projections, on veuille savoir *quelle doit être la distance focale de l'objectif qui, dans une salle d'une longueur de 10 mètres, fournira, d'une diapositive portant une image 6 1/2 × 9, une image agrandie dont le plus grand côté soit* $1^m,80$.

On ne doit pas oublier, en pareil cas, que le support de la lanterne à projections fait avancer la lanterne dans la salle ; si l'on veut laisser à l'opérateur la possibilité de régler ou d'examiner sa lanterne, on doit, au minimum, supposer la diapositive à 1 mètre du mur; si d'autre part l'écran, au lieu d'être suspendu au mur, était porté par un chevalet, on devrait diminuer d'autant la longueur de la salle. Supposons donc que l'on puisse placer l'objectif de la lanterne à 8 mètres de l'écran.

Nous devons appliquer ici la formule connue :

$$f = \frac{D}{a+1},$$

c'est-à-dire que la distance focale cherchée s'obtiendra en divisant la distance D de l'objectif à l'écran par le nombre obtenu en ajoutant 1 à l'amplification a.

Dans l'exemple considéré, la dimension 9 de la diapositive devant être amplifiée à 180 centimètres, $a = 20$ et par conséquent

$$f = \frac{800}{20+1} = 38^{cm},07.$$

la valeur ainsi obtenue est une valeur maxima ; tout objectif, dont la distance focale sera plus petite que celle ainsi calculée, soit par exemple, dans le cas considéré, un objectif de 30 centimètres ou de 25 centimètres de distance focale conviendront au problème proposé; plus sera courte la distance focale de l'objectif employé, et plus on devra rapprocher la lanterne de l'écran pour maintenir à l'image projetée le format imposé.

III. — *Possédant un objectif dont on connaît la distance focale* (mesurée comme il est dit en I), *on peut se demander quelles seront, dans une salle de dimensions déterminées, les dimensions des images projetées et quelles devront être, par conséquent, les dimensions de l'écran à projections.*

La formule précédente nous donne, après transposition, la valeur de l'amplification

$$a = \frac{D - f}{f}.$$

De la distance donnée D de l'écran à l'objectif, soit par exemple 5 mètres ou 500 centimètres, nous retranchons la distance focale de l'objectif, 25 centimètres par exemple, et nous divisons la différence obtenue par la dite longueur focale, 25 centimètres :

$$a = \frac{500 - 25}{25} = \mathbf{19}.$$

L'amplification une fois ainsi calculée, on en conclut immédiatement la dimension qu'aura sur l'écran l'image projetée d'un cliché ou d'une diapositive de dimensions connues.

En effet $i = ac$; il suffit donc de multiplier par l'amplification calculée les dimensions du cliché ou de la diapositive; ainsi une diapositive de $8^{cm} \times 8^{cm}$ fournira, dans le cas considéré, une image agrandie de $152^{cm} \times 152^{cm}$ ($152^{cm} = 19 \times 8$). Il suffira donc que l'écran sur lequel se font les projections ait des dimensions supérieures de quelques centimètres aux dimensions calculées.

IV. — Inversement, il serait facile de calculer *quelles doivent être les dimensions de l'image à projeter pour que, dans les conditions indiquées, l'image agrandie occupe exactement la surface entière de l'écran, ou ait sur celui-ci des dimensions données.*

Si par exemple on veut une image de $190^{cm} \times 190^{cm}$, on remarquera que :

$$c = \frac{i}{a}.$$

c'est-à-dire que la dimension du cliché s'obtient en divisant la dimension de l'image projetée par l'amplification, et, avec les données numériques prises pour exemple, on trouvera :

$$c = \frac{190}{19} = 10^{cm}.$$

La petite image devrait donc avoir 10 centimètres de côté.

V. — Le cas qui se présente le plus fréquemment dans la pratique courante est le suivant:

A quelle distance de l'écran doit-on installer une lanterne dont l'objectif a une distance focale connue pour qu'une diapositive de dimensions déterminées se projette sur l'écran avec des dimensions données?

Soit par exemple à projeter sur l'écran une image de $2^m \times 2^m$ avec une diapositive portant une image de $8^{cm} \times 8^{cm}$ et une lanterne dont l'objectif a pour longueur focale 15 centimètres.

En ce cas nous calculerons tout d'abord l'amplification $a = \frac{i}{c}$, qui, dans le cas présent, a pour valeur $a = \frac{200}{8} = 25$.

Transposant alors une formule connue

$$D = (a + 1)f,$$

nous concluons que la distance de l'écran à l'objectif doit s'obtenir en augmentant de 1 l'amplification et multipliant par ce nombre la distance focale ; dans l'exemple choisi

$$D = (25 + 1) \times 15^{cm} = 390^{cm}.$$

L'écran doit donc être éloigné à 3^m,90 de la lanterne pour que la diapositive 8^{cm} × 8^{cm} se projette sur 2^m × 2^m.

135. — Emploi des bonnettes pour la projection. — Nous avons vu dans notre *Traité élémentaire de photographie pratique* (38, page 36) l'utilité des bonnettes en photographie ordinaire. Dans une intéressante communication à la *Société française de photographie*, M. H. Belliéni a montré les services que peuvent rendre les bonnettes en projections, communication que nous reproduisons en grande partie. La lanterne à projection qu'on possède est généralement munie d'un objectif approprié à la salle dans laquelle on opère habituellement. Mais il arrive qu'on est parfois appelé à se transporter dans un local où la distance de l'appareil à l'écran ne sera plus la même et où l'objectif qu'on possède sera impuissant à donner une image de la dimension qu'on désire. Voici un moyen très simple et fort peu coûteux qui permet toutes les combinaisons : soit qu'on veuille des images plus grandes ou plus petites sans changer la lanterne de place ; soit qu'on veuille des images de même format, tout en faisant varier la distance de l'écran à la lanterne.

Il suffit, en effet, pour augmenter ou diminuer la distance focale de l'objectif, de placer devant le parasoleil un verre de lunettes (bésicle ou binocle) de distance focale appropriée, et sans aucune correction chromatique. L'opérateur embarrassé n'a donc qu'à s'adresser au premier marchand de lunettes venu et le prier de lui confier les verres ronds dont il se sert pour essayer la vue de ses clients : il choisira les numéros suivants, exprimés en dioptries 0,50 — 0,75 — 1 — 1,50 — 1,75 — 2. Si sa trousse de verres comporte seulement l'ancienne notation en pouces, on prendra 71 — 48 — 36 — 24 — 20 — 18. Il faut demander cette collection de verres d'essai, en concaves et en convexes.

Il suffit alors, une fois la lanterne en place, de présenter successivement les verres devant l'objectif pour trouver celui qui convient le mieux. Si on veut opérer de plus loin ou avoir une image plus petite, sans changer de place, ce sont les verres concaves qu'on doit essayer; si, au contraire, on veut opérer de près ou augmenter le diamètre de la projection, sans changer de place, on essaie les verres convexes.

Quand on a trouvé le verre approprié, on rend la trousse d'essai à l'obligeant opticien et on lui achète le verre choisi, qu'il faut prendre rond : cela existe toujours; car il est d'usage, dans la douzaine de verres qu'on livre aux opticiens, de leur donner pour moitié la forme ronde et pour moitié la forme ovale.

Le montage se fait de façon très simple sur un couvercle de carton s'ajustant sur le parasoleil de l'objectif; c'est une dépense de $0^{fr},75$ environ pour approprier son objectif à la salle où l'on doit opérer.

136. — **Projections stéréoscopiques.** — Il est nécessaire pour obtenir la sensation de relief non seulement de projeter sur un écran les deux images stéréoscopiques en les superposant, mais encore de faire en sorte que chaque œil pût, dans l'image fusionnée, retrouver celle qui lui appartient.

Une première solution, utilisant l'absorption des couleurs par les verres colorés, a été proposée en

1858 par d'ALMEIDA. Il en a proposé une autre, dont voici le principe : deux lanternes sont disposées et réglées de façon à superposer sur un écran les deux images, droite et gauche, qui sont découvertes alternativement par un obturateur tournant rapidement devant les objectifs des deux lanternes. Devant les yeux de l'observateur tourne un obturateur, synchrone du précédent, et découvrant l'œil gauche chaque fois que l'image gauche est projetée, l'œil droit chaque fois que l'image droite est projetée. D'ALMEIDA avait indiqué la possibilité d'obtenir le synchronisme et avec des dispositifs mécaniques et avec des mécanismes électromagnétiques. MM. SCHMIDT et DUPUIS ont réalisé des projections cinématographiques en relief, basées sur ce principe.

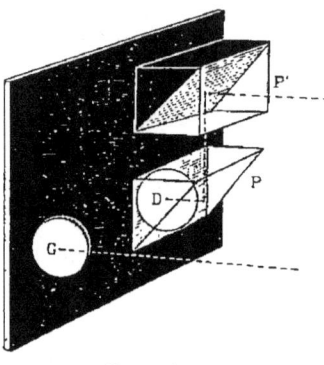

FIG. 134.

Il y a quelques années, M. KNIGHT indiqua un dispositif nouveau et très ingénieux (*fig.* 134). Les deux images du couple stéréoscopique sont projetées côte à côte. L'œil gauche, placé devant l'ouverture G, voit directement l'image qui lui correspond; quant aux rayons lumineux émis par l'image droite d, ils se réfléchissent sur le prisme P', puis sur le prisme P, avant de parvenir à l'œil droit, placé en D; il résulte de ces réflexions que les rayons lumineux venant de l'image droite d semblent — pour l'œil droit — provenir de l'image gauche g. Les deux images semblent ainsi superposées en g; l'image gauche n'étant visible que pour l'œil gauche, l'image droite n'étant visible que pour l'œil droit. L'illusion stéréoscopique est complète.

M. Bellieni sans, avoir connaissance de l'invention de M. Knight, a combiné un dispositif analogue, de simplicité remarquable et de prix modeste : un des deux yeux O (*fig.* 135 et 136) regarde une des vues directement, à travers un diaphragme d'ouverture rectangulaire de dimensions convenablement choisies; l'autre œil O' regarde la seconde vue, réfléchie par deux miroirs faisant entre eux un angle déterminé, facilement réglable, suivant la place, la distance et selon l'écartement des yeux de l'observateur. De ces deux miroirs, le plus petit, M, est placé à l'intérieur de l'instrument auquel

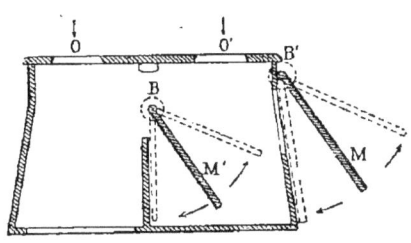

Fig. 135. — Schéma de l'apédioscope.

M. Bellieni a donné le nom d'*Apedioscope* ; le plus grand, M, est placé à l'extérieur, le long d'une des parois. Une fenêtre, ménagée sur le côté de l'apédioscope, permet aux rayons réfléchis par le grand miroir de pénétrer dans l'intérieur du stéréoscope, pour être réfléchis par le petit miroir qui les renvoie à la rétine de l'œil O' de l'observateur. Deux boutons molletés B et B' reliés aux axes sur lesquels sont fixés les miroirs permettent de changer instantanément l'angle qu'ils font entre eux, de manière à pouvoir opérer la superposition dans tous les cas.

La forme générale de l'apédioscope est celle du stéréoscope ordinaire, afin d'aider l'observateur à voir plus facilement dans un instrument qui lui rappelle peu sa forme extérieure, l'outil dont il se sert habituellement pour examiner ses vues stéréoscopiques. C'est un commencement de suggestion qui facilite son éducation. On peut faire à l'apédioscope comme au dispositif de Knight deux objections : la première est que les deux images n'ont pas la même grandeur, le

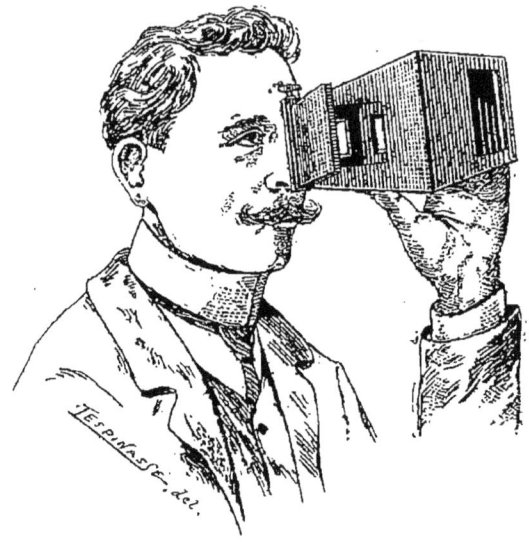

Fig. 136. — Emploi de l'apédioscope.

trajet des rayons lumineux qui ont été réfléchis étant plus long que celui de ceux qui parviennent directement à l'œil; la seconde est que, les deux images étant légèrement obliques l'une par rapport à l'autre, on ne peut obtenir la superposition que d'une manière approximative; mais, en pratique, l'approximation est suffisante, surtout si l'on n'est pas trop oblique par rapport à l'écran. Les images vues dans l'apédioscope avec le relief paraissent un peu plus petites; il n'en est rien cependant; cette diminution apparente tient, sans aucun doute, à une cause physiologique, analogue à celle qui nous montre la lune plus grosse quand nous la regardons à l'horizon. Nous voyons les images dans des tubes qui suppriment tout point de comparaison et, si elles nous semblent plus petites, c'est uniquement parceque nous les imaginons plus près de nous.

Presque en même temps que M. Bellieni, MM. Demaria ont présenté un dispositif basé sur l'emploi de miroirs, auquel ils ont donné le nom de *stéréo-project*.

Sa forme extérieure ressemble à celle des stéréoscopes ordinaires. Il comprend deux jeux de miroirs (*fig.* 137 et 138) AA fixes et B,B, mobiles autour de deux axes C, C. Ces miroirs sont rendus mobiles simultanément par un axe transversal tournant sur lui-même et actionné par le bouton D. En avant, deux écrans diaphragmes mobiles E, E′, mus par un bouton H, s'approchent ou s'éloignent. Deux bonnettes V, V, munies d'écrans-diaphragmes fixes ZY, servent à placer l'appareil devant les yeux. Les deux vues sont, comme pour l'apédioscope — projetées côte à côte sur l'écran au même niveau, soit avec deux lanternes distinctes, soit avec une seule lanterne. Les vues projetées se ré-

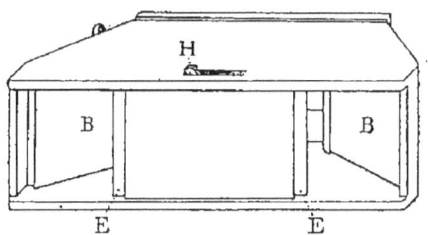

Fig. 137. — Stéréo-project.

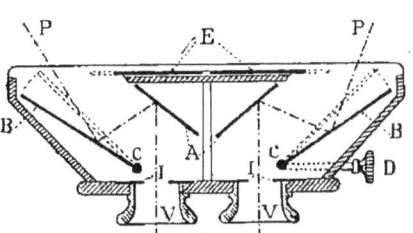

Fig. 138. — Schéma du stéréo-project.

fléchissent respectivement dans chacun des miroirs B, B, puis dans les miroirs A, A, qui renvoient les rayons lumineux dans les yeux de l'observateur. Le trajet des rayons lumineux est identique pour les deux yeux. On modifie l'inclinaison des miroirs mobiles B, B jusqu'à ce que les deux images, vues respectivement par chaque œil, se superposent.

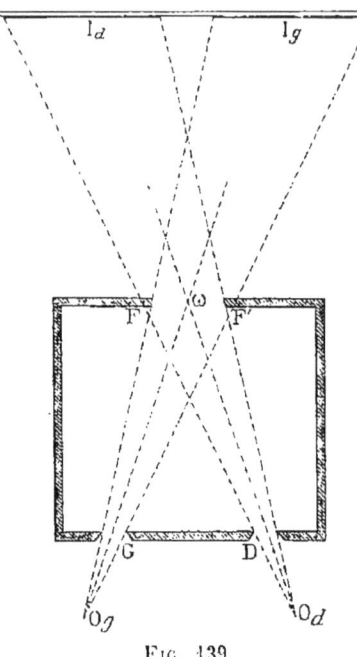

Fig. 139.

Sous le nom de *stéréotélescope*, M. Papigny a proposé l'emploi d'une sorte de jumelle de Galilée, dont les objectifs, formés des deux lentilles d'un stéréoscope ordinaire, sont montés à écartement variable. Lorsque l'écart des objectifs est le même que celui des oculaires, l'appareil est analogue à une jumelle de théâtre ordinaire et peut en remplir l'office; mais, si on décentre les objectifs pour leur donner un écart plus grand que celui des oculaires, et si on regarde un objet unique avec l'appareil ainsi décentré, on voit dans l'appareil deux images identiques, images d'autant plus éloignées que le décentrement est plus grand. Inversement, si à cet objet unique on substitue deux objets identiques, placés à une distance proportionnée au décentrage des objectifs, on ne voit qu'une image unique de ces deux objets : les images sont superposées sans que les yeux aient à faire le moindre effort. Si enfin on remplace les deux objets identiques par deux vues stéréoscopiques, les images se superposent et on perçoit la sensation de relief comme dans un stéréoscope ordinaire.

En 1891, M. Abel Buguet a proposé une solution très simple : la vision des vues projetées au moyen du binocle stéréoscopique, mais à prismes plans.

Un habile constructeur de Lyon, M. Chorretier, a eu l'excellente idée de reprendre le *stéréoscope diaphragmatique* de Volpicelli, dans lequel n'existe aucun verre ; rappelons-en le principe : les images Id, Ig sont montrées comme on les obtient à la chambre noire, c'est-à-dire comme il convient de les placer pour voir l'effet pseudoscopique avec les stéréoscopes ordinaires. Par les orifices G et D, on regarde ces images au travers du trou rectangulaire FF' (*fig.* 139). Il est facile de voir que l'œil droit Od ne peut voir que l'image droite Id, l'œil gauche Og que l'image gauche Ig. Il suffit d'un léger apprentissage pour que les yeux fassent l'effort nécessaire à la superposition des images.

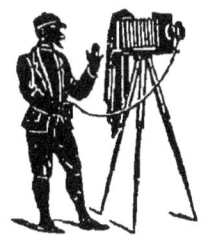

CHAPITRE XVII

Les Agrandissements

137. — Généralités. — Nous avons déjà expliqué les avantages que possède un photogramme de grandes dimensions, obtenu avec un grand tirage de la chambre noire; mais il n'est guère aisé de transporter une chambre 40×50; aussi le plus souvent a-t-on recours à l'agrandissement pour obtenir des images de grandes distances principales. Les œuvres les plus remarquées aux diverses expositions d'art photographique sont dues à l'agrandissement.

Les agrandissements sont basés sur le même principe que les projections : il suffit de remplacer l'écran qui reçoit l'image par une surface sensible. On doit seulement employer des objectifs différents et, tandis qu'en projection on a rarement recours à la lumière naturelle, les agrandissements s'obtiennent souvent à la lumière du jour.

138. — Méthodes d'agrandissement. — On peut, en partant du petit négatif original, arriver de deux manières différentes au photogramme positif agrandi :

1° On passe *directement* du petit négatif au grand photogramme positif, sans intermédiaire. Il faut répéter l'opération de l'agrandissement pour chaque photogramme agrandi qu'on veut avoir. Aussi cette *méthode directe* n'est-elle employée que lorsqu'on n'a besoin que d'un petit nombre de photogrammes, tirés sur une surface sensible assez rapide.

2° Du négatif original on tire, à une échelle quelconque, un photogramme positif transparent qui sert à obtenir un nouveau négatif agrandi permettant le tirage, au châssis-presse, de photogrammes positifs en nombre illimité, sur toute surface sensible. C'est la *méthode indirecte*.

Cette méthode a l'avantage de permettre le choix entre divers genres d'impression, notamment les procédés aux sels de platine et les procédés par dépouillement, et donne la possibilité d'atténuer ou d'accentuer certains contrastes pendant les deux premières opérations (impression du positif transparent, obtention du négatif agrandi); cette méthode se prêtant à l'intervention de l'opérateur pour modifier les qualités de l'image définitive est la méthode de choix.

Le positif transparent intermédiaire est parfois obtenu par contact; il est préférable de le tirer à la chambre noire (chambre à trois corps, par exemple), soit à la même échelle que le négatif original, soit mieux, à plus grande échelle: on peut alors ou répartir l'amplification sur les deux opérations ou tirer de suite le positif intermédiaire à l'échelle définitive; en ce cas, on obtient le négatif agrandi par contact. Il est préférable de répartir l'amplification sur les deux opérations.

En ce qui concerne le grand négatif, le mieux est de le faire sur papier au gélatinobromure qu'on emprisonne entre deux feuilles de verre, celle de devant, particulièrement choisie sans défaut; si les photogrammes définitifs doivent être tirés sur papier au charbon, on évite le double transfert en obtenant un grand négatif retourné; il suffit pour cela de placer dans l'appareil d'agrandissement le positif intermédiaire, le côté verre regardant l'objectif. Le développement du grand négatif doit être suivi par transparence et doit être poussé à fond.

139. — Du négatif. — Le négatif original destiné à l'agrandissement doit être complet, homogène et doux, parfaitement pur et exempt de tout voile : en particulier, il ne doit présenter aucune trace de halo. Si les défauts du négatif doivent être corrigés par un *repiquage* habile, il faut éviter toute retouche.

140. — Éclairage de la petite image. — Deux modes

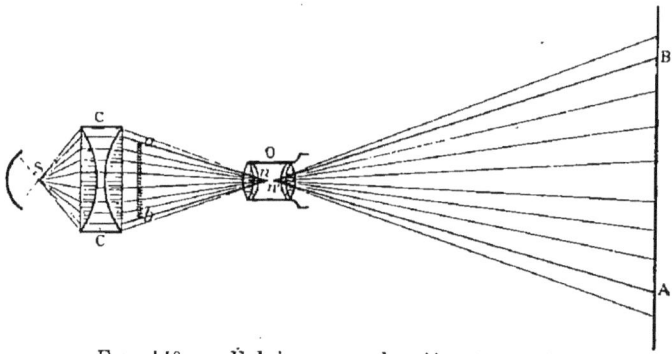

Fig. 140. — Éclairage par lumière transmise.

d'éclairage sont utilisés, que ce soit un positif ou un négatif qui serve de point de départ :

1° Les rayons lumineux émis par la source utilisée (soleil, lumières artificielles) sont transformés par un condensateur CC en un faisceau convergent au centre optique (plus exactement au point nodal d'incidence n) de l'objectif amplifiant O (*fig.* 140). L'image transparente, interposée sur le parcours de ce faisceau lumineux, agit comme un filtre qui modifie l'intensité, mais non la direction de chacun des rayons lumineux. Si cette image *ab* est convenablement disposée par rapport à l'objectif, celui-ci en projette l'agrandissement AB sur la surface sensible placée à la distance appropriée : c'est l'*éclairage par lumière transmise;*

2° L'image à agrandir est éclairée aussi uniformément que possible par la lumière diffuse du ciel ou par la lumière diffusée par un écran mat, verre dépoli ou papier blanc : chaque point, ainsi éclairé, de l'image-type diffuse de la lumière dans toutes les

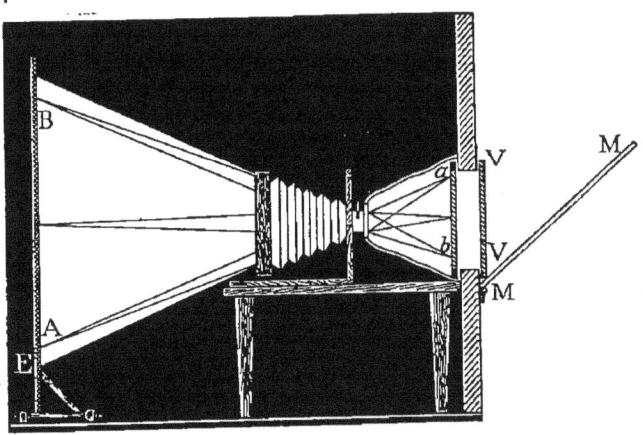

Fig. 141. — Éclairage par lumière diffuse.

directions, de sorte que l'image-type peut être assimilée à un véritable objet lumineux, émettant de la lumière dans toutes les directions et pouvant, par conséquent, former une image au travers de l'objectif employé : c'est l'éclairage par *lumière diffuse* ou par *lumière émise* (*fig.* 141).

Dans l'*éclairage par lumière transmise*, l'objectif n'est utilisé que dans sa partie centrale et seulement pour des rayons lumineux peu inclinés sur son axe principal. L'image agrandie doit donc avoir une netteté égale à celle qu'eût donné un objectif très diaphragmé (diaphragme de même surface que l'image donnée par le condensateur, de la source lumineuse utilisée) et est, malgré cela, très lumineuse, d'autant plus que l'image primitive, de dimensions inférieures à celles du condensateur et recevant cependant toute la lumière qui a traversé celui-ci, se trouve déjà très brillamment éclairée.

Dans l'*éclairage en lumière diffuse* l'objectif qui, cependant fonctionne par toute sa surface, ne reçoit qu'une très faible partie de la lumière émise par la source; il y a eu, en effet, des pertes de lumière tant sur l'écran diffusant que sur l'image à agrandir; la lumière est diffusée dans tous les sens, et seuls sont utilisés, les rayons lumineux qui se propagent dans la direction de l'objectif. Aussi ce mode d'éclairage était-il impraticable avant l'introduction des préparations de grande sensibilité utilisée aujourd'hui.

141. — Appareils d'agrandissement avec éclairage par lumière diffuse. — Il faut, pour ces appareils, employer de bons objectifs, l'objectif travaillant par toute sa surface.

Le type des appareils utilisant l'éclairage par lumière diffuse est la *chambre à trois corps* (*fig.* 142), qui peut aussi être utilisée aux réductions. Ces appareils ont l'avantage de n'exiger aucun réglage délicat. On place à une certaine distance de l'image type un verre dépoli et on incline — autant que possible — l'appareil à environ 45° de manière que le verre dépoli soit orienté vers le ciel, et au nord, afin d'éviter les rayons directs du soleil.

Sous le nom d'*amplificateurs*, on trouve dans le commerce des sortes de chambres à trois corps rigides (*fig.* 143) : à l'une des extrémités est le porte-négatif, à l'autre le châssis destiné à recevoir la surface sensible. La mise au point étant réglée une

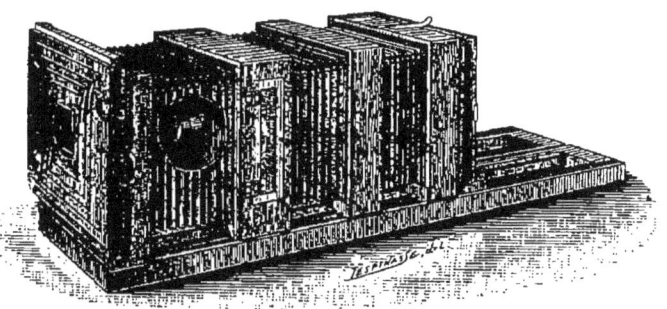

Fig. 142. — Chambre à trois corps pour agrandissement.

fois pour toutes, il suffit de braquer l'appareil chargé vers le ciel pour obtenir une image agrandie aussi facilement qu'un tirage au châssis-presse, par contact. Il existe des amplificateurs permettant de faire, à volonté, des agrandissements en deux ou plusieurs formats différents, en un mot des amplificateurs à un, deux ou plusieurs rapports. La construction de tels amplificateurs, qui n'exige que des connaissances élémentaires de menuiserie, a été récemment décrite en détails, ainsi que leur mode d'emploi dans un petit livre intitulé *les Agrandissements simplifiés*

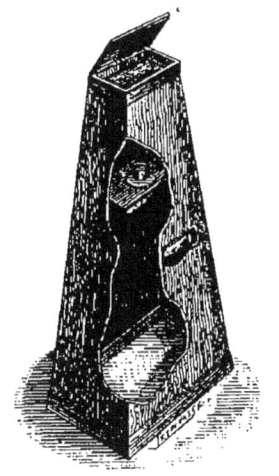

Fig. 143. — Amplificateur.

par un habile ingénieur, M. G. NAUDET, dont je recommande la lecture à ceux de mes lecteurs qui aiment manier la scie et le rabot.

Lorsqu'on est obligé de disposer le négatif verticalement, on place extérieurement un écran diffusant blanc MM non incliné vers le ciel (*fig.* 141) ; un carton blanc fait parfaitement l'affaire ; mais il ne faut jamais employer un miroir ni un réflecteur en tôle ondulée, qu'on voit parfois recommander, à tort.

L'inclinaison de l'écran blanc diffusant doit être réglée de manière que l'image agrandie obtenue ne présente aucune dégradation d'intensité.

La construction, à poste fixe, d'un appareil d'agrandissement à la lumière diffuse, en utilisant une fenêtre, est des plus facile. Il suffit de suivre les conseils donnés jadis par M. VRAC dans le *Bulletin de la Société caennaise de Photographie*, conseils que nous reproduisons ci-dessous :

« J'ai cherché à organiser, avec le moins de frais possible, un appareil d'agrandissement, et je suis arrivé à mon but, puisque l'appareil complet, prêt à fonctionner et fonctionnant bien, ne coûte pas vingt francs, chiffre abordable pour toutes les bourses d'amateurs.

Sans amour-propre, comme sans égoïsme, je livre mon invention au public, au petit public des amateurs, économes par raison ou par nécessité, convaincu qu'ils trouveront dans l'agrandissement de leurs minuscules clichés un véritable plaisir et pourront en tirer une œuvre qui répondra à leurs goûts artistiques ou tout au moins à leurs désirs.

J'avais à ma disposition à la campagne un cabinet de toilette éclairé par une fenêtre ayant huit carreaux de $0^m,30$ de côté, disposés : deux en largeur, quatre en hauteur. Entre une bande de percaline noire et une autre d'andrinople rouge cousues ensemble, j'ai glissé une feuille de papier d'emballage noir empruntée au colis d'un magasin de nouveautés, et avec cet espèce de triple panneau maintenu sur les quatre côtés par de minces tringles de bois clouées légèrement sur les montants de la croisée, j'ai complètement bouché la fenêtre ; dans l'appartement l'obscurité était complète. J'ai alors, dans ce panneau, pratiqué une ouverture découvrant un seul carreau, celui portant le n° 2 en partant d'en bas, que j'avais jugé à bonne hauteur (1^m,60) et j'ai sur les petits bois entourant ce carreau fixé avec des punaises les bords découpés du panneau noir.

Sur cette vitre découverte et laissant passer la lumière, j'ai appliqué un verre dépoli, en ayant soin de le maintenir écarté de la vitre par des rondelles de liège de quelques millimètres, le tenant par le même moyen surélevé, pour que, par capillarité, la buée de la vitre ne vienne pas salir le verre dépoli.

Derrière ce carreau laissé libre, j'ai, extérieurement à la fenêtre, disposé une glace maintenue par une vergette de rideau passée dans deux lunettes et se manœuvrant de l'intérieur à l'aide d'une cordelette qui, traversant le bois de la fenêtre, glisse sur une poulie. On peut ainsi modifier l'angle de réflexion et amener sur le cliché toute la lumière réfléchie par la glace.

Ceci disposé, j'ai pris une planche à dessin, un peu plus large que le carreau ajouré et un peu plus longue que la dimension des deux carreaux en hauteur, contre l'encadrement desquels on l'applique en la maintenant fixée en haut, en bas et sur les côtés, par des tirefonds que l'on visse ou dévisse sans le secours d'un tournevis, la tête donnant prise à la main pour les faire manœuvrer.

Dans la partie supérieure de cette planche on découpe une ouverture, dont le centre doit correspondre avec le centre du carreau ajouré, mais un peu moins grande, soit 25 × 25 si le carreau a 30 × 30. On met la planchette en place, et on la fixe provisoirement avec les tirefonds que l'on ne visse pas à bloc, car il va falloir retirer la planchette pour les opérations postérieures.

Tout autour de la partie évidée de la planchette, on trace au crayon un encadrement à 3 centimètres des bords. Sur cet encadrement devra s'appliquer, à 3 centimètres de la partie évidée, une tringle de bois de 2 centimètres d'épaisseur, dans le milieu de laquelle on aura au préalable pratiqué une feuillure. Cette tringle s'ajustera sur les deux côtés du vide qu'elle dépassera un peu et sur la partie inférieure. On la collera et clouera solidement pour que la lumière ne filtre pas dans les interstices.

Dans cette feuillure viendra coulisser une autre tringle de même épaisseur, qui, sur les côtés extérieurs, formera languette pour s'ajuster dans la feuillure et du côté intérieur deux autres feuillures plus minces, moins larges. Dans une des feuillures on fixera avec de la colle forte un panneau de bois léger, que l'on évidera en son milieu et sur lequel on collera un des bouts du soufflet. Bien entendu, l'ouverture devra être moins grande que la dimension du soufflet choisi.

La feuillure est destinée à recevoir le porte-cliché dont nous parlerons plus tard.

Pour ajuster l'autre bout du soufflet, on fabriquera aux dimensions voulues une planchette évidée en son milieu d'un trou rond ou carré. Sur le côté extérieur on placera l'objectif qui pourra coulisser à droite et à gauche dans deux rainures ayant la même épaisseur que la planchette sur laquelle se visse l'objectif.

Cette planchette sera montée bien d'aplomb sur une légère tablette de bois qui fera saillie en avant de 6 ou 7 centimètres, et de chaque côté d'un centimètre environ. Par le côté cette tablette coulissera dans deux feuillures, et la saillie en avant assurera son assiette et sa verticalité.

Cette coulisse, longue de 0^m,50, sera formée d'une lame de parquet sciée en deux — une gorge existe déjà d'un côté; de l'autre on supprimera la languette que l'on remplacera par une feuillure.

Cette coulisse sera fixée d'un bout contre la planche adaptée le long du carreau, à l'aide de deux charnières qui lui permettront de se rabattre sur elle et de l'autre bout sur deux tringles placées en équerre, formant potence, auxquelles elle sera maintenue par deux vis autour desquelles elle tournera follement et qui s'appuieront à leur extrémité inférieure sur le bas de la planche primitive, qui se trouvera ainsi supporter tout le système. De la sorte, coulisse et potence pourront se rabattre à plat et ne pas tenir de place, si l'on veut démonter l'appareil.

Les deux côtés de cette coulisse seront maintenus à l'écartement voulu par une traverse légère clouée en dessous.

La feuillure de cette coulisse sera plus ou moins profonde; — l'important c'est que la planchette qui porte l'objectif glisse à frottement doux et *bien parallèlement de chaque côté du panneau porte-cliché*.

Le porte-cliché se fera à l'aide d'un carton peu épais et bien rigide, qui coulissera dans une des feuillures. On évidera ce carton d'après des dimensions plus petites que le cliché 6 × 9 ou 9 × 12, et on y maintiendra le cliché en le faisant glisser dans deux coulisses fabriquées avec deux lames de carton superposées, dont l'une, celle de dessus, débordant sur celle du dessous.

Comme panneau pour recevoir le papier sensible, on prend une planchette de 20 × 20 sous les quatre angles de laquelle on a cloué des taquets de bois pour la surélever du sol; dans son milieu on perce un trou; dans ce trou on introduit un manche à balai au haut duquel on cloue un carton épais de 3 ou 4 millimètres, bien rigide, et c'est sur ce carton qu'avec des punaises on fixera le papier sensible.

L'appareil est constitué. Il n'y a plus qu'à le faire manœuvrer pour trouver le point correspondant à l'agrandissement que l'on veut obtenir.

Sans doute il faudra tâtonner pour connaître, selon la clarté du jour, le temps de pose nécessaire; on aura des ratés au début; mais, après quelques essais, on arrivera à de très bons résultats qui consoleront des insuccès et paieront complètement l'amateur de la peine qu'il aura prise pour construire lui-même et à peu de frais son appareil. N'est-ce pas déjà une satisfaction d'amour-propre que de pouvoir dire : c'est moi seul qui ai tout fait et, par les jours ténébreux d'hiver, c'est un passe-temps qui en vaut beaucoup d'autres. »

On utilise très rarement les lumières artificielles pour l'*éclairage en lumière diffuse*. Si on ne peut faire autrement, on déplace régulièrement, derrière le verre dépoli, une source lumineuse de grandes dimensions, un bec Auer, par exemple; en maintenant plus longtemps la lumière d'un côté, on peut en accentuer l'importance; c'est ainsi qu'on peut, à la rigueur, assurer la meilleure venue d'un ciel.

142. — Appareils d'agrandissement avec éclairage par lumière transmise. — On emploie parfois la lumière solaire, et les appareils les plus usités dérivent alors plus ou moins de l'*appareil dialytique* de Van Monchoven, perfectionnement de la *chambre solaire* de Woodward. Cet appareil n'étant utilisé que dans les grands ateliers et exigeant une installation assez compliquée, nous ne le décrirons pas ici.

Il y a lieu de tenir compte, dans le cas de l'*éclairage en lumière convergente*[1], de ce fait que le condensateur et l'objectif forment un tout, dont les éléments ne peuvent être considérés comme indépendants: il faut donc, dans chaque cas, régler avec soin leur fonction relative. Il est indispensable aussi que l'objectif laisse passer librement la totalité des rayons lumineux transmis par le condensateur; on s'exposerait, au cas contraire, à la suppression des bords de l'image, et à des phénomènes de diffraction qui troubleraient l'image entière.

La source lumineuse doit être de dimensions aussi faibles que possible; on prendra donc selon le cas, l'arc électrique, le chalumeau oxhydrique, ou, à défaut, la flamme de l'acétylène, d'un bec Auer ou d'une lampe à pétrole à *bec rond* (et non à mèches multiples). Dans ces deux derniers cas, il est bon d'entourer le verre d'une sorte de gaine constituée par un cylindre en métal, dans lequel est pratiquée une ouverture circulaire de 2 centimètres de diamètre; cette fenêtre, disposée à la hauteur du noyau incandescent, facilite le centrage de l'éclairage et supprime toute la lumière diffuse qui pourrait s'échapper par les joints et coulisses de l'appareil.

Le réflecteur doit être non parabolique, mais sphé-

---

1. Bertsh avait proposé un éclairage en lumière parallèle, mais son dispositif n'est plus employé.

rique, et la source lumineuse doit occuper exactement son centre de courbure (*fig.* 146).

Les positions relatives de la source, du condensateur et de l'objectif doivent être réglées de manière que l'image de la source donnée par le condensateur se forme au centre optique de l'objectif; nous pourrions d'ailleurs répéter ici, au sujet du centrage de la lumière ce que nous avons dit à propos des projections (132, p. 284).

Suivant la dimension des agrandissements qu'on se propose d'exécuter et suivant les locaux dont on dispose, la surface sensible est enfermée dans l'instru-

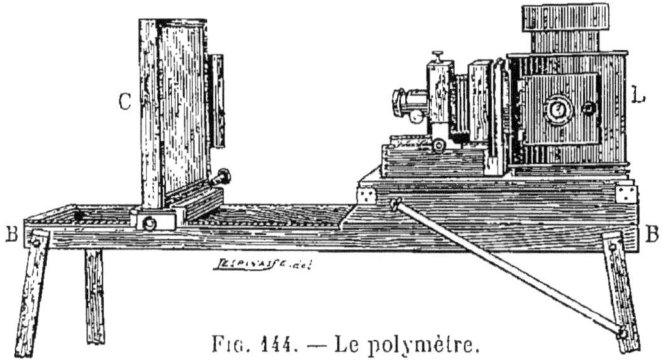

Fig. 144. — Le polymètre.

ment ou lui est extérieure. Dans ce dernier cas, l'appareil employé ne diffère de la lanterne à projections que par les précautions prises pour éviter les fuites de lumière et par l'objectif, qui doit avoir des qualités différentes.

Il est indispensable que l'image à agrandir et la surface sensible destinée à enregistrer l'image agrandie soient placées dans des plans bien parallèles. Aussi est-il bon de les réunir par un *banc d'agrandissement*. La figure 144 représente un des dispositifs les plus pratiques que nous connaissions pour les agrandissements à la lumière artificielle : c'est le *Polymètre* de M. Korsten. Son banc d'agrandissement BB est composé d'un bâti en chêne, monté sur quatre pieds pliants et d'un châssis spécial C qui s'adapte au moyen d'une glissière en queue d'aronde à un chariot à crémaillère ; le tout peut être monté en moins d'une minute.

Il existe un assez grand nombre de modèles de châssis destinés à recevoir la surface sensible ; le plus pratique que nous ayons vu est celui imaginé par M. Korsten. Ce châssis ressemble, extérieurement, à un châssis-presse ordinaire (*fig.* 144) ; mais, à l'arrière, la surface sensible est maintenue par une planchette divisée en plusieurs parties concentriques, correspondant aux divers formats courants : 9×12 ; 13×18 ; 18×24 ; 26×30 ; 30×40... etc. (*fig.* 145).

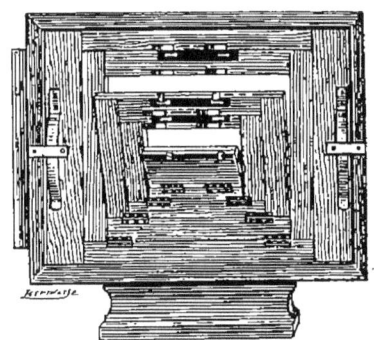

Fig. 145.
Châssis à agrandissement.

Ces différents cadres sont reliés ensemble d'un côté par des charnières et de l'autre par des verrous, ce qui permet de n'ouvrir que la partie dont on veut se servir ; on a ainsi immédiatement un centrage parfait, et la surface sensible prend exactement la place du papier blanc ordinaire sur lequel on a effectué la mise au point. Le centre est toujours à la même place, que le châssis soit placé en hauteur ou en travers.

Le socle de la lanterne s'emboîte à l'extrémité opposée du bâti et son axe optique passe exactement par le centre du châssis.

Sous le nom de *self-transposeur* M. KORSTEN a imaginé un accessoire qui, adapté à son polymètre, permet le tirage des photogrammes stéréoscopiques agrandis.

143. — Mise au point. — La mise au point, dans les agrandissements, est assez délicate, parce que l'image agrandie est toujours un peu indécise. Avant de mettre au point, il est bon de délimiter par un cadre les portions utiles de l'image primitive.

Le meilleur procédé pour la mise au point consiste à substituer à l'image primitive un objet présentant des détails très tranchés, tel qu'un morceau de tulle noir placé entre deux verres (Voyez aux *Formules et Recettes* à la fin de ce volume, p. 406).

On peut faciliter la mise au point en utilisant les formules classiques; nous avons déjà traité, dans le chapitre précédent (**134**, p. 293) les divers problèmes, qui peuvent se présenter. Il suffit de calculer d'abord le rapport d'amplification a. Le tableau ci-dessous donne les valeurs de a pour les cas les plus fréquents.

FORMAT DES NÉGATIFS A AGRANDIR	FORMAT DES IMAGES AGRANDIES		
$4\ 1/2 \times 6$ $6\ 1/2 \times 9$ 9×12	9×12 13×18 18×24	12×15 16×21 24×30	13×18 21×27 27×33
	2	2,5	3
	Valeurs du rapport d'agrandissement a		

Il existe d'ailleurs des tables numériques qui permettent d'éviter les tâtonnements relatifs à la mise au point. La plus connue de ces tables est celle de Secretan, dont nous donnons un extrait. La première colonne verticale contient les distances focales, la colonne horizontale du haut les rapports d'amplification. Dans les autres colonnes se trouvent deux nombres : celui du haut indique la distance de l'image à agrandir l'objectif, celui du bas la distance de l'image primitive à l'objectif.

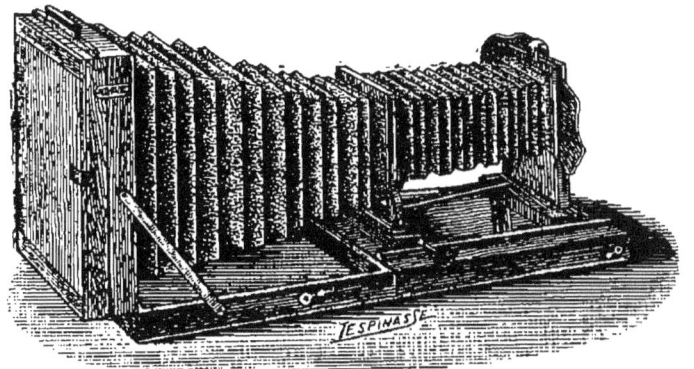

Fig. 146. — Appareil d'agrandissement à mise au point automatique.

Il existe un certain nombre de dispositifs qui permettent de ne pas s'inquiéter de la mise au point : il suffit de déplacer par exemple le porte-négatif pour que le châssis portant la surface sensible restant fixe, l'objectif se déplace de manière à conserver la mise au point; la figure 146 représente un appareil, de construction anglaise, muni d'un tel mécanisme; en France, des appareils de ce genre ont été brevetés, notamment l'*amplificateur universel* de M. J. Carpentier et l'appareil de M. Koenigs.

TABLE DE SECRÉTAN (Extrait)

GROSSISSEMENTS

DISTANCES FOCALES	1 fois.	1 fois 1/2.	2 fois.	2 fois 1/2.	3 fois.	3 fois 1/2.	4 fois.	4 fois 1/2.	5 fois.
8………	0,16 0,16	0,20 0,13	0,24 0,12	0,28 0,11	0,32 0,11	0,36 0,10	0,40 0,10	0,44 0,10	0,48 0,10
10………	0,20 0,20	0,25 0,16	0,30 0,15	0,35 0,14	0,40 0,13	0,45 0,13	0,50 0,13	0,55 0,12	0,60 0,12
12………	0,24 0,24	0,30 0,20	0,36 0,18	0,42 0,16	0,48 0,16	0,54 0,15	0,60 0,15	0,66 0,14	0,72 0,14
14………	0,28 0,28	0,35 0,23	0,42 0,21	0,49 0,20	0,56 0,18	0,63 0,18	0,70 0,18	0,77 0,17	0,84 0,17
16………	0,32 0,32	0,40 0,26	0,48 0,24	0,56 0,22	0,64 0,21	0,72 0,20	0,80 0,20	0,88 0,19	0,96 0,19
18………	0,36 0,36	0,45 0,30	0,54 0,27	0,63 0,25	0,72 0,24	0,81 0,23	0,90 0,23	0,99 0,22	1,08 0,21
20………	0,40 0,40	0,50 0,33	0,60 0,30	0,70 0,28	0,80 0,27	0,90 0,25	1,00 0,25	1,10 0,24	1,20 0,24
25………	0,50 0,50	0,62 0,41	0,75 0,38	0,87 0,34	1,00 0,33	1,12 0,32	1,25 0,31	1,37 0,30	1,50 0,30
30………	0,60 0,60	0,75 0,50	0,90 0,45	1,05 0,42	1,20 0,40	1,35 0,38	1,50 0,38	1,65 0,37	1,80 0,36
35………	0,70 0,70	0,87 0,58	1,05 0,53	1,22 0,49	1,40 0,47	1,57 0,45	1,75 0,44	1,92 0,43	2,10 0,42
40………	0,80 0,80	1,00 0,66	1,20 0,60	1,40 0,56	1,60 0,53	0,80 0,51	2,00 0,50	2,20 0,49	2,40 0,48

144. — Emploi des verres de lunettes en agrandissement. — Nous avons vu (135, p. 300) les services que peuvent rendre, pour les projections, l'emploi des bonnettes. Lorsqu'on dispose d'une chambre à trois corps et que l'on est embarrassé par le manque de tirage, on peut diminuer la distance focale de son objectif pour les forts agrandissements, en lui associant un verre de lunettes, comme nous l'avons expliqué à propos des projections.

Si, lorsqu'il s'agit de portraits, le foyer chimique ainsi obtenu procure un fondu qui diminue sensiblement le grain et les défauts de l'original en le reproduisant moins sec, il est, comme le fait remarquer M. H. Bellieni dans ses intéressantes communications sur ce sujet, des circonstances où plus de netteté est nécessaire et où les effets d'aberration chromatique sont gênants ; M. Bellieni a donc cherché à en réaliser une correction exacte, de façon à rendre avantageux, même alors, l'emploi des verres de lunettes.

Il suffit, pour faire la correction de diminuer le tirage d'une quantité C, donnée par la formule suivante :

$$C = \frac{DT^2 \times 0{,}02}{1 + DT \times 0{,}02}$$

dans laquelle :

C est la correction, T le tirage, distance de l'objectif au verre dépoli, exprimés tous deux en mètres ; D la puissance, en dioptries[1] du verre additionnel, et 0,02 le pouvoir dispersif des verres de lunettes.

---

1. Rappelons que la *dioptrie* est la puissance (c'est-à-dire l'inverse de la distance focale principale, d'une lentille de 1 mètre de

La table numérique ci-contre donne les diverses valeurs de C.

M. BELLIENI recommande :

1° De mettre toujours au point, en se servant d'une loupe, sur le grain du négatif ;

2° Si on désire que la netteté soit répartie uniformément sur toute l'image, de faire la mise au point un peu en dehors du centre ;

3° De ne pas réduire l'ouverture au-dessous de 1/12.5 (diaphragme 64) pour éviter des phénomènes de diffraction qui diminueraient la netteté.

Nous ajouterons que l'addition des verres de lunettes à l'objectif, le diaphragme restant le même, ainsi que le tirage, ne modifie pas sensiblement le temps de pose.

145. — Temps de pose. — Nous avons vu, dans notre *Traité élémentaire de photographie pratique*, combien, en photographie ordinaire, il est difficile de déterminer le temps de pose avec précision ; il en est de même en ce qui concerne les agrandissements. Le temps de pose, en ce cas, dépend en effet : 1° de l'intensité de la source lumineuse employée ; 2° de la distance de cette source à l'image qu'on désire agrandir ; 3° de l'intensité de cette image ; 4° de la sensibilité de la préparation qui doit enregistrer l'image agrandie ; 5° de l'objectif employé, etc.

Le mieux est de faire un essai : on expose une bande de la surface sensible employée (plaque, pellicule ou papier au gélatino-bromure) en lui donnant des temps

---

distance focale ; la puissance d'une lentille en dioptries est donc l'inverse de sa distance focale, évaluée en mètres ; c'est ainsi qu'une lentille de 8 dioptries a une distance focale de $0^m,125$ $\left(\frac{1}{8}\right)$.

TIRAGE MESURÉ DU CENTRE OPTIQUE DU VERRE DÉPOLI

DIOPTRIES	1	0,9	0,8	0,7	0,6	0,5	0,4	0,3	0,2	0,1	F
1	0,020	0,015	0,013	0,010	0,007	0,005	0,003	0,001	0,001	0	1,000
2	0,039	0,030	0,025	0,020	0,014	0,010	0,006	0,003	0,001	0	0,500
3	0,057	0,045	0,037	0,029	0,021	0,015	0,009	0,005	0,002	0,001	0,333
4	0,074	0,060	0,048	0,038	0,028	0,019	0,012	0,007	0,003	0,001	0,250
5	0,091	0,074	0,059	0,046	0,034	0,025	0,015	0,009	0,004	0,001	0,200
7	0,123	0,100	0,081	0,063	0,046	0,033	0,021	0,012	0,005	0,001	0,143
10	0,167	0,137	0,110	0,086	0,064	0,045	0,029	0,017	0,007	0,002	0,100
15	0,231	0,191	0,155	0,122	0,091	0,061	0,043	0,025	0,011	0,003	0,067
20	0,286	0,238	0,194	0,157	0,116	0,083	0,056	0,032	0,015	0,004	0,050

F : Distances focales correspondant aux dioptries, évaluées en millimètres.

de pose différents : au moyen d'un écran opaque lorsqu'on opère dans une pièce obscure, en tirant partiellement le volet lorsqu'on opère avec une chambre à trois corps, on masque, dès le début de l'exposition, les $\frac{5}{6}$ de la bande d'essai durant cinq secondes; pendant les cinq secondes suivantes on ne masque que les $\frac{4}{6}$ de la bande... et ainsi de suite, de manière à avoir sur la bande d'essai six expositions successives correspondant respectivement à 5, 10, 15, 20, 25, 30 secondes. On développe, et la fraction de bande qui présente une bonne image indique le temps de pose exact; si par hasard toutes les images ainsi obtenues manquaient de pose, on ferait un nouvel essai analogue, mais en commençant cette fois à partir de vingt-cinq secondes.

On a bien recommandé, pour simplifier, d'enduire la surface sensible de révélateur additionné de glycérine, ce qui permet de voir la venue de l'image; on cesse l'exposition lorsque l'image est assez intense. Il est bon, en ce cas, d'achever le développement dans une cuvette. Mais cette manière de procéder exige une grande habileté.

Lorsqu'on opère toujours avec la même source lumineuse, le même objectif, la même surface sensible, le même révélateur, en un mot, quand on opère dans des conditions identiques, il est facile, quand on a déterminé le temps de pose pour une amplification donnée, de le calculer pour les diverses échelles d'amplification. Il suffit d'utiliser la table de DEBENHAM dont nous donnons un extrait ci-dessous :

AMPLIFICATION	COEFFICIENT DE POSE	AMPLIFICATION	COEFFICIENT DE POSE
1	1	4,5	7,56
1,5	1,56	5	9
2	2,25	6	12,25
2,5	3,06	7	16
3	4	8	20,25
3,5	5,51	9	25
4	6,25	10	30,25

Exemple. — Supposons que pour une amplification 2 on ait dû poser 20 secondes; toutes autres conditions restant les mêmes, combien faut-il poser pour une amplification de 5.

On multiplie le temps de pose connu 20 par le coefficient de pose 9 correspondant à la nouvelle amplification, et on divise le produit obtenu par le coefficient de pose 2,25 de la première amplification :

$$\frac{20 \times 9}{2,25} = 80 \text{ secondes.}$$

146. — **Redressement de la perspective.** — Nous avons vu[1] que, pour que l'appareil photographique donne une représentation perspective exacte, il fallait que la plaque sensible recevant l'image soit verticale et perpendiculaire à l'axe optique de l'objectif. Or, d'une part, la première de ces conditions est rarement remplie avec les appareils à main, et, d'autre part, lorsqu'on photographie un monument à faible recul, il arrive souvent que l'élévation de la planchette d'objectif est insuffisante pour obtenir une image cor-

---

1. Voyez notre *Traité élémentaire de Photographie pratique*, **59**, p. 77.

recte; on a alors recours soit à une inclinaison totale de l'appareil, soit à une inclinaison de l'avant ou de l'arrière de la chambre sur l'axe optique de l'objectif.

Il en résulte un certain nombre de déformations et en particulier une convergence des lignes verticales du monument vers un point de fuite situé en haut ou en bas, convergence qui produit un effet désagréable sur l'œil.

Ces déformations ont fait l'objet d'une étude très détaillée de M. C. WELBORNE PIPER, étude qui a paru dans les numéros du 26 août et du 2 septembre 1890 du *British Journal of Photography* (pp. 550 et 563) et a été développée dans les numéros de mars et de mai 1900 de *Camera Obscura* (pp. 678 et 835); nous renvoyons nos lecteurs à ces derniers articles.

En 1895, dans un article sur le redressement des lignes, M. Victor SELB a indiqué dans le *Bulletin de l'Association belge de photographie* (août-septembre 1895, p. 536) un ingénieux dispositif permettant de rétablir une perspective correcte.

Il consiste à employer une chambre à reproductions dont l'avant et l'arrière sont tous deux à bascule et peuvent pivoter sur une tige placée à leur milieu.

Le négatif AB est par exemple placé à l'avant; on le met d'abord verticalement, la glace dépolie CD étant aussi verticale (*fig.* 144). On met au point, on diaphragme fortement, puis on incline également l'arrière et l'avant de la chambre, et on remplace le verre dépoli par la plaque sensible sur laquelle s'impressionne un positif redressé.

Mais ce dispositif ne permet que les reproductions à taille égale.

M. le capitaine de ROMANCE a fait à la séance du

2 décembre 1898 de la Société française de photographie une communication sur le *redessement de la perspective dans la photographie des monuments*, dans laquelle le problème est étudié d'une manière plus générale.

Aussi résumerons-nous cette très intéressante communication.

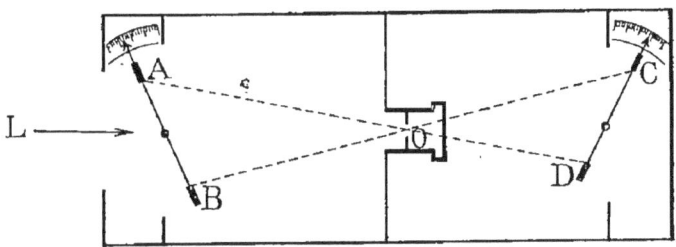

Fig. 147. — Redressement de la perspective.

L'auteur se propose d'obtenir une reproduction à échelle quelconque, mais de préférence une reproduction agrandie; il utilise pour cela une chambre à trois corps dont l'avant et l'arrière peuvent tourner autour de deux axes verticaux.

Le négatif à reproduire est placé de manière que les lignes à redresser soient transversales par rapport à l'axe de rotation du porte-cliché; on rapproche de l'objectif le bord du cliché vers lequel convergent les lignes à redresser; la rotation imprimée dans ce but au porte-cliché éloigne d'autant le bord opposé. Pour que l'image sur le verre dépoli soit nette, il faut faire tourner en sens inverse l'arrière de l'appareil.

M. le capitaine de Romance a montré par d'ingénieux calculs, que nous ne reproduirons pas ici que l'image obtenue est nette dans toutes ses parties si les angles α dont on a fait tourner le cliché et β dont on a fait ourner la plaque sensible sont liés par la relation

$$\operatorname{tg}\beta = n \operatorname{tg}\alpha,$$

n étant le rapport d'amplification, qui peut être égal, supérieur ou inférieur à 1.

L'appareil se compose « d'un banc à bords bien dressés supportant à l'une de ses extrémités le porte-cliché. Celui-ci ne peut avancer ni reculer, mais il tourne autour d'un axe vertical passant par son milieu. Sa base présente un bord rectiligne coïncidant avec (ou parallèle à) la trace du plan du cliché sur la surface du banc. Dès lors les tangentes des angles de rotation pourront être mesurées au moyen d'une graduation en parties égales tracée sur le banc.

« D'autre part, l'arrière de la chambre est rapporté non plus directement par le banc, mais par un chariot susceptible de translation, et sur lequel il peut recevoir un mouvement de rotation analogue à celui du porte-cliché; une graduation semblable à celle dont on vient de parler se trouve sur le chariot. Le cliché devant pouvoir être placé, soit en hauteur, soit en largeur, la chambre est carrée.

Quant au cadre porte-objectif, il repose directement sur le banc et est guidé de manière à pouvoir avancer ou reculer, sans que l'axe optique cesse jamais d'être parallèle au mouvement de translation.

Pour opérer avec cet appareil, il faut :

1° Mettre au point, le cliché et le verre dépoli étant perpendiculaires à l'axe de l'objectif;

2° Mesurer (au moins approximativement) le rapport n des dimensions linéaires des images;

3° Donner au porte-cliché un mouvement de rotation arbitraire, et lire la graduation indiquée par la base du porte-cliché ; soit A, le nombre de divisions correspondant ;

4° Faire tourner en sens inverse l'arrière de la chambre en faisant marquer nA à la graduation du chariot ;

5° Vérifier si le redressement est obtenu, et modifier dans le sens voulu l'orientation du cliché et du verre dépoli, par tâtonnements successifs et en observant toujours la même proportionnalité qui garantira la netteté. On arrivera très rapidement au résultat cherché [1]. »

Outre la relation :

$$\operatorname{tg} \beta = n \operatorname{tg} \alpha,$$

la condition de redressement exige qu'on ait :

$$\sin \alpha = \frac{F}{nD} = \frac{F}{nf} \operatorname{tg} \omega,$$

F étant la distance focale de l'objectif, f la distance focale de l'objectif qui a servi à obtenir le cliché déformé ; ω étant l'angle dont la plaque primitive était inclinée par rapport à la verticale, et D la distance du point de convergence au centre du cliché.

Le capitaine de ROMANCE a montré que ces conditions de redressement pouvaient toujours être remplies et qu'en outre en supprimant ainsi les déformations angulaires, on ne les remplace pas sensiblement par des déformations linéaires.

Tout récemment M. J. CARPENTIER a, sous le nom d'*Amplificateur redresseur* [2], fait breveter un appa-

---

[1]. *Bulletin de la Société française de Photographie*, 25ᵉ série, t. XV, p. 58 ; 1899.

[2]. *Brevet français*, n° 306.408, 8 décembre 1900.

reil permettant d'obtenir automatiquement le redressement des lignes. On trouvera la description complète de cet appareil dans le numéro du 1er juillet 1901 de la revue *la Photographie*.

Le principe de l'appareil ingénieux de M. Carpentier consiste à lier le châssis porte-cliché et le châssis portant la plaque sensible, de telle sorte que l'inclinaison de l'un commande l'inclinaison de l'autre, suivant la loi indiquée par M. le capitaine de Romance. Avec un tel appareil, l'opérateur n'a plus qu'une condition à réaliser : celle qui consiste à ramener les verticales du sujet à être parallèles sur l'image ; il lui suffit pour cela de donner au verre dépoli qui porte un quadrillage, l'inclinaison voulue ; le châssis porte-cliché est entraîné automatiquement et prend l'inclinaison qu'il doit avoir.

M. J. Carpentier traduit géométriquement la loi indiquée par M. de Romance :

$$\operatorname{tg}\beta = n \operatorname{tg}\alpha$$

en disant :

« Le plan du cliché et le plan de l'image suffisamment prolongés doivent se couper dans le plan perpendiculaire à l'axe de l'objectif, mené par le centre de cet objectif. »

Les liens cinématiques imaginés par M. Carpentier, reposent sur la loi ainsi énoncée ; il n'a encore appliqué son système rectifié qu'à des amplificateurs à agrandissement fixe[1].

---

[1]. On trouvera dans la *Revue des Sciences photographiques*, nos de mars et juin 1905 la description d'ingénieux dispositifs dus à M. J. Olive, et dans le numéro d'octobre 1905 de la même *Revue*, la description de nombreux procédés de redressement dus à M. Scheimpflog.

LES AGRANDISSEMENTS

Dans les appareils d'agrandissement modernes et perfectionnés, tels que le *Professionnal* DEMARIA, le châssis porte-image et le châssis destiné à recevoir la surface sensible peuvent être inclinés; une graduation permet de mesurer l'angle d'inclinaison et une table numérique indique les inclinaisons qu'il faut donner dans les divers cas qui peuvent se présenter.

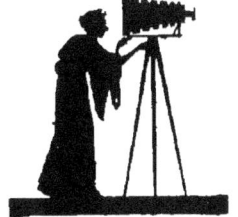

CHAPITRE XVIII

La photographie directe des couleurs

147. — **Historique.** — Dès les débuts de la photographie, on chercha à reproduire les couleurs des objets. On pensa qu'il serait possible de trouver un composé qui — insolé derrière une série de verres colorés — prendrait respectivement la couleur de chacun d'eux.

Daguerre, le premier, fit des recherches dans cette voie, comme le montre le passage suivant, extrait de la notice lue par François Arago, sur la *Daguerréotypie*, à la séance du 7 janvier 1839 de l'Académie des Sciences :

« M. Daguerre, pendant ses premières expériences de phosphorescence, avait découvert une poudre qui mettait une lueur rouge, après que la lumière rouge l'avait frappée, une autre poudre à laquelle le bleu communiquait une phosphorescence bleue ; une troisième poudre qui, dans les mêmes circonstances, devenait lumineuse en vert par l'action de la lumière verte, mêla ces poudres mécaniquement et obtint ainsi un composé unique qui devenait rouge dans le rouge, vert dans le vert et bleu dans le bleu. Peut-être, en opérant de même, en mêlant diverses résines, arrivera-t-on à engendrer un vernis où chaque lumière imprimera non plus phosphoriquement, mais phosphogéniquement des couleurs. »

Mais c'est en 1848, que les premières photographies

en couleur furent obtenues par Edmond Becquerel, au moyen d'un procédé différent de ceux qui le précédèrent.

Il produisait à la surface d'une plaque d'argent préalablement bien décapée et bien polie, une couche de chlorure d'argent, en plongeant la plaque dans une cuve remplie d'eau acidulée par l'acide chlorhydrique et la mettant en communication avec le pôle positif d'une pile, dont le pôle négatif communiquait avec une électrode en cuivre également plongée dans la cuve. Il se forme ainsi électrolytiquement du chlorure d'argent; comme il se dépose très lentement, il présente les colorations des lames minces, et sa couleur varie au fur et à mesure que l'épaisseur du dépôt augmente : il passe successivement par les teintes grise, jaunâtre, violette, verte. Il suffit de laver à l'eau distillée et de sécher au-dessus d'une lampe à alcool pour avoir une surface sensible susceptible de reproduire les couleurs.

Niepce de Saint-Victor, qui reprit en 1851 les expériences de Becquerel, et obtint en 1862 par ce procédé, de magnifiques reproductions en couleur, observa que les couleurs se voient mieux quand on les regarde sous une incidence convenable, et qu'elles changent quand l'incidence varie : un vert de plume de paon ainsi reproduit paraissait tantôt bleu, tantôt vert, selon l'angle sous lequel on l'examinait. Cette remarque eût pu suffire pour mettre sur la voie du mécanisme de la formation des couleurs, dont Becquerel chercha l'explication dans la théorie des ondulations : « La lumière, dit-il, étant le résultat de vibrations transversales des corps lumineux jusqu'à la rétine, et chaque rayon du spectre correspondant à une vitesse de vibration différente, il peut se faire que la substance sensible qui a été impressionnée par un rayon, c'est-à-dire par des vibrations d'une certaine vitesse, ait acquis la facilité de vibrer plus facilement ensuite sous l'action des vibrations de même vitesse que celles de ce rayon. Ainsi, il se produirait dans cette circonstance le même phénomène que celui qui se passe, quand une réunion de sons vient frapper une corde tendue; il n'y a que les sons de même hauteur que ceux rendus par la corde qui mettent celle-ci en vibration. De même dans ces phénomènes, un faisceau de lumière diffuse qui vient frapper une image colorée produite par la lumière renfermant une masse de vibrations différentes, chaque partie de l'image vibrerait de préférence sous l'influence des rayons de même longueur d'onde que ceux qui ont agi pour la produire, et alors les rayons réfléchis par les divers points de cette image se trouveraient identiques à ceux qui lui ont donné naissance. »

Mais ce n'est que plus tard que la théorie vibratoire de la lumière conduisit à la solution définitive du problème de la photographie directe des couleurs.

148. — **Photochromie interférentielle.** — C'est le 2 février 1892, que M. Gabriel LIPPMANN, professeur à la Faculté des Sciences de l'Université de Paris, présenta à l'Académie des Sciences les premières photographies en couleur obtenues par l'élégante méthode qu'il trouva après plusieurs années de travaux uniquement guidés par la théorie, méthode qui apporte une des plus belles confirmations à la théorie ondulatoire de la lumière d'Augustin FRESNEL.

La méthode de M. LIPPMANN consiste à produire à l'intérieur de la couche sensible un dépôt d'argent ayant une structure analogue à celle de ces nacres aux vives couleurs que les Orientaux enlèvent aux coquilles d'huîtres pour les incruster dans leurs laques si renommées. Ces nacres sont formées d'une série de lamelles parallèles séparées par des intervalles remplis d'eau ou d'air; ces intervalles ainsi que l'épaisseur de chaque lamelle ont des dimensions si petites qu'un millimètre renferme plusieurs milliers de ces lamelles. C'est après avoir traversé de tels feuillets, et s'être réfléchie sur la couche sous-jacente que la lumière parvient à l'œil de l'observateur avec ses magnifiques irisations. La couleur dépend de la grandeur de l'intervalle qui sépare deux lamelles consécutives.

Pour obtenir une telle structure à l'intérieur de la couche sensible, M. LIPPMANN l'applique contre un miroir plan formé par une surface de mercure. La lumière qui arrive sur la surface sensible la traverse, se réfléchit contre le miroir de mercure et, traversant à nouveau la couche sensible, y rencontre la lumière incidente. C'est à cette rencontre, à cette *interférence* de la lumière incidente et de la lumière réfléchie qu'est due la structure de l'image; en certains points, la lumière incidente et la lumière réfléchie ajoutant leurs effets, l'action est maxima; ces points sont situés sur des plans parallèles à la surface du mercure: les *plans ventraux;* l'action photographique a lieu en ces plans ventraux qui sont en quelque sorte matérialisés, après le développement. En d'autres points, les actions de la lumière incidente et de la lumière réfléchie s'annulent, ces points sont situés sur les *plans nodaux* qui séparent les plans ventraux les uns des autres; sur ces plans nodaux il n'y a aucune action photographique.

La couche sensible doit être transparente et continue, c'est-à-dire ne présenter aucun grain; il y a en outre lieu de tenir compte de l'inégale sensibilité des surfaces sensibles aux diverses radiations du spectre ; M. G. Lippmann y remédiait au début par le procédé de la triple pose, qui exigeait des temps de pose allant jusqu'à trois heures; on préfère avoir recours à l'orthochromatisme.

Les diverses manipulations : développement, fixage, séchage, s'opèrent comme en photographie ordinaire.

Afin de mieux faire comprendre à nos lecteurs la théorie de la formation des couleurs dans la méthode *interférentielle* de M. Lippmann, nous ne pouvons mieux faire que de reproduire ses paroles mêmes :

« Le dépôt d'argent réduit est stratifié ; il se compose d'une série de lames minces d'argent équidistantes, partageant la gélatine ou l'albumine qui leur sert de support en lames minces superposées. Là où on voit par exemple du rouge, la distance entre deux dépôts d'argent ou, en d'autres termes, l'épaisseur de la couche de gélatine qui les sépare, est égale à la demi-longueur d'onde du rouge. Chacune de ces lames minces agit donc comme

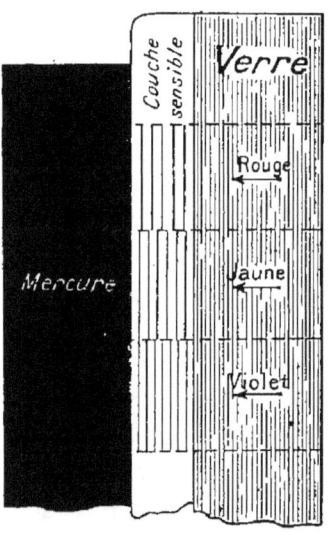

Fig. 148.

une bulle de savon capable de réfléchir du rouge... De même, si plus loin on aperçoit du vert, c'est qu'en cet endroit la stratification est plus serrée et que les lames minces n'ont plus pour épaisseur que la demi-longueur d'onde du vert. Et de même pour les autres parties du spectre. La figure 148 représente schématiquement le dépôt photographique partagé en lames minces, d'épaisseur décroissante du rouge au violet.

Il faut remarquer qu'il est impossible de représenter par une figure l'épaisseur vraie de ces dépôts. En effet, l'épaisseur de chaque lame ou la demi-longueur d'onde est :

Pour le rouge.......................... $\frac{1}{3300}$

Pour le jaune.... .... $\frac{1}{4000}$

Pour le violet......................... $\frac{1}{5000}$

En d'autres termes, supposons que la couche de gélatine sensible ait l'épaisseur d'une feuille de papier ordinaire ou de $\frac{1}{10}$ de millimètre. Cette couche, après l'action photographique, se trouvera partagée :

Dans le rouge en 330 lames minces
— jaune en 400 —
— violet en 500 —

En définitive, on voit que l'action photographique n'a fait que fixer, en la remplaçant par un dépôt d'argent, la position de chaque maximum d'action lumineuse. Or ces maxima d'action lumineuse sont séparés par des distances égales à une demi-longueur d'onde de la lumière employée; c'est pourquoi les lames ainsi obtenues ont précisément cette épaisseur. La vibration lumineuse s'est, en quelque sorte, moulée par une photographie dans l'épaisseur de la lame impressionnée[1]. »

149. — Construction d'un châssis à mercure. — Au début de ses recherches, M. Lippmann versait le mercure dans une petite cuve formée de la plaque sensible G et d'une lame de verre V de même grandeur séparées par un cadre en ébonite E et maintenues au moyen de pinces P (*fig.* 149). Il existe dans le com-

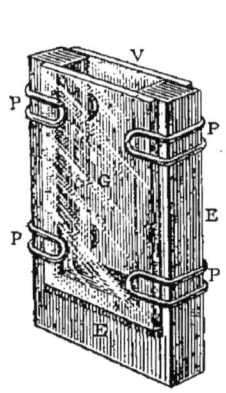 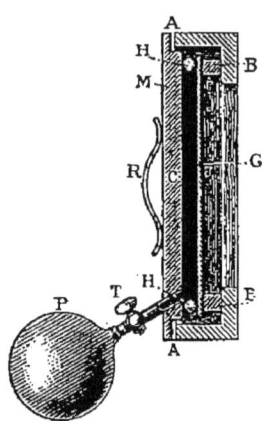

Fig. 149. — Châssis à mercure primitif.

Fig. 150. — Coupe du châssis à mercure Lumière.

merce un certain nombre de modèles de châssis à mercure (*fig.* 150), pour la description desquels nous renvoyons aux catalogues. Nous nous contenterons de décrire celui qu'a imaginé un habile amateur, M. Goddé, châssis qu'il est aisé de construire soi-même (*fig.* 151, 152 et 153).

Le mercure est contenu dans une sorte de cuve *f*

---

[1]. G. Lippmann, *la Photographie des couleurs*. Conférences publiques sur la photographie organisées au Conservatoire national des Arts et Métiers. Paris, Gauthier-Villars, 1893.

LA PHOTOGRAPHIE DIRECTE DES COULEURS 343

dont la paroi antérieure est formée par la plaque sen-

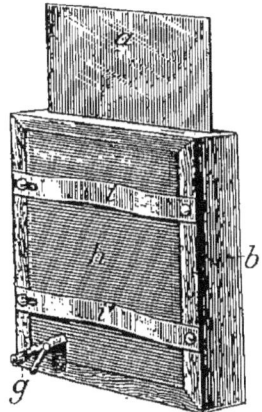

Fig. 151.

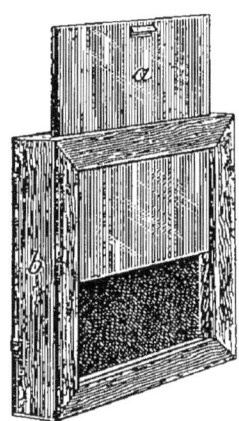

Fig. 152.

sible, la partie émulsionnée regardant le mercure, la partie postérieure par une plaque d'acier d, l'épaisseur par une peau de daim c, le tout étant maintenu par un cadre de bois b. Une plaque d'acier h très mince, emboutie sur les bords, empêche la lumière d'arriver jusqu'à la plaque sensible. Des ressorts en acier i bloquent le tout. Le volet du châssis est une plaque d'acier a.

Un robinet g permet l'accès du mercure M qui est contenu dans un petit réservoir en

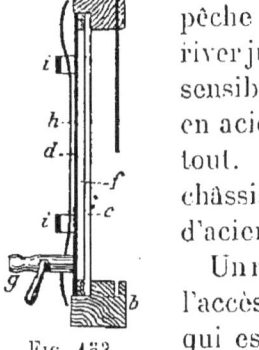

Fig. 153.

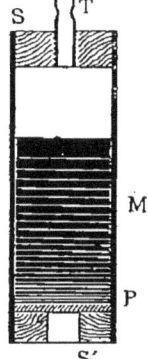

Fig. 154.

fer représenté (*fig*. 154). Le fond est fermé par un

bouchon S'S' muni d'une ouverture centrale obturée par une peau de chamois PP, destinée à assurer le passage de l'air, tout en empêchant la sortie du mercure. L'ouverture du réservoir à mercure est munie d'un bouchon de bois SS, traversé à son centre par un petit tube de fer T muni d'un robinet. On réunit ce tube T au robinet g au moyen d'un tube en caoutchouc. Il suffit d'élever ou d'abaisser le réservoir pour remplir ou vider le châssis de mercure.

150. — Préparation des surfaces sensibles. — On peut utiliser les plaques à l'albumine qu'on trouve dans le commerce ou les préparer soi-même comme nous l'avons indiqué (**114**, p. 219). Il faut seulement leur faire subir divers traitements pour leur donner la sensibilité voulue et pour les isochromatiser, traitements qu'on trouvera décrits en détail dans l'ouvrage classique de M. L. TRANCHANT : *la Photographie des couleurs simplifiée*, auquel nous renvoyons.

Bien que les plaques à l'albumine donnent d'excellents résultats, on leur préfère, à cause de leur plus grande rapidité, les plaques à la gélatine que l'on est obligé de préparer soi-même en suivant les instructions ci-dessous :

L'émulsion est préparée au moyen des deux formules :

A. Eau distillée.................................... 90 cc.
    Gélatine Drescher (dure)................. 4 gr.
    Bromure de potassium..................... 0^{gr},53
    Rouge glycin AFGA sol. alcool. à 1/500... 10 cc.
    Cyanine ch. pure Hoechst solution alcoolique à 1/500............................. 3 cc.

B. Eau distillée.................................... 10 cc.
    Nitrate d'argent fondu blanc............. 0^{gr},75

D'après M. Rothé, on obtient un panchromatisme plus parfait en ajoutant 2 centimètres cubes de vert malachite au $\frac{1}{500}$.

On chauffe modérément, au bain-marie, 4 grammes de gélatine dure Drescher dans 90 centimètres cubes d'eau distillée jusqu'à dissolution complète. On ajoute alors 0^{gr},53 de bromure de potassium, les matières colorantes, et on verse la solution bromurée A ainsi obtenue dans un flacon de grès (dans une bouteille à encre, par exemple) recouvert de drap de façon à rendre sa température aussi constante que possible.

Quand la température est inférieure à 40°, on y verse la solution argentique B, par petites portions, en ayant soin d'agiter vigoureusement. On bouche le flacon et on l'agite à nouveau durant deux ou trois minutes.

L'émulsion ainsi obtenue est filtrée à travers du coton de verre préalablement bien lavé à l'eau distillée, dans un entonnoir à filtra-

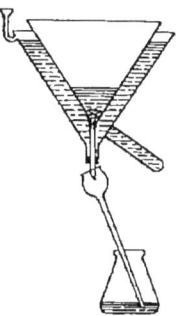

Fig. 155.

tions chaudes. L'émulsion filtrée est recueillie dans un flacon de grès entouré de drap placé sous le filtre. On évite les bulles en plaçant dans ce flacon un entonnoir à long col, descendant jusqu'au fond (*fig.* 155).

L'émulsion s'étend alors, à la manière du collodion, sur des glaces bien propres; on les égoutte et on les place sur une dalle de verre refroidie. Lorsque la gélatine a fait prise, sans attendre qu'elle soit sèche, on passe les glaces quelques secondes dans l'alcool à 90° et on les lave une demi-heure à l'eau courante.

Après lavage, les plaques sont mises à sécher; une

fois sèches on peut les empaqueter et les garder près de six mois. Elles pourraient à la rigueur être employées telles que, mais il est préférable d'augmenter leur sensibilité en les plongeant quelques heures avant l'usage, durant une minute, dans le bain excitateur.

Alcool à 95°......................	40 cc.
Nitrate d'argent, solution aqueuse à 10 0/0.	0cc,6
Acide acétique cristallisable............	11 gouttes.

que l'on conserve en flacons bruns et à l'abri de la lumière.

151. — Temps de pose ; développement. — Le temps de pose est comme toujours variable, selon l'éclairage du sujet, l'objectif employé, etc. ; au soleil, on peut obtenir de bonnes reproductions de fleurs, fruits, vitraux, etc., avec une pose de vingt à quarante secondes. Le temps de pose est environ du même ordre de grandeur que du temps du collodion :

Après la pose, la plaque impressionnée est blaireautée pour enlever les traces de mercure qui ont pu rester à sa surface, puis développée comme une plaque ordinaire. On peut renforcer l'image obtenue.

Je suis persuadé, bien que tous ceux qui ont pratiqué la méthode Lippmann aient toujours recommandé l'emploi de révélateurs organiques, que le révélateur qui convient le mieux au développement des photochromies interférentielles est le développement à l'oxalate ferreux, en bain dilué, c'est-à-dire contenant une faible dose de sulfate ferreux, de manière que le développement se fasse lentement. Rappelons que le révélateur au fer est le seul qui n'agisse pas sur la gélatine ; de même je suis persuadé que l'on obtiendrait de meilleurs résultats en noircissant à l'oxalate ferreux l'image préalablement blanchie au bichlorure pour renforcer l'image : seuls le noircissement à l'oxalate ferreux et le noircissement au chlorure stanneux donnent en effet un dépôt métallique ; l'emploi d'un révélateur organique, quel qu'il soit, donne des produits plus ou moins complexes.

152. — Photochromies interférentielles sur colloïdes bichromatés, négatives par transmission. — En octobre 1902, M. G. Lippmann a présenté à l'Académie des sciences la note suivante, concernant l'emploi d'une surface sensible très simple :

« Une couche d'albumine (ou de gélatine) bichromatée, coulée et séchée sur verre, est exposée à la chambre noire, adossée à un miroir de mercure. Il suffit, ensuite, de la mettre dans l'eau pure pour voir apparaître les couleurs ; ce lavage à l'eau pure, en enlevant le bichromate, fixe l'épreuve, en même temps qu'il la développe. L'image disparaît quand on sèche la plaque, pour reparaître chaque fois qu'on la mouille de nouveau.

Les couleurs sont très brillantes ; on les voit sous toutes les incidences, c'est-à-dire en dehors de l'incidence de la réflexion régulière. En regardant la plaque par transparence, on voit nettement les complémentaires des couleurs vues par réflexion.

La gélatine bichromatée se comporte de même, sauf que les couleurs apparaissent à leur place, non quand la plaque est mouillée en plein, mais quand on la rend légèrement humide en soufflant à sa surface.

La théorie de l'expérience est facile à faire. Comme dans le cas des couches sensibles contenant un sel d'argent, le miroir de mercure donne lieu, pendant la pose, à une série de maxima et de minima d'interférences. Les maxima seuls impressionnent la couche qui prend, par suite, une structure lamellaire et se divise en couches alternativement gonflables et non gonflables par l'eau.

Tant que la plaque est sèche, on n'aperçoit pas d'images; mais, dès que l'eau intervient, les parties de la couche non impressionnées s'en imbibent. L'indice de réfraction varie dès lors périodiquement, dans l'épaisseur de la couche, de même que le pouvoir réflecteur, et l'image colorée devient visible. »

A la séance du 5 juin 1905 de l'Académie des sciences, M. Lippmann a montré qu'on obtenait le même résultat avec une couche de cellulose bichromatée. Pour opérer sur cellulose, on dissout cette substance dans la liqueur de Schweitzer, on coule sur verre; après que la couche a fait prise, on la décolore par un lavage à l'acide chlorhydrique étendu; puis on l'imbibe de bichromate de potassium à 4 $^0/_0$ et on la fait sécher. La couche sèche est exposée dans le châssis à mercure, jusqu'à ce que la trace de l'image soit visible en brun. Il ne reste plus qu'à laver la plaque à l'eau pure pour enlever le bichromate; les couleurs apparaissent en même temps.

M. Lippmann s'est demandé si on ne pourrait pas remplacer, dans ces expériences, l'eau qui s'évapore par une matière solide et fixe.

Il a imbibé la plaque non plus d'eau pure, mais d'une dissolution aqueuse d'iodure de potassium; après séchage, les couleurs subsistent encore, mais faiblement visibles; l'iodure de potassium est donc demeuré dans la plaque en se partageant inégalement entre les maxima et minima d'interférences.

Vient-on à verser sur les couches ainsi chargées d'iodure de potassium à l'état sec une dissolution de nitrate d'argent à 20 $^0/_0$, les couleurs deviennent extrêmement brillantes; on peut ensuite laver la plaque et la faire sécher; les couleurs subsistent après séchage avec tout leur éclat.

Il s'est sans doute formé de l'iodure d'argent qui demeure inégalement réparti dans l'épaisseur de la pellicule. Mais celle-ci demeure transparente, et l'iodure est dissimulé à l'état de solution dans la couche solide; il n'en produit pas moins un renforcement des couleurs qui subsistent après le séchage.

Les couleurs vues par transparence sont changées en leurs complémentaires, et les négatifs ainsi obtenus sont brillants.

Aussi M. LIPPMANN pense-t-il que, si l'on arrivait quelque jour à obtenir le même résultat en partant, non plus de couches bichromatées qui sont peu sensibles et peu isochromatiques, mais de pellicules au gélatinobromure d'argent, on pourrait multiplier les épreuves en couleurs par tirage au châssis-presse, comme dans le cas de la photographie ordinaire.

153. — **Photochromies interférentielles sans miroir de mercure.** — Un habile physicien, M. E. ROTHÉ, a tout récemment montré qu'on peut se passer du miroir de mercure, que n'importe quel appareil peut être employé sans modification aucune; il a présenté à l'Académie des sciences quelques photochromies interférentielles bien réussies, obtenues sans châssis à mercure, avec un appareil quelconque. Nous extrayons de sa communication les indications pratiques qui permettront à tous nos lecteurs d'obtenir avec leur appareil, quel qu'il soit, de magnifiques photographies directes des couleurs.

M. ROTHÉ, remarquant qu'il est logique d'admettre qu'entre la gélatine et le mercure du châssis à mercure tout l'air n'est jamais chassé, qu'il en subsiste une couche mince, a pensé qu'on pourrait obtenir, avec des poses prolongées, des photographies en couleurs par réflexion de la lumière sur la surface gélatine-air seulement.

L'expérience a confirmé cette prévision.

Les photographies en couleurs que M. ROTHÉ a communiqué à l'Académie des Sciences : spectre, perroquet, houx, oiseau, bouquet, ont été obtenues par la méthode interférentielle de M. LIPPMANN, avec cette différence qu'on a supprimé le miroir de mercure et utilisé seulement, comme surface réfléchissante, la surface de séparation gélatine-air.

Il suffit de placer, *dans un appareil quelconque*, la face verre tournée vers l'objet, une plaque transparente au gélatino-bromure, préparée d'après les indications que nous avons données ci-dessus (151).

« Il est aisé de prévoir, dit M. ROTHÉ dans sa communication à l'Académie, d'après la façon dont ces photographies ont été obtenues, qu'elles offriront sans doute un éclat moins vif que les admirables épreuves de M. LIPPMANN. Les couleurs sont pourtant bien visibles, et ces épreuves pourront, je crois, être perfectionnées notablement entre les mains des praticiens, et, en tout cas, *elles présentent l'avantage de pouvoir être obtenues sans matériel spécial, dans un appareil quelconque* ; elles sont déjà tout à fait suffisantes pour pouvoir servir à des démonstrations (variation des teintes avec la température, le degré d'humidité, etc.). Elles sont à la portée de tous les amateurs; c'est à ce titre surtout qu'elles me paraissent offrir quelque intérêt. Toutes les teintes les plus diverses, depuis l'orangé jusqu'au violet, sont fidèlement reproduites. Il est plus difficile d'obtenir le rouge vif en vraie valeur. Il n'apparaît quelquefois, surtout après renforcement, qu'avec une teinte orangée. Je m'efforce de sensibiliser davantage pour le rouge et de modifier la nature de la pellicule sensible, afin d'augmenter l'intensité du faisceau réfléchi. »

154. — Montage des photochromies interférentielles.
— MM. Lumière ont montré que les couleurs sont beaucoup plus belles quand on colle la photochromie, au moyen de baume du Canada, sur un prisme ayant un angle de 10° et les mêmes dimensions que la photochromie.

On constate parfois, après le montage sous prisme, une modification désavantageuse dans les nuances, tandis que, en d'autres cas, l'image gagne considérablement en exactitude et en pureté.

Le Dr Neuhauss a, en effet, constaté que, suivant que la substance en contact immédiat avec le substratum (albumine, gélatine...) de l'image, a un indice de réfraction, plus petit ou plus grand que celui de ce substratum, toutes les couleurs se rapprochent du rouge ou du violet. On peut donc, par un choix convenable des substances interposées, remédier, dans une certaine mesure, à de légères inexactitudes de nuances dues à un mauvais isochromatisme, à un temps de pose défectueux ou à une mauvaise conduite du développement.

L'emploi du baume de Canada, plus réfringent que la gélatine, déterminant un déplacement des couleurs vers le violet, on peut lorsqu'on désire un déplacement inverse, interposer entre l'image et le baume de Canada une couche de vernis au celluloïd.

Enfin, il faut éliminer toute lumière réfléchie par la face arrière de la glace support, en l'enduisant d'un vernis noir à l'alcool, ayant un indice de réfraction différant aussi peu que possible de celui du verre.

155. — **Photochromies directes par adaptation.** — Tandis que les expériences d'Edmond Becquerel étaient répétées et variées par ses contemporains, notamment par Niepce de Saint-Victor, un grand nombre de chercheurs s'ingéniaient à trouver une couche sensible susceptible de prendre telle ou telle couleur qu'on faisait agir sur elle.

Poitevin, l'un des premiers, obtint d'assez bons résultats sur du papier recouvert d'une couche de sous-chlorure d'argent violet; ces expériences furent reprises plus tard par M. de Saint-Florent (1874); la plus grosse difficulté réside dans le fixage des images obtenues, fixage qu'on n'a encore pu réaliser.

Le poète Charles Cros, qui partage comme nous le verrons dans le chapitre suivant, avec Louis Ducos du Hauron, l'honneur d'avoir donné le principe de la photographie indirecte des couleurs, eut, en 1881, l'ingénieuse idée d'employer une couche sensible formée d'un mélange de trois pigments colorés correspondant aux trois couleurs fondamentales (**156**, p. 356). Ces pigments étaient tels que le pigment bleu se décolorait sous l'action de la lumière orangée, le pigment rouge sous l'action de la lumière verte, le pigment jaune sous l'action de la lumière bleue violette. On juxtaposait ou on superposait les trois pigments.

Il étendait sur une glace une couche de collodion coloré en *rouge* par de la carthamine; sur cette couche sèche il coulait une couche de gélatine colorée en *bleu* par de la phyllocyanine; cette seconde couche était elle-même recouverte d'une couche de collodion coloré en jaune par addition de curcuma.

Exposant au soleil, derrière un vitrail ne renfermant que du vert, du violet et de l'orangé, la glace ainsi préparée, la lumière qui a traversé les régions vertes du vitrail, lumière qui ne renferme que des radiations vertes, passe à travers la couche de collodion jaune et la couche de gélatine bleue sans les modifier, mais est absorbée par la couche de collodion rouge qui est décolorée ; sous les régions vertes de l'original, il ne reste donc que du jaune et du bleu, dont le mélange forme du vert.

Il est facile de se rendre compte qu'il se forme de même du violet derrière les régions violettes, de l'orangé derrière les régions orangées ; derrière les parties transparentes, non colorées du vitrail, les trois couches étant également décolorées, on ne voit plus que le blanc du support. S'il y a des noirs dans l'original, sous eux les trois couches colorées restent inaltérées, et leur superposition donne une teinte presque noire.

Le mécanisme de la formation des couleurs dans ces procédés directs à l'aide de couches sensibles susceptibles de se peindre, en prenant la couleur qui les impressionne, ne fut expliqué qu'en 1895 par Otto Wiener. Ces couches sensibles prennent la couleur qui les a frappées puisqu'elles absorbent toutes les couleurs du spectre, excepté celles dont elles prennent la coloration et que les couleurs absorbées les détruisent; si, par exemple, sur une plaque colorée en bleue nous faisons agir de la lumière rouge, celle-ci est absorbée et modifie la couleur de la couche sensible; si, au contraire, on fait agir de la lumière bleue, elle est renvoyée sans être absorbée; il en résulte que la seule couleur qui puisse exister sur cette couche sensible éclairée par de la lumière bleue est le bleu.

D'après M. Otto Wiener, la couche chromosensible

idéale serait une substance noire absorbante, composée de diverses substances absorbantes au nombre minimum de trois, chacune d'elles absorbant toutes les couleurs sauf une, et étant modifiée par les couleurs absorbées; une couleur simple agissant sur une telle couche, seule la substance colorante lui correspondant resterait inaltérée. Si on fait agir une couleur complexe telle que le vert, formé de bleu et de jaune, deux des couleurs fondamentales de la couche, seules les substances bleues et jaunes restant inaltérées, réfléchissent des radiations bleues et jaunes dont le mélange nous donne l'impression du vert[1].

M. Emile Vallot a pu obtenir une couche chromosensible en faisant flotter une feuille de papier sur le mélange des trois solutions :

```
I.   Alcool ..................................   50 cc.
     Pourpre d'aniline.... ..................   0,20

II.  Alcool ..................................   50
     Bleu Victoria...........................    0,20

III. Alcool ..................................   50 cc.
     Curcuma.................................    0,20
```

qui colore en noir le papier.

Celui-ci une fois sec reproduit les couleurs d'un vitrail derrière lequel on l'insole.

Malheureusement, deux à trois jours de pose sont nécessaires; en outre le jaune laisse encore à désirer;

---

1. Cette sorte d'adaptation de la couche chromosensible qui, prend la couleur qui la détruit le moins, rappelle des phénomènes analogues présentés par certains animaux : notamment les chrysalides du *Lanaïs chrysippus*, vertes dans la nature, deviennent blanches, rouges, orangées, noires, quand on les cultive dans une enceinte tendue de papier blanc, rouge, orangé, noir.

on peut, pour le rouge, remplacer avantageusement le pourpre d'aniline par la safranine.

MM. Auguste et Louis LUMIÈRE ont obtenu une couche chromosensible en employant comme matières colorantes la cyanine, le rouge de quinoléine et le curcuma. Mais les résultats obtenus ne sont pas encore très bons; il est en effet difficile de trouver trois matières colorantes présentant la même loi de sensibilité à la lumière, et l'impression est encore très lente.

En outre, ces images en couleurs n'ont pu encore être fixées. Il faut noter cependant que MM. A. et L. LUMIÈRE ont pu réaliser un commencement de fixage, pour certaines couleurs, en traitant l'image colorée par des sels métalliques appropriés formant des combinaisons plus stables que les matières colorantes elles-mêmes [1]. Et encore ce mode de fixage incomplet présente l'inconvénient de modifier les couleurs.

---

[1]. A. et L. LUMIÈRE, *la Photographie des couleurs; ses méthodes et ses résultats*. Communication à la séance du 3 janvier 1896, de la Société française de Photographie.

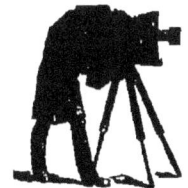

CHAPITRE XIX

La photographie indirecte des couleurs

156. — Principe. — Les divers procédés de photographie indirecte des couleurs que l'on connait actuellement dérivent tous de la méthode due aux Français Charles Cros et Louis Ducos du Hauron qui, sans se connaître et sans avoir eu la moindre relation, eurent simultanément la même idée qu'ils communiquèrent à la même séance de la *Société française de Photographie* (7 mai 1869).

La photochromographie — c'est ainsi que les Congrès internationaux de photographie ont décidé d'appeler la photographie indirecte des couleurs — est basée sur le fait bien connu que le mélange, en proportions convenables, de trois couleurs convenablement choisies permet de reproduire l'infinie variété de couleurs simples ou complexes que nous présente la nature. Les trois *couleurs fondamentales* doivent être choisies de manière à pouvoir, par leur mélange, reproduire la lumière blanche : ce sont, généralement, le bleu, le jaune ou le vert et le rouge.

Charles Cros[1], plus connu comme poète que comme inventeur, bien qu'on lui doive aussi l'invention du téléphone et du phonographe, déposa, le 2 décembre 1867, à l'Académie des sciences de Paris, un pli ca-

---

[1]. Né à Fabrezan (Aude) en 1842, mort à Paris le 9 août 1888.

cheté intitulé : « *Procédé d'enregistrement et de reproduction des couleurs, des formes et des mouvements* », qui ne fut ouvert que le 26 juin 1876. En février 1869, il décrivit, ainsi qu'il suit, le principe de sa méthode :

« Il s'agit de prendre trois épreuves différentes, l'une de tous les points plus ou moins rouges ou qui contiennent du rouge, la seconde de tous les points jaunes ou contenant une proportion de jaune, la dernière de tous les points bleus ou contenant du bleu.

Ces trois épreuves, en les supposant obtenues en teintes uniformes, comme celle de la photographie ordinaire, expriment en noir, et en gris, plus ou moins foncés, les quantités respectives de jaune, de rouge, de bleu, qu'il y a dans tous les points du tableau.

Ainsi on aura l'ensemble de tous les renseignements sur le tableau proposé, mais non pas sa reproduction pour la vue immédiate. En un mot, l'*analyse* du tableau est faite au point de vue de sa couleur...

Le procédé d'analyse successive par transparence est le premier moyen qui m'est venu à l'esprit; il consiste à tamiser les rayons à travers des verres colorés. Un second moyen consiste à prendre successivement trois épreuves avec un appareil photographique ordinaire, sans aucune modification, mais en ayant soin d'éclairer les objets à reproduire, d'abord avec de la lumière rouge, ensuite avec de la lumière jaune, enfin avec de la lumière bleue. »

Dans sa brochure : *les Couleurs en photographie, solution du problème*, Louis Ducos du HAURON expliquait ainsi le principe de la méthode indirecte de photographie des couleurs : « Au lieu de confier au soleil le soin d'engendrer les couleurs, ne pourrait-on pas le charger simplement de les distribuer? Ou bien de chercher une préparation unique qui absorbe en quelque sorte et qui garde en chaque point de sa surface les colorations des rayons qui les frappent, ne pourrait-on pas soumettre à l'action de la lumière une préparation multiple et polychrome, ou, du moins, renfermant virtuellement toutes les nuances possibles, laquelle, composée exclusivement de couleurs déjà connues et fournies par l'industrie, serait uniformément étendue sur tous les points de la surface photogénique, dans des conditions telles que, sous chacun des rayons simples ou composés qui viennent la frapper, se fixât la couleur simple ou composée correspondante, les autres couleurs étant éliminées sous ce même rayon? »

Mais ainsi envisagé, le problème est très complexe; Ducos du Hauron le simplifie, en ayant recours aux trois couleurs fondamentales :

« Si on décompose — dit-il — en trois tableaux distincts, l'un rouge, l'autre jaune, l'autre bleu, le tableau, en apparence unique, qui nous est offert par la nature et, si de chacun de ces trois tableaux, on obtient une image photographique séparée qui en reproduise la couleur spéciale, il suffira de confondre ensuite en une seule image les trois images ainsi obtenues pour jouir de la représentation exacte de la nature, couleur et modelé tout ensemble. »

157. — Obtention des trois négatifs. — Pour obtenir photographiquement l'image rouge représentant toutes les régions du modèle qui sont rouges ou renferment du rouge (violet, orangé... etc.), on doit — dit M. G. Naudet dans sa brochure, *la Photographie des couleurs à la portée de tous* — tout d'abord réaliser un *négatif des rouges*, c'est-à-dire une image négative, transparente en tous points qui correspondent à un rouge du sujet à représenter, opaque, au contraire, en tous autres points. Toutes les radiations, qui figurent dans le pigment rouge de l'image définitive et auxquelles la plaque employée est sensible, devront donc être arrêtées avant leur arrivée à la plaque par un écran coloré convenablement choisi. En particulier, cette condition serait réalisée à coup sûr par un écran dont la teinte soit exactement complémentaire de celle du pigment rouge, c'est-à-dire par un certain écran vert. De même, toutes les radiations réfléchies par le pigment bleu seront arrêtées par un certain écran orangé; toutes les radiations du pigment jaune seront arrêtées par un écran violet. Remarquons toutefois que, si telle plaque employée n'est que très peu sensible à certaines radiations que l'on devrait, en principe, éliminer par l'écran, on pourra, sans nul inconvénient, les laisser arriver jusqu'à la plaque. C'est ainsi que, dans la pratique, l'écran jaune pourra être substitué à l'écran vert, si, pour l'obtention du négatif des rouges, on emploie une plaque orthochromative au jaune et au vert, et d'une faible sensibilité pour la région rouge orangé (plaque Lumière orthochromatique, série A); dans ce cas, en effet, les radiations rouge orangé qui traversent l'écran n'ont pas le temps d'impressionner la plaque. De même, aucun écran n'est nécessaire pour obtenir le négatif du jaune, si la plaque employée est beaucoup plus sensible aux radiations bleu violet qu'aux autres radiations du spectre (plaques au gélatino-bromure non orthochromatiques).

Cependant, pour obtenir un tirage parfait, il faut tenir compte — ce que personne ne semble avoir encore indiqué — de ce que la plaque photographique est sensible aux diverses radiations invisibles, ultraviolettes par exemple, qui n'affectent pas l'œil et que chacun des écrans doit, par conséquent, arrêter.

Comme on le voit, en réalité, l'*écran rouge* doit laisser passer non pas uniquement les radiations rouges, mais aussi les radiations orangées ; de même, l'*écran jaune* (qu'on peut remplacer par un écran vert) doit laisser passer le vert et le jaune ; l'*écran bleu*, le violet, l'indigo et le bleu. »

158. — Écrans ou filtres. — Si, aux débuts, Louis Ducos du Hauron employa des verres colorés, on a dû y renoncer, à cause de l'impossibilité qu'on a de se procurer des lames de verre à faces bien parallèles, d'une nuance et d'une intensité déterminées ; on peut utiliser soit des cuves à faces parallèles remplies de solutions appropriées, soit des pellicules de collodion ou de gélatine colorée dans la masse. Lorsqu'il s'agit de petits formats on peut placer les écrans contre les surfaces sensibles ; mais, le plus souvent, on les place devant ou, mieux, derrière l'objectif.

On trouve dans le commerce des écrans pour sélection trichrome, tout prêts. Nous indiquerons néanmoins deux modes de préparation de ses écrans. Le premier est indiqué ainsi qu'il suit par M. Naudet, dans la brochure citée plus haut :

« Le plus simple est de prendre une plaque ordinaire (sur verre extra-mince) au gélatino-bromure et de la débromurer dans une solution d'hyposulfite à 15 $^0/_0$ avant de la colorer ; les nouvelles plaques sur vitrose rigide de MM. Lumière conviennent particulièrement à cause de leur minceur. La plaque débromurée et lavée est plongée cinq ou six minutes dans la solution colorante, puis on rince légèrement à un courant d'eau et on laisse sécher.

Pour le rouge orangé, nous accolons deux de ces

écrans préparés l'un avec une solution aqueuse d'éosine, l'autre avec une solution d'aurantia. Pour le jaune, nous accolons deux écrans à l'acide picrique : on prépare une solution *saturée* d'acide picrique à laquelle on ajoute quelques centimètres cubes d'ammoniaque. Nous n'employons pas d'écran bleu; on peut s'en passer. »

MM. Auguste et Louis Lumière décrivent le mode de préparation suivant :

Des glaces à faces parallèles de 2 millimètres d'épaisseur et très propres sont recouvertes d'une couche d'une solution à 10 °/₀ de gélatine, aussi parfaitement filtrée que possible; après avoir versé environ 5 centimètres cubes de solution de gélatine pour chaque glace de 10 centimètres de côté on fait prendre en gelée sur une table horizontale refroidie, et l'on fait sécher ces couches de gélatine à l'abri de la poussière.

Les teintures qui servent à préparer les écrans sont obtenues à l'aide des matières colorantes suivantes dont nous indiquons les constitutions afin d'éviter toute erreur :

1° Bleu de méthylène nouveau N (n° 426 de la table du Traité des Matières colorantes de Seyewetz et Sisley). $C^{18}H^{22}NS^3Cl$. Cette substance est le chlorozincate de la diéthylparamidocrésylthiazine;

2° Jaune auramine G. $C^{17}H^{22}N^3Cl$. (n° 292) Chlorhydrine de l'amidodiméthylparadiamidoorthodicrésylméthane;

3° Jaune métanile $C^{18}H^{14}N^3SO^3Na$ (n° 29) Phénylamidoazobenzènemétasulfonate de sodium.

4° Erythrosine $C^{20}H^6I^4O^5N^2a$ (n° 398) Tétraiodofluorescéine (sel de sodium).

Les bains de teinture sont alors constitués par des

mélanges dans les proportions indiquées ci-dessous des solutions de ces matières colorantes :

BAIN VERT

Solution de bleu de méthylène N à $1/2~^0/_0$.	5 cc.
— d'auramine G à $1/2~^0/_0$ ..	30 —

BAIN BLEU VIOLET

Solution de bleu de méthylène à $1/2~^0/_0$..	20 cc.
Eau	20 —

BAIN ORANGÉ

Solution d'érythrosine à $1/2~^0/_0$	18 cc.
Solution de jaune métanile saturée à 15°..	20 —

Les glaces gélatinées, dont nous avons indiqué la préparation, sont immergées dans ces bains de teinture préalablement filtrés et amenés à la température de 20°. Les bains doivent être constamment agités pendant la teinture; après cinq minutes d'immersion, les glaces sont retirées, lavées sommairement pour éliminer l'excès de solution colorante, et mises à sécher.

Pour arriver à l'intensité de couleur qui convient et afin d'assurer la conservation des écrans, les glaces teintes sont collées deux à deux, couche contre couche, au moyen d'une solution concentrée et visqueuse de baume de Canada dans le chloroforme.

Quels que soient les écrans employés, il est bon de les essayer, en opérant comme l'indique M. G. Naudet : on dessine sur papier bien blanc un rectangle et on le divise en trois parties égales qu'on colore respectivement avec chacune des couleurs qu'on se propose d'employer pour l'image définitive. On photographie le tableau ainsi obtenu, successivement avec chaque écran, employé, avec la plaque correspondante. Le négatif obtenu avec l'écran jaune (destiné à tirer le positif rouge) ne doit être transparent que dans la région correspondant à la partie rouge du rectangle, et doit être opaque dans les autres parties ; de même, le négatif obtenu avec l'écran jaune rouge doit n'être transparent que dans la région correspondant à la partie bleue du rectangle, etc.

159. — EXPOSITION; CHOIX DES SURFACES SENSIBLES. — Il est assez difficile de donner des indications exactes sur le temps de pose.

On peut, si les *trois* écrans sont bien choisis, employer des surfaces sensibles *panchromatiques* pour obtenir les trois négatifs. Avec les plaques panchromatiques LUMIÈRE, les temps de pose peuvent être déterminés approximativement par les règles suivantes :

I. Pour le *négatif du jaune*, obtenu derrière l'*écran violet*, le temps de pose doit être double de ce qu'il serait s'il n'y avait pas d'écran ;

II. Pour le *négatif du rouge* obtenu derrière l'*écran vert*, il doit être environ vingt fois le temps de pose précédent ;

III. Pour le *négatif du bleu* obtenu derrière l'écran *orangé*, il sera environ quatre-vingts fois le temps de pose du négatif obtenu derrière l'écran bleu.

Mais le plus souvent l'emploi d'une seule espèce de surface sensible pour l'obtention des négatifs est une simplification, au détriment de la sélection.

Il vaut mieux employer trois séries de surfaces sensibles présentant, respectivement et spécialement, une sensibilité aussi considérable que possible pour les radiations *vertes*, *orangées* et *violettes*, en réduisant au minimum la sensibilité aux autres régions spectrales. MM. A. et L. LUMIÈRE, qui sont arrivés à préparer de telles surfaces sensibles, donnent les conseils suivants relatifs au temps de pose et à l'exposition :

« Quel que soit le soin apporté à la confection des écrans, il n'est pas possible de les obtenir possédant toujours exactement la même valeur et la même intensité; on ne peut donc pas indiquer des rapports fixes de temps de pose qui pourraient être adoptés dans tous les cas.

On se trouve par conséquent dans l'obligation de déterminer, par tâtonnement, les temps de pose relatifs pour chaque série d'écrans.

Il faut généralement poser dix ou douze fois plus avec les écrans orangé et vert qu'avec l'écran bleu violet. Nous indiquons ce chiffre simplement comme premier point de repère, le rapport précis étant variable et devant être déterminé spécialement, une fois pour toutes, pour chaque série d'écrans.

Les plaques photographiques que nous utilisons et qui remplissent les conditions indiquées sont celles de notre fabrication et que l'on trouve dans le commerce sous le nom de plaques orthochromatiques série A, sensibles au vert, série B, sensibles au rouge et à l'orangé et de plaques dites étiquette bleue, sensibles au bleu et au violet.

Lorsqu'on a déterminé empiriquement, une fois pour toutes, les rapports des temps d'exposition pour les écrans que l'on a choisis, et que l'on a apprécié les temps de pose, suivant l'objet à photographier, l'éclairage, les constantes de l'objectif, etc..., on procède à l'exposition des trois plaques.

Il convient, pour cette manipulation, de tenir le plus grand compte des remarques suivantes :

1° *La chambre noire doit être solidement fixée* de façon à ne pas subir de déplacement au moment de la substitution des plaques et des écrans correspondants;

2° Nous rappelons que l'*écran bleu-violet doit être employé avec la plaque ordinaire étiquetée bleue, l'écran vert avec la plaque série* A et *l'écran orangé avec la plaque série* B;

3° Si l'on a à *redouter le déplacement de l'objet ou la variation de l'éclairage*, comme c'est le cas dans la photographie d'un paysage ensoleillé, *il est important d'effectuer aussi rapidement que possible les trois opérations et de ne pas perdre de temps pour le changement des plaques et des écrans ;*

4° *Il faut éviter le halo avec le plus grand soin.* Si ce phénomène accessoire se produisait, ce ne serait pas avec la même intensité sur les trois négatifs et il en résulterait inévitablement des dominantes colorées, qui viendraient fausser le résultat de la synthèse définitive.

Les plaques anti-halo avec sous-couche colorée ne conviennent pas pour la photographie des couleurs, parce que la sous-couche ne disparaît pas toujours d'une façon complète et laisse fréquemment des marbrures, zones, traînées sans importance dans la photographie ordinaire, mais suffisantes pour altérer, dans la méthode qui nous occupe, les couleurs de l'épreuve finale.

Pour diminuer autant que possible l'influence de ce phénomène, nous choisissons des plaques à couche épaisse, dont nous enduisons le dos d'un collodion dont la composition est la suivante :

Collodion à 1,5 % saturé de
Chrysoïdine, c'est-à-dire environ 20 grammes par litre.

On enlève facilement ce collodion avant le développement au moyen d'un tampon de coton imbibé d'un mélange d'alcool et d'éther. »

160. — **Développement et achèvement des négatifs.** — Quant au développement des trois négatifs, il suffit de suivre les conseils donnés par MM. Lumière :

« Nous rappelons que le développement des négatifs s'effectue à la lumière rouge pour les plaques série A, et la lumière verte pour les séries B et pour les plaques ordinaires. Les plus grandes précautions doivent être prises pour éviter les voiles qui se traduiraient par des dominantes colorées dans le résultat synthétique.

Les révélateurs qui conviennent sont ceux qui fournissent des négatifs doux, sans empâtement des demi-teintes.

Les clichés durs doivent être rejetés ; c'est le *développateur au diamidophénol* qui paraît réunir le mieux les conditions requises.

Les arrêts de développement même très faibles, les marbrures provenant du manque d'agitation du bain, les irrégularités d'intensité dues à l'emploi d'un révélateur trop concentré n'agissant pas sur toute la surface de la plaque au même moment, ou de l'addition d'un produit pendant cette opération sans assurer l'homogénéité parfaite de la solution, en un mot tout ce qui peut compromettre la parfaite régularité du développement et son action uniforme sur tous les points de la plaque, doit être évité soigneusement, sous peine de retrouver, dans l'épreuve finale, la trace colorée de défauts que la photographie monochrome laisse passer inaperçus.

C'est pour ces motifs que, dans les cas où les négatifs doivent être affaiblis ou renforcés, ces manipulations seront effectuées au moyen de réactifs très dilués, agissant très lentement et très régulièrement.

Et même en prenant ces précautions, nous avons remarqué que l'on devait réduire au minimum ces opérations accessoires qui sont souvent, malgré tous les soins, les causes de zones colorées du plus mauvais effet.

Lorsqu'on devra néanmoins faire subir ces traitements, on emploiera les formules suivantes, sans omettre l'agitation des bains, pendant toute la durée de leur action. »

Le développement lent convient particulièrement au développement des trois négatifs analytiques; on trouve dans le commerce des cuves à trois rainures spécialement destinées à cet usage.

« Le régime du séchage des négatifs après leur lavage complet ne doit pas être changé, c'est-à-dire qu'au cours de cette dernière opération la température, le degré hygrométrique, l'aération du laboratoire dans lequel le séchage a lieu, ne doivent pas être modifiés.

Lorsque les clichés sont bien secs, on les encadre en collant parallèlement aux bords de petites bandelettes découpées dans du papier noir bien opaque ou dans des feuilles d'étain minces, de façon à former la réserve indispensable qu'exigent les méthodes se rattachant au procédé dit *au charbon*.

Les retouches sur les négatifs ne doivent porter que sur les accidents, tels que : trous, piqûres, provenant de poussières, rayures, etc..., et doivent être réduites au minimum. »

Afin de ne pas se tromper, il est bon de marquer de signes différents les trois négatifs. Le mieux, d'après M. L. TRANCHANT (*la Photographie des cou-*

leurs simplifiée) est de faire, dans un coin, au moyen d'un crayon à mine de plomb :

1° *Un* trait sur le *négatif du jaune*, obtenu derrière l'écran *violet* ;

2° *Deux* traits sur le *négatif du rouge* obtenu derrière l'écran *vert* ;

3° *Trois* traits sur le *négatif du bleu* obtenu derrière l'écran *orange*.

Il est bon de faire les mêmes marques sur les trois châssis négatifs contenant les trois surfaces sensibles.

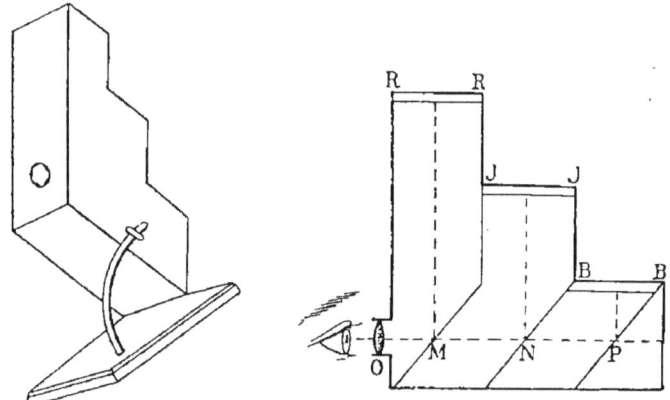

Fig. 156.   Fig. 157. — Coupe du chromoscope Zink.

On a imaginé un très grand nombre de chambres noires, munies ou non de prismes et de miroirs appropriés, qui permettent au moyen de trois objectifs ou, mieux d'un objectif unique, d'obtenir simultanément les trois négatifs analytiques ; nous ne pouvons les décrire tous ici. Nous nous contenterons de signaler le *photopolychromoscope*, imaginé par M. Charles Zink, photographe à Gotha, et analogue au *chromomètre* qu'avait décrit Charles Cros. Le dispositif de Zink, un des plus simples qu'on ait construit, permet non seulement de prendre les trois négatifs analytiques, mais encore d'obtenir la superposition visuelle des trois positifs colorés (*fig.* 156 et 157).

Dans cet appareil, l'image donnée par l'objectif O est réfléchie respectivement par les trois miroirs plans M, N, P (dont les deux premiers M et N sont transparents) sur les surfaces sensibles BB, ordinaire; JJ, orthochromatisée pour le jaune, et RR, orthocromatisée pour le rouge, devant lesquelles sont respectivement placés des écrans colorés bleu, jaune et rouge.

161. — Synthèse temporaire des couleurs. — Chromoscopes. — L'appareil de Zink présente sur nombre d'autres chromographes l'avantage d'être réversible et de permettre la reconstitution des couleurs : il suffit, en effet, de tirer des trois négatifs trois positifs transparents, de placer ceux-ci aux places respectivement occupées par les surfaces sensibles lors de la pose et de regarder, avec un seul œil, à travers l'objectif O, fonctionnant alors, comme oculaire, pour voir l'objet reproduit en couleurs et en relief.

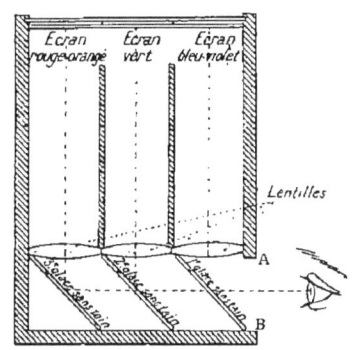

Fig. 158. — Chromoscope Ducos du Hauron.

On a ainsi effectué une *synthèse temporaire* des couleurs de l'objet photographié ; il existe un très grand nombre de *chromoscopes* permettant de reconstituer ainsi les couleurs de l'original ; nous ne pouvons les citer tous ici.

L'idée du chromoscope est due à Louis Ducos du Hauron ; la figure 158 représente le dispositif qu'il avait imaginé, dispositif dont l'avantage est de permettre de placer les trois positifs de front, respectivement dans les plans focaux des trois lentilles. Il en résulte que les trois images virtuelles superposées perçues par l'œil sont très éloignées et, par suite, aucun dédoublement d'image, dû aux deux faces des miroirs, n'est sensible. Ducos du Hauron proposait d'augmenter la netteté de l'image en couleurs par l'addition au système d'une lentille divergente placée en AB.

Signalons enfin un chromoscope breveté par MM. Lumière, dans lequel la sensation de couleur est produite d'une façon fort originale. Au lieu de superposer soit matériellement, soit par reflets les trois monochromes, on les fait défiler successivement, d'une manière rapide et continue, sous l'œil de l'observateur. La superposition des couleurs s'opère ainsi sur la rétine, grâce au phénomène de la persistance des impressions lumineuses.

Les trois négatifs reproduisant séparément les radiations rouges, bleues et jaunes de l'objet photographié sont obtenues par les méthodes connues; mais, au lieu de tirer de ces trois négatifs des positifs ayant respectivement les trois couleurs fondamentales, on en tire trois photogrammes positifs en noir sur des papiers de couleurs complémentaires de celles des radiations reproduites par chacun de ces photogrammes, c'est-à-dire que le photogramme représentant les radiations rouges (négatif obtenu sous l'écran vert) est tiré sur un fond vert... ou tiré sur papier sensible ordinaire et teint ensuite dans un bain colorant approprié. Si on fait passer sous l'œil de l'observateur une série de ces photogrammes représentant le même objet, et, la vitesse étant réglée de manière que les impressions sur la rétine de ces trois images successives puissent persister en même temps, la superposition des parties colorées du fond produit du blanc dans les parties claires, et les parties noires de chaque photogramme ne laissent apercevoir que la teinte combinée des deux autres, dont la réunion reproduit précisément la couleur des radiations représentées sur le premier photogramme par ces parties noires.

Pour obtenir la succession des images et le temps de repos nécessaire à chacune pour qu'elle impressionne suffisamment la rétine, MM. Lumière emploient l'appareil représenté par la figure 159. Les photogrammes successifs R, B, J; R', B', J', ..., collés sur des cartons flexibles, sont fixés radialement autour d'un axe qui reçoit un mouvement de rotation dans le sens de la flèche, pendant

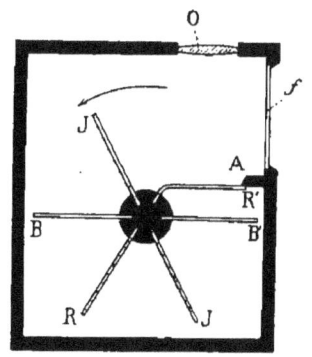

Fig. 159.
Chromoscope Lumière.

qu'un taquet fixe A retient chaque carte au passage et la maintient pendant un temps suffisant pour être vue au repos par l'observateur, qui regarde en O les images éclairées par la fenêtre f'.

162. Projections trichromes. — Le chromoscope de Zink présente encore l'avantage de pouvoir aisément s'adapter à la projection.

Les projections trichromes se font parfois en éclairant les trois positifs au moyen de trois lanternes munies respectivement d'écrans bleu, jaune et rouge, identiques à ceux qui ont servi à la prise des trois négatifs et en superposant les images projetées ; on projette d'abord les trois images noires, et ce n'est qu'après avoir obtenu leur superposition sur l'écran blanc qu'on place les filtres colorés destinés à tamiser la lumière. On a imaginé un certain nombre de dispositifs de lanternes à trois corps n'utilisant qu'une seule source de lumière et un seul condensateur; telle est celle représentée figure 160.

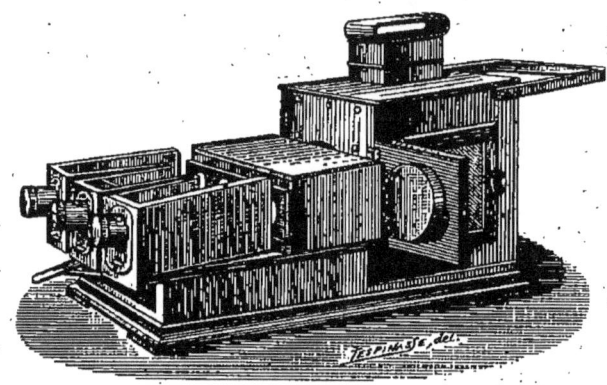

Fig. 160. — Lanterne pour projections trichromes.

Un ingénieux procédé de synthèse temporaire des couleurs par projection, dû à M. G. Lippmann, utilise aussi la réversibilité de la marche des rayons lumineux à travers les lentilles : trois petits objectifs sont montés sur la planchette d'une chambre noire et munis respectivement des trois écrans colorés destinés à opérer la sélection des trois couleurs ; en face de chaque objectif se trouve, dans le châssis négatif, une surface sensible aux radiations que laisse passer l'écran correspondant. Ces trois négatifs obtenus par ce dispositif servent à tirer trois positifs transparents que l'on met à la place du verre dépoli et qu'on éclaire au moyen d'une forte lanterne à projection; on projette ainsi sur un écran blanc une image polychrome de l'objet photographié, image qu'on peut agrandir ou réduire à volonté en plaçant, devant les trois objectifs, une lentille convergente ou divergente convenablement choisie.

Avec ce dispositif ainsi qu'avec le chromoscope de Zink et les appareils analogues, les trois couleurs fondamentales qui permettent la synthèse des couleurs de l'objet sont précisément celles qui ont fourni les trois négatifs, de sorte que le rendu est aussi complet que possible.

163. — **Synthèse durable des couleurs.** — Le rendu, bien que parfois voisin de la perfection, ne peut être aussi bon lorsqu'on fait une synthèse durable des couleurs, par superposition ou juxtaposition de pigments, les couleurs de ces derniers correspondant rarement exactement aux filtres de lumière employés.

Il faut, en ce cas, choisir d'abord les trois couleurs pigmentaires fondamentales destinées à obtenir les trois positifs monochromes. Les couleurs *jaune, cramoisie* et *bleu verdâtre* sont, d'après le baron von A. Hubl; celles qui conviennent le mieux; ces couleurs étant choisies, il faut déterminer la nuance et l'intensité des trois filtres qui doivent leur correspondre. Les meilleurs résultats sont obtenus si, *au travers de chacun des filtres, deux des couleurs pigmentaires, choisies comme couleurs fondamentales, agissent comme du blanc, la troisième se comportant comme du noir.*

Le tableau suivant résume les couleurs à employer dans le cas de *synthèse temporaire par addition de lumières colorées* et, dans le cas de *synthèse durable, par superposition de pigments :*

I. Correspondant au négatif impressionné derrière l'*écran violet ;*

II. Correspondant au négatif impressionné derrière l'*écran vert;*

III. Correspondant au négatif exposé derrière l'*écran orangé.*

Radiations..... $\begin{cases} Positif\ \ I : \text{Violet.} \\ Positif\ \ II : \text{Vert.} \\ Positif\ III : \text{Orangé.} \end{cases}$

Pigments....... $\begin{cases} Positif\ \ I : \text{Jaune.} \\ Positif\ \ II : \text{Cramoisi.} \\ Positif\ III : \text{Bleu verdâtre.} \end{cases}$

De nombreux procédés d'*impression positive* peuvent être utilisés à la synthèse durable des couleurs ; le procédé au charbon a été le premier employé par Ducos du Hauron : on tire les trois positifs sur du papier au charbon respectivement rouge, jaune et bleu, on détache les trois pellicules et on les superpose.

En 1881, Charles Cros et Carpentier ont présenté à l'*Académie des Sciences* une méthode de tirage basée sur l'emploi des couches de collodion albuminé, renfermant 2 à 3 % de bromure de cadmium, sensibilisées au bichromate d'ammonium ; la lumière, agissant sur ces couches les rend incapables de s'imbiber de matières colorantes.

C'est cette méthode qui, reprise et perfectionnée par MM. Auguste et Louis Lumière, leur a donné les si bons résultats qui ont fait l'admiration du monde entier. Aussi nous contenterons-nous de reproduire le manuel opératoire décrit par MM. Lumière, renvoyant le lecteur, pour la description de procédés d'exécution plus facile, mais moins parfaits, aux deux ouvrages classiques de M. G. Naudet et de M. L. Tranchant.

164. — Synthèse durable des couleurs par le procédé Lumière. — Préparations des papiers sensibles. — La préparation des couches sensibles destinées au tirage des monochromes présente quelques difficultés. L'uniformité de l'épaisseur de la couche, l'inextensibilité du papier qui la supporte, la parfaite régularité du séchage constituent les points les plus délicats de cette manipulation. Nous réalisons ces différentes conditions en opérant de la manière suivante :

Des plaques de verre planes et parfaitement propres sont légèrement enduites de talc, puis frottées au moyen d'un tampon de coton hydrophile jusqu'à ce qu'il ne reste plus de particules visibles de cette substance.

Les bords de la plaque talquée sont ensuite recouverts de la solution suivante :

Benzine cristallisable	1000
Caoutchouc pour dissolution	15

Cette solution est passée au pinceau de façon à former tout autour de la plaque une bande de quelques millimètres de largeur.

Lorsque le caoutchouc est sec, on recouvre la plaque d'un collodion composé comme suit :

Alcool	500
Ether	625
Coton-poudre	12,5
Huile de ricin	3

Après séchage du collodion, on applique sur la plaque ainsi préparée une feuille de beau papier couché, découpé à la dimension de la plaque. A cet effet, la lame de verre et le papier sont placés dans une cuvette contenant une solution de gélatine à 7 % amenée à la température de 50 % environ.

Le côté baryté du papier est mis en contact avec le verre collodionné. L'excès de gélatine est enfin éliminé à l'aide d'une raclette, puis le tout est mis à sécher.

On recouvre enfin le papier du vernis suivant :

Alcool	50
Vernis blanc **A** (Sœhné)	50

Après douze heures de séchage à la température ordinaire, le support ainsi préparé est prêt à recevoir la couche sensible, dont voici la composition :

Eau	1000
Gélatine pour émulsion	120
Colle forte (Coignet)	120
Bichromate d'ammoniaque	60
Citrate de potasse bimétallique, solution à 25 %	40 cc.
Rouge cochenille	1 gr.
Alcool	200

Pour préparer ce mélange, on met la gélatine et la colle à gonfler douze heures à l'avance, on fait dissoudre au bain-marie de 50 à 60°, puis on laisse refroidir à 35°, et l'on ajoute successivement et en agitant le bichromate d'ammoniaque, le citrate de potasse, le rouge cochenille et enfin par petites portions l'alcool ; on filtre sur une étoffe fine, puis on étend cette substance sensible sur les plaques recouvertes de papier, préparées comme il a été expliqué plus haut ; il faut environ 15 centimètres cubes du mélange pour une surface de 13 × 18 centimètres.

Les plaques ainsi recouvertes de la solution gélatineuse sont mises sur une table de marbre ou de verre bien horizontale et refroidie au moyen de glace. Lorsque la couche est prise en gelée, elles sont mises à sécher dans une étuve obscure et bien ventilée dont la température ne doit pas excéder 20°.

La température, le degré hygrométrique de l'air, en un mot le régime du séchage, doivent être parfaitement constants pendant toute la durée de la dessiccation, qui ne doit pas excéder douze heures.

Ce séchage est fort délicat, toute variation pouvant modifier la sensibilité des différentes régions d'une même couche et toute variation de sensibilité se traduisant, dans le résultat final, par des zones colorées inacceptables.

Toutes les précautions prises pour le séchage des papiers au charbon doivent ici être également observées, et plus rigoureusement encore que pour les méthodes habituelles.

Après séchage, les papiers sensibles sont décollés des verres qui leur servaient de supports provisoires.

TIRAGE, DÉVELOPPEMENT ET COLORATION DES MONOCHROMES. — L'*exposition* des papiers sensibles sous les négatifs s'effectue comme s'il s'agissait de papier au charbon ordinaire. L'image n'étant pas visible pendant le tirage, il faut faire usage de photomètres, et les précautions à prendre au cours de cette opération sont identiques à celles que nécessitent les procédés déjà connus.

Lorsque l'impression est terminée, on procède au *report* de l'image et à son développement. A cet effet, on a préparé d'avance des plaques de verre bien nettoyées, talquées et collodionnées, comme il a été expliqué au début de la présente note, puis enduites d'une couche de solution étendue de caoutchouc dans la benzine (7,5 p. 1.000).

Cette couche étant sèche, l'épreuve sur papier et la plaque de verre qui doit la recevoir sont immergées pendant quinze à vingt secondes dans une cuvette remplie d'eau glacée, la surface sensibilisée est mise en contact avec la couche de caoutchouc, et l'excès d'eau enlevé au moyen d'une raclette ; le report est effectué, en somme, comme pour les épreuves au charbon.

Avant le *dépouillement*, le report est mis sous presse entre deux verres pendant cinq minutes, puis plongé dans l'eau froide pendant deux heures, pour permettre à la couche de gélatine de se gonfler bien uniformément.

Pour développer, l'image est plongée dans l'eau à 38° pendant une demi-heure ; le papier qui servait de premier support se détache alors facilement, la couche se décolore complètement, et le dépouillement de l'image a lieu en un quart d'heure environ et s'effectue d'après les procédés connus. Lorsque toute la gélatine restée soluble est bien dissoute par l'eau chaude, il ne reste plus sur le verre qu'une image incolore présentant un léger relief constitué par de la gélatine insolubilisée.

On lave alors à l'eau froide, puis on passe la plaque à l'alcool pendant cinq minutes et on met à sécher.

Les images incolores constituées par des reliefs en gélatine sont *colorées*, en les immergeant dans des bains de teintures respectivement rouge, jaune et bleu. Il faut avoir soin de ne pas confondre les monochromes et de marquer ou de séparer les épreuves imprimées sous les trois négatifs de façon à colorer dans le bain rouge l'image provenant du négatif (série **A**) obtenu avec l'écran vert ; dans le bain bleu, celle qui correspond au négatif (série **B**) produit à l'aide de l'écran orangé ; dans le bain jaune, celle qui se rapporte au cliché pour lequel on a employé l'écran violet.

La composition des bains de teinture est la suivante :

Bain rouge.
- Eau 1000
- Sol. à 3 % d'érythrosine J 25

Bain bleu.
- Eau 1000
- Sol. de bleu pur diamine F à 3 % ... 50
- Sol. de colle forte à 15 % 70

Bain jaune.
- Eau 1000
- Chrysophénine G 4
- Faire dissoudre à 70° et ajouter alcool. 50

Nous précisons ci-dessous la composition et la provenance des matières colorantes indiquées dans ces formules :

Erythrosine J. $C^{20}H^6I^4O^5Na^2$ *Tétraiodofluorescéine* (N° 398 de la table des matières colorantes *du Traité* de Seyewetz *et* Sisley).

Bleu pur diamine FF. $C^3H^{24}Az^6S^4O^{16}Na^4$ *Diméthoxydiphénylebisazoamidonaphtoltétrasulfonate de sodium amidonaphtol.* (N° 192 de la table de Seyewetz *et* Sisley).

Chrysophénine G. — $C^{30}H^{26}Az^4S^3O^8Na^2$. *Stilbène disulfonate de sodium bisazobiphénétol* (N° 207, Table de Seyewetz *et* Sisley).

La coloration des monochromes s'effectuant à la température ordinaire exige environ douze heures d'immersion dans ces bains pour être complète.

Après coloration, les plaques sont sommairement lavées à l'eau froide pour enlever l'excès du bain de teinture. Les monochromes jaunes sont mis à sécher, sans autre précaution, tandis que les rouges et les bleus sont préalablement immergés dans une solution à 5 % de sulfate de cuivre, puis rincés de nouveau.

Superpositions des monochromes. — Avant de réaliser la superposition définitive des trois pellicules colorées, provisoirement fixées sur verre, on procède à un premier essai. Pour cela, deux morceaux de bois prismatiques A et B sont disposés parallèlement sur une feuille de papier blanc et à une distance inférieure à la longueur des plaques portant les monochromes (*fig.* 161). On place alors sur ces morceaux de bois,

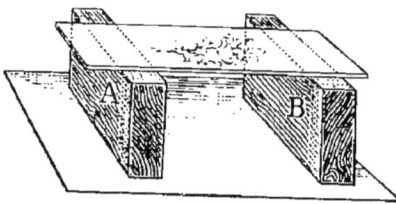

Fig. 161.

d'abord le verre portant le monochrome jaune, puis celui qui supporte le monochrome bleu, que l'on fait alors glisser doucement sur le premier, en évitant de rayer les couches de gélatine, jusqu'à ce que les images coïncident. Puis, avec précaution et sans déranger la position relative des deux premiers verres placés, on applique le verre portant le monochrome rouge, et l'on amène de la même manière la troisième image à coïncider avec les deux autres.

La superposition ainsi réalisée doit être examinée bien perpendiculairement à la surface de l'épreuve, et elle n'est qu'approchée, à cause de l'épaisseur des verres interposés, mais elle est cependant suffisante pour juger de la synthèse.

2° *Correction.* — Quelles que soient les précautions prises, il est rare que la représentation des couleurs soit suffisamment approchée ; il faut par conséquent corriger les monochromes. Les corrections peuvent être générales ou locales.

On peut facilement augmenter l'intensité d'une ou deux des images en les immergeant de nouveau dans les bains de teinture.

Par exemple, si la superposition provisoire montre que l'épreuve résultante est trop verte, on renforcera le monochrome rouge.

On peut aussi affaiblir les monochromes ; les intensités du jaune et du rouge peuvent être diminuées par simple lavage à l'eau plus ou moins prolongé.

Quant au bleu, il résiste à l'eau froide, chaude, aux acides et aux dissolvants organiques ; nous n'avons trouvé qu'un seul moyen de décolorer ce monochrome : le bleu pur diamine fixé sur la gélatine chromée insolubilisée, qui offre une telle résistance à tous les dissolvants ordinaires, présente cette singulière propriété de dégorger, avec une facilité extrême, lorsqu'on le plonge dans de l'eau contenant une faible proportion de gélatine ou mieux de colle forte ($1\,^0/_0$ ou même $0,5\,^0/_0$).

La superposition provisoire peut aussi faire ressortir des zones colorées d'un mauvais effet ; ces irrégularités peuvent aussi être corrigées, dans certaines limites ; pour cela on fixe avec des pinces en bois (dites pinces de blanchisseuses), l'ensemble des trois épreuves sur verre disposées comme il a indiqué, en prenant la précaution de commencer la superposition provisoire par le monochrome qui doit être corrigé, et en plaçant la couche de ce monochrome en dessous. Il est facile alors, au moyen d'un pinceau imbibé d'eau, de laver et d'affaiblir les régions trop colorées.

Étant données les propriétés des couleurs employées,

ces corrections partielles ne peuvent pas porter sur les trois images. Le rouge peut être affaibli à l'eau pure, si la correction doit être faible, ou à l'eau ammoniacale à 5 %, si l'intensité doit être fortement diminuée ; il peut être renforcé à l'aide d'une solution plus ou moins concentrée d'érythrosine.

Le jaune peut être affaibli à l'eau pure, mais non renforcé localement au pinceau, à cause de la lenteur avec laquelle la solution saturée de chrysophénine se fixe sur la gélatine insolubilisée.

Quant au bleu, la fixation lente de la couleur et la résistance aux dissolvants s'opposent à l'emploi du pinceau pour les retouches locales, qui ne doivent porter que sur le rouge et le jaune.

Lorsque l'essai préalable a montré la complète concordance des monochromes et que le rouge et le bleu ont été de nouveau, après correction, passés au sulfate de cuivre et séchés, on recouvre la surface des trois images de la solution de caoutchouc à 1,5 % dans la benzine, puis après le séchage, de collodion à 1 %, et, on procède à la *superposition définitive* :

Pour coller les pellicules l'une sur l'autre, on utilise un support provisoire constitué par le papier dont le mode d'obtention a été décrit à propos de la préparation des papiers sensibles.

Ce papier est appliqué sur le monochrome jaune et collé avec la solution suivante :

Eau 1000
Colle forte 150

après séchage complet, on décole le papier, qui entraîne avec lui la pellicule jaune, puis on l'applique ensuite sur le monochrome bleu, en faisant usage du mélange suivant :

Eau	1000
Gélatine dure	120
Glycérine	50

Cette solution chaude est mise dans une cuvette dans laquelle on plonge le monochrome bleu sur verre, puis le papier portant la pellicule jaune, on fait glisser le papier sur le verre jusqu'à ce que les deux images se superposent exactement; l'excès de solution est enlevé à la raclette. Lorsque le papier est entièrement sec, on le décolle de nouveau du verre ; ce papier entraîne la pellicule correspondant au monochrome bleu, et il porte alors les deux premières pellicules jaune et bleue superposées.

On répète la même opération, qui consiste à coller l'image jaune et bleue sur le verre à la surface duquel on a obtenu le monochrome rouge.

On utilise la même solution de gélatine glycérinée; on réalise la superposition de la même manière, on enlève l'excès de liquide à la raclette et on fait sécher.

On décolle enfin le papier sur lequel on a l'image complète avec toutes ses couleurs.

Cette épreuve sur papier peut être, en dernier lieu, reportée sur verre pour être examinée par transparence ; il suffit pour cela de coller l'épreuve sur un verre bien propre, toujours avec la même solution de gélatine glycérinée.

Le premier report de la pellicule jaune ayant été fait, non à la gélatine mais à la colle forte beaucoup plus soluble, il est facile d'enlever le papier à l'eau tiède lorsque l'ensemble des trois images superposées se trouve définitivement fixé sur le verre qui lui sert de dernier support.

Les images sur papier exigent des monochromes

beaucoup plus faibles; les moindres erreurs produisent facilement des plages colorées, irrégulières ; au contraire, si la photographie en couleur doit être vue par transparence, les monochromes doivent être intenses, et les irrégularités ont une importance relative moindre. Les manipulations sont donc, dans ce dernier cas, un peu moins délicates.

En prenant toutes les précautions indiquées, les épreuves en couleurs produites, sans avoir une inaltérabilité absolue, peuvent cependant rester exposées à la lumière diffuse pendant plusieurs années, sans présenter d'altération appréciable.

165. — Synthèse durable des couleurs par impressions photoméanisques. — Au lieu de superposer ainsi trois pellicules monochromes transparentes, il est plus avantageux, au point de vue industriel, de superposer ou de juxtaposer sur un support blanc diffusant, tel qu'une feuille de papier, trois impressions exécutées à la presse au moyen d'encres colorées, qui doivent être transparentes dans le cas de superposition.

Tous les procédés photomécaniques *photocollographie, phototypogravure, photoglyptographie*, etc., peuvent être employés. Mais nous ne pouvons décrire ici ces divers procédés purement industriels.

166. — Utilisation des réseaux de diffraction à la synthèse des couleurs. — M. R.-W. Wood, professeur à l'Université de Wisconsin (E. U. d'Amérique) a indiqué un procédé de synthèse basé sur l'emploi des réseaux de diffraction[1]. Si, disposant une lanterne à projections de manière à former sur un écran E une

---

[1]. Ce procédé a été décrit en détails par M. L.-P. Clerc dans le numéro de Novembre 1901 de *la Photographie* ; nous reproduisons cette description.

image nette d'une fente F éclairée par de la lumière blanche provenant d'une source L, on voit se former sur l'écran, de part et d'autre de l'image blanche centrale de la fente, une série de spectres S, S',... présentant tous le violet du côté de l'image centrale (*fig.* 162); le rouge à l'opposé et s'étalant d'autant plus qu'on s'éloigne davantage du centre; ces spectres sont de moins en moins intenses et s'enchevêtrent à partir du troisième. Si, pratiquant dans l'écran sur lequel se fait la projection une ouverture au point où est projetée une couleur déterminée, le violet, par exemple, on regarde le réseau par cette ouverture, on le voit d'une nuance violette uniforme dans toutes ses parties rayées.

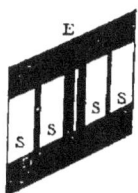
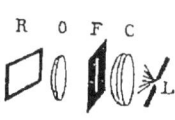

Fig. 162. — Spectres obtenus avec un réseau.

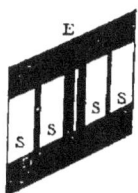

Fig. 163.

Il est facile de réaliser trois réseaux qui, substitués l'un à l'autre dans le dispositif représenté figure 162, projettent à une même distance de l'image centrale l'un la région orangée du premier spectre, l'autre la région verte, le dernier enfin la région violette; si le premier réseau porte cent traits au millimètre, les deux autres doivent en avoir respectivement 120 et 136 environ. L'œil placé derrière l'ouverture verra alors chacun des réseaux éclairé respectivement en orangé, en vert, en violet. Si la fente est d'une certaine longueur et si dans le champ on intercale les trois réseaux, chacun d'eux, vu du même point, apparaîtra avec sa couleur propre (*fig.* 163)[1].

Supposons qu'un praticien d'une habileté rare parvienne à localiser la gravure d'un réseau aux diverses parties d'un dessin, chacune de ces parties étant réglée à l'écartement qui fournira la nuance que doit présenter la partie considérée du dessin ; ce réseau particulier, sur lequel aucune image ne sera perceptible à l'œil nu, constituera une image polychrome dès qu'il sera examiné dans les conditions que nous avons précédemment décrites ; on constate dans ces conditions que deux réseaux d'écartement différent peuvent se pénétrer mutuellement sans cesser de fonctionner comme ils fonctionnent isolément ; si donc, en une région déterminée, on a réalisé une réglure à 120 traits et une réglure à 100 traits par millimètre, cette région, examinée dans des conditions convenables où chacune de ces réglures apparaîtrait isolément verte et violette, paraîtra bleue par le mélange des deux radiations verte et violette respectivement diffractées par les deux réglures enchevêtrées ; de même produirait-on du jaune par le mélange des radiations orangées et vertes, ou du rouge par le mélange du violet et de l'orangé ; si enfin on enchevêtre en une région déterminée trois réglures fournissant respectivement dans une même direction de l'orangé, du vert et du violet, cet enchevêtrement paraîtrait blanc par le mélange de ces trois radiations.

---

1. Si la distance de l'ouverture à l'image centrale est égale à la demi-distance des deux yeux, on peut pratiquer une autre ouverture dans la position symétrique et procéder ainsi à l'examen par les deux yeux simultanément.

Tous effets de dessin teintés peuvent d'ailleurs être réalisés, car la luminosité des spectres fournis par un réseau dépend d'une part de l'opacité des traits et, d'autre part, de la largeur de la partie opaque du trait relativement à l'intervalle de deux traits consécutifs.

La réalisation de telles images, qui serait impossible si l'on se limitait aux moyens mécaniques de gravure, devient facile grâce à ce fait que la copie d'un réseau par les procédés photographiques est chose des plus faciles; on a ici même rappelé récemment les divers procédés indiqués à propos d'un procédé de M. Cotton pour la création photographique de réseaux originaux[1]; l'un des plus pratique est assurément la copie sur gélatine bichromatée au point de perfection où l'a amenée M. Izarn. Une glace est couverte de gélatine bichromatée, insolée sous le réseau ou sous une copie antérieurement exécutée; après dépouillement à l'eau tiède, on possède un réseau qui peut être aussi parfait que l'original; rien n'est plus facile, dans ces conditions, que de limiter la formation du réseau à telle région que l'on veut de la plaque de verre par l'interposition d'écrans appropriés, qui peuvent être notamment des images photographiques.

Ces quelques préliminaires nous permettent de décrire en tous ses détails le mode opératoire indiqué et réalisé par M. R.-W. Wood.

Soit à reproduire une image polychrome de nuances quelque peu fantaisistes sur un fond mi-partie jaune (sol), mi-partie violet (ciel), deux femmes dont celle située à gauche du lecteur est vêtue d'un corsage rouge

---

[1]. *La Photographie* (1er juin 1901), XIIIe année, n° 6, p. 90-91.

et d'une jupe verte, l'autre ayant un corsage orangé et une jupe bleue; toutes deux portent des manchettes blanches et ont à leur chapeau un ruban noir.

Les figures 164, 165 et 166 montrent les trois négatifs exécutés sous les trois écrans vert, violet et orangé. De ces trois négatifs sont exécutées trois diapositives.

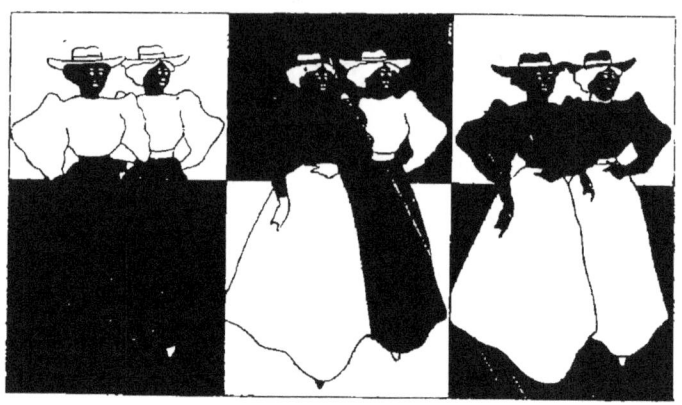

Fig. 164. — Négatif obtenu avec l'écran vert.

Fig. 165. — Négatif obtenu avec l'écran violet.

Fig. 166. — Négatif obtenu avec l'écran orange.

On doit sur l'image définitive former chacun des réseaux dans les seules régions pour lesquelles la diapositive correspondante est transparente; chacune de ces localisations réalisée isolément présenterait donc l'aspect des figures 167, 168 et 169.

Pour cela, on ne peut évidemment songer à intercaler un réseau entre la plaque sensible et la diapositive, car l'épaisseur de la glace portant le réseau ferait perdre toute la netteté des contours.

On utilise donc l'instrument représenté sur la figure 170. La plaque sensible est portée dans un support fixe, à la partie droite; devant elle, et à son contact immédiat, glisse un châssis portant les trois réseaux R, R' et R" d'écartements convenables ; au lieu de chercher à mettre au contact de cet ensemble la diapositive que l'on veut copier, on la dispose à l'autre extrémité en P devant un condensateur C, éclairé par l'arc électrique A et, au moyen de l'objectif O, on projette son image nette sur le plan même de la surface

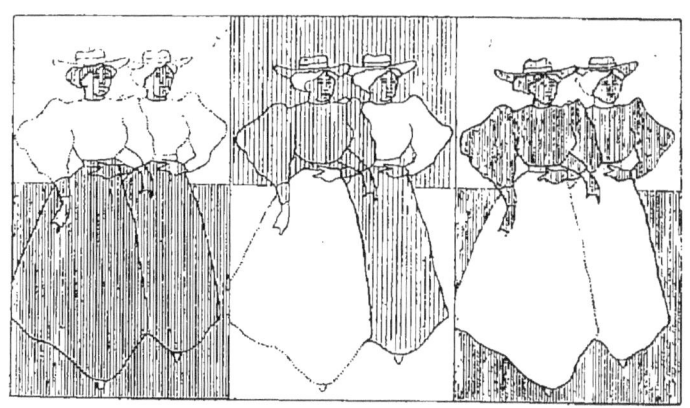

Fig. 167. — Localisation des régions diffractant les radiations vertes.

Fig. 168. — Localisation des régions diffractant les radiations violettes.

Fig. 169. — Localisation des régions diffractant les radiations oranges.

sensible ; on projette ainsi successivement, sur la même plaque sensible à la gélatine bichromatée, l'image des trois diapositives, en repérant exactement ces trois projections et intercalant chaque fois devant la plaque le réseau correspondant ; après ces trois impressions, on dépouille à l'eau tiède, et la plaque ainsi traitée, examinée dans les conditions convenables, fournit une

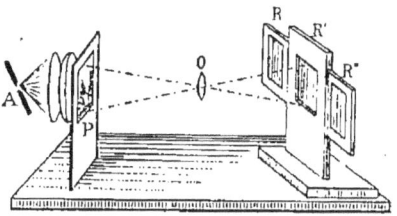

Fig. 170.

image polychrome du modèle; cette image, bien que positive, peut d'ailleurs être utilisée comme négatif pour le tirage par contact d'un nombre illimité d'images identiques, un réseau fonctionnant de façon sensiblement identique aux tirages par contact que l'on peut exécuter sous lui.

L'appareil servant à l'examen de ces images est d'une grande simplicité; une plaque métallique porte un ou deux œilletons en position convenable; à l'autre extrémité du support, des rainures reçoivent les images; dans l'intervalle, une lentille convergente dont la position se règle par tâtonnements; plutôt que d'utiliser à l'éclairement de cet ensemble, une fente illuminée, on préfère employer, pour plus de simplicité, une lampe électrique à incandescence à filament rectiligne unique spécialement construite à cet effet.

La possibilité d'examiner ces images avec les deux yeux, comme nous l'avons précédemment indiqué, permet la vision d'images stéréoscopiques. Il est avantageux en ce cas, pour parer aux différences que peuvent présenter les divers observateurs dans la distance des yeux, de disposer les raies du réseau horizontalement, l'examen se faisant alors sur une longue fente unique le long de laquelle peuvent être déplacés les yeux sans nul inconvénient.

Un physicien anglais, M. Thomas THORP qui, il y a quelques années, était très heureusement parvenu à exécuter en celluloïd des moulages de réseaux gravés, a proposé une très ingénieuse modification au procédé de WOOD, grâce à laquelle on peut se limiter à l'emploi d'un réseau unique, d'espacement quelconque. On évite ainsi la plus grosse difficulté du procédé de WOOD consistant à se procurer trois réseaux d'écartements convenables, difficultés que l'auteur même de la méthode n'a pas encore, croyons-nous, complètement surmontées.

Chacune des images élémentaires a ses lignes orientées dans une direction différente, l'éclairement est réalisé par trois sources linéaires différentes, le tout disposé de telle sorte que, cette fois encore, l'œil en position déterminée ne reçoive que l'orangé de l'un des réseaux, le vert d'un autre et le violet du dernier. La figure 171 représente l'appareil destiné à l'examen des images achevées.

A est un bec AUER dont la lumière tombe, au travers d'une fente, sur un prisme B à réflexion totale qui la renvoie sur les réflecteurs E. La lumière réfléchie par ces miroirs arrive à l'image lignée P, qui est examinée par l'ensemble des lentilles oculaires

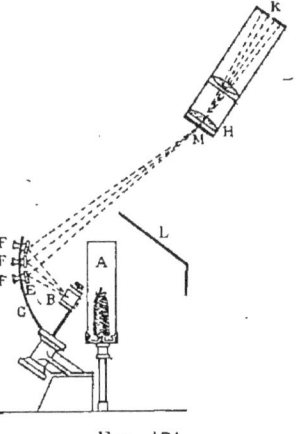

Fig. 171.

H et de la fente K ; L est un écran empêchant l'accès droit de la lumière de la source à l'image. Les réflecteurs E sont retenus par des supports F à la surface d'un ellipsoïde de révolution G dont les deux foyers sont l'un sur le prisme B, l'autre au centre optique de la première lentille H. Quelle que soit la position des réflecteurs, la lumière provenant de B reviendra donc toujours en H. Chacun des trois plans B, E, H est perpendiculaire à l'une des trois directions de lignes tracées sur l'image M. Le réglage des diverses pièces de l'appareil doit alors être effectué de telle sorte que les trois spectres S, S', S", formés respectivement par chaque réseau dans le plan de la fente oculaire, viennent se croiser sur cette fente F (*fig.* 172) et projettent sur celle-ci, l'un (S) du vert, l'autre (S$_1$) de l'orangé, le dernier enfin (S$_2$) du violet. L'œil placé devant la fente verra, dans ces conditions, chacune des images réticulaires enchevêtrées avec sa couleur propre.

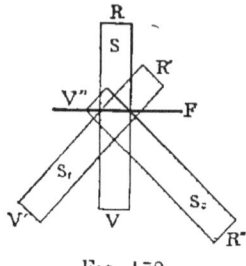

Fig. 172.

Tout récemment, M. Wood est arrivé à combiner son procédé avec celui de M. Joly décrit ci-dessous.

167. — Analyse et synthèse des couleurs obtenues sur une surface sensible unique; nouveau procédé de MM. Lumière. — En 1869, Louis Ducos du Hauron indiqua un procédé permettant de réaliser, sur une surface unique, l'analyse et la synthèse des couleurs : une surface transparente, recouverte de raies alternativement *rouge orangé*, *vertes et bleu violet* est placée contre une surface sensible panchromatique dans la chambre noire, de manière que, lors de la pose, la lumière, avant d'atteindre la surface sensible, traverse le réseau polychrome à travers lequel se fait le tirage des couleurs. Du négatif obtenu dans ces conditions on tire un positif transparent sur verre; il suffit de l'examiner en plaçant contre lui un réseau polychrome identique au précédent, pour voir une reproduction polychrome de l'image.

En 1895, M. John Joly de Dublin a proposé l'emploi d'un réseau analogue, mais à raies respectivement *rouge carmin*, *vertes et bleues*. Les images ainsi obtenues peuvent être projetées ; mais les objets paraissent vus à travers un grillage et le rendu des couleurs est inexact.

Le procédé dont MM. Auguste et Louis Lumière ont tout récemment indiqué le principe donne de bien meilleurs résultats et, lorsqu'il sera mis au point complètement, il constituera certainement le procédé de photographie indirecte des couleurs le plus pratique.

La méthode de MM. A. et L. Lumière est basée sur les considérations théoriques suivantes : si on dispose à la surface d'une plaque de verre et sous forme d'une couche unique, mince, un ensemble d'éléments microscopiques transparents et colorés en rouge orangé, vert et violet, on peut constater, si les rapports des intensités de coloration de ces éléments et de leur nombre sont convenablement établis, que la courbe ainsi obtenue, examinée par transparence, ne semble pas colorée : une telle couche absorbe seulement une fraction de la lumière transmise. Les rayons lumineux traversant les écrans élémentaires orangés, verts et violets reconstituent la lumière blanche.

La couche mince ainsi réalisée est recouverte d'une émulsion sensible panchromatique. Si on projette sur la plaque ainsi préparée une image colorée de manière que les rayons lumineux traversent la plaque de verre et la couche d'éléments colorés avant de venir impressionner la couche sensible, les rayons lumineux subissent, suivant leur couleur et suivant les écrans qu'ils rencontrent, une absorption variable. On a ainsi réalisé une sélection qui porte sur des éléments microscopiques et qui permet d'obtenir, après développement et fixage, des images colorées dont les tonalités sont complémentaires de celles de l'original.

Considérons, en effet, une région de l'image colorée

en rouge; les rayons lumineux rouges sont absorbés par les éléments verts de la couche, et traversent les éléments orangés et violets; sous ces éléments la couche de gélatinobromure panchromatique est impressionnée tandis qu'elle reste inaltérée sous les éléments verts. Le développement, réduisant le bromure d'argent de la couche, vient masquer les éléments orangés et violets, tandis que les éléments verts apparaîtront après fixage; on a donc un rendu coloré vert, complémentaire de la région rouge considérée de l'image projetée. Les mêmes phénomènes se produisent pour les autres couleurs que le rouge. On conçoit qu'un négatif de couleur complémentaire ainsi obtenu puisse, par contact, donner avec des plaques préparées de même manière des épreuves positives de couleurs complémentaires de celles du négatif, c'est-à-dire reproduisant les couleurs de l'original.

On peut aussi, après développement du négatif, ne pas fixer et inverser l'image pour obtenir par le procédé connu un positif direct présentant les couleurs de l'original.

Les difficultés que l'on rencontre dans la pratique sont nombreuses; mais les résultats déjà obtenus par MM. Lumière montrent qu'elles ne sont pas insurmontables.

Les plus importantes conditions à remplir sont les suivantes :

La couche d'écrans élémentaires doit être adhérente à son support très mince; la coloration des éléments qui la constitue doit être rigoureusement déterminée quant à l'intensité, à la qualité de leurs couleurs et au nombre des éléments de chaque espèce. Les couleurs doivent être stables, non diffusibles; il ne doit y avoir ni superposition des écrans colorés, ni lacunes importantes entre eux ; la sensibilité aux couleurs de l'émulsion doit être en relation avec la couleur des écrans élémentaires... etc.

Ces conditions sont à peu près remplies en opérant de la manière suivante : on sépare d'abord dans la fécule de pomme de terre et, à l'aide d'appareils construits dans ce but les grains ayant de 15 à 20 millièmes de millimètre de diamètre. Ces grains sont divisés en trois lots que l'on colore respectivement en rouge orangé, vert et violet. Les poudres colorées ainsi obtenues sont mélangées, après dessiccation complète, en proportions telles que le mélange ne présente pas de teinte dominante. Le mélange est étalé au blaireau sur une lame de verre recouverte d'un enduit poisseux. Avec des précautions spéciales, on arrive à avoir une seule couche de grains se touchant tous sans aucune superposition.

On obture ensuite, par le même procédé de saupoudrage, les interstices qui peuvent exister entre les grains et qui laisseraient passer de la lumière blanche cette obturation s'effectue à l'aide d'une poudre noire très fine, du charbon de bois pulvérisé par exemple.

On a ainsi constitué un écran dans lequel chaque millimètre carré de surface représente deux ou trois mille petits écrans élémentaires orangés, verts et violets.

La surface ainsi préparée est isolée par un vernis d'indice de réfraction aussi voisin que possible de celui de la fécule, vernis imperméable sur lequel on coule une couche mince d'émulsion panchromatique au gélatinobromure d'argent.

L'exposition s'effectue dans un appareil photographique quelconque, en ayant soin de retourner la plaque de façon que la lumière provenant de l'objectif traverse les particules colorées avant d'atteindre la couche sensible. Le temps de pose est notablement plus long que pour la photographie ordinaire; l'émulsion devant avoir un grain très fin est peu sensible, et la couche d'écrans élémentaires absorbe une certaine quantité de lumière.

Le développement s'effectue comme d'habitude. Si on veut avoir directement un positif, on ne fixe pas : on dissout l'argent réduit, et, par un deuxième développement, on réduit le bromure d'argent qui n'avait pas été impressionné primitivement.

Cette ingénieuse méthode permet donc par des manipulations simples, peu différentes de celles de la photographie ordinaire, d'obtenir — par une seule opération — la reproduction photographique des objets avec leurs couleurs.

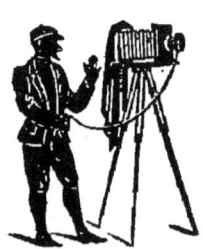

CHAPITRE XX

Choix de Formules et Recettes

Sensibilisation rapide des papiers pigmentés

On prépare les deux solutions de réserve :

A. Bichromate de potassium............................ 70
   Eau chaude........................... Q. S. pour 1000
B. Bichromate d'ammonium............................ 30
   Bichromate de potassium............................ 40
   Eau chaude........................... Q. S. pour 1000

La solution A convient au tirage des négatifs durs, la solution B au tirage des négatifs légers et doux. Laissez refroidir.

Au moment de sensibiliser, on mélange de cette solution avec de l'alcool dénaturé premier choix à 90° ou 95°.

Pour sensibiliser 12 à 15 feuilles 18 × 24, on mélange :

   Solution A... 30 cc.
   Alcool... 50 —

s'il s'agit de négatifs durs ;
   Ou :

   Solution B... 25 cc.
   Alcool....................................... 50 à 75 —
       jusqu'à ce que le précipité qui se forme se dissolve

s'il s'agit de négatifs doux.

Agiter fortement le mélange avant de s'en servir et le verser dans une cuvette de format correspondant aux dimensions du pinceau employé ; incliner ensuite cette cuvette pour que le liquide s'amasse dans un angle et y tremper le pinceau.

Placer la feuille de papier, *face émulsionnée en dessus*, sur un carton ou une planchette inclinée, en l'y fixant par deux ou quatre punaises.

Puis, prenant le pinceau, le laisse régoutter ; le faire dégorger au besoin en l'essorant sur le bord inférieur de la cuvette. Bien noter qu'il faut plutôt plus de liquide que moins ; aussitôt après, le placer en contact de la partie supérieure de la feuille et, appuyant sans rudesse, donner le coup de pinceau lentement, en une seule fois, ce qui demande de trois à quatre secondes. Cela fait, porter la feuille dans le cabinet noir, ou, à défaut, dans une armoire, un tiroir ou un placard ; elle est sèche au bout de dix à quinze minutes.

Ce procédé, très rapide, permet de sensibiliser le papier au moment même de s'en servir, avantage très grand au point de vue pratique ; le papier fraîchement sensibilisé se dépouille toujours avec facilité.

En outre, l'alcool exerçant une action tannante sur la couche, le papier peut être utilisé par les temps les plus chauds sans qu'il y ait à craindre des coulures ou des arrachements. Pour la même raison, on peut, lors du dépouillement, porter la température du bain à 30° C., sans qu'il y ait à craindre l'arrachement des demi-teintes voisines du blanc.

Au lieu de donner le coup de pinceau émulsionné, on peut le donner au dos du papier. Dans ce cas, l'aspect de l'épreuve change un peu ; le grain n'est pas le même et la partie de la couche en contact immédiat avec le support semble avoir acquis plus de résistance et se laisse plus aisément travailler au pinceau. On peut encore, après la sensibilisation faite au pinceau sur la couche et suivie d'un premier séchage, procéder à une seconde sensibilisation en passant le pinceau au dos du papier.

On doit toujours employer pour la sensibilisation un mélange neuf.

Le pinceau à employer ne doit être ni trop dur, ce qui provoquerait la formation de raies, ni trop doux, auquel cas le liquide s'étendrait irrégulièrement. Le pinceau plat en poils dits de chèvre, convient bien, à condition d'être peu épais et d'avoir les poils assez courts. On peut utiliser soit un feutre, soit une bande de coton serré entre deux cartons ou deux lames de zinc. En tout cas, le pinceau doit être un peu plus large que la feuille à sensibiliser. L'opération doit en effet être effectuée d'un seul coup : on ne saurait revenir sur le premier étendage tant que la feuille est encore humide ; une fois le papier bien sec on peut, si on le désire, appliquer une seconde couche de liquide bichromaté ; mais cela ne paraît pas nécessaire.

Cette méthode peut s'appliquer à tous les papiers pigmentés : au papier Fresson, au papier charbon-velours Artigue, aux divers papiers à la gomme. Cette dernière application est très intéressante ; car elle permet de préparer d'avance le papier à la gomme, au moyen de gomme et de couleurs sans addition de bichromate. Le papier ainsi préparé se conserve très longtemps et est sensibilisé au moment de l'usage. L'opération du développement est la même que celle décrite dans les ouvrages spéciaux (G. BRIAND, *la Photographie*).

Sensibilité des papiers au charbon

On a coutume le plus souvent de régler la durée d'insolation des papiers sensibles à la gélatine bichromatée (papiers au charbon, photocollographie) en se guidant sur le noircissement d'une bande d'un papier sensible aux sels d'argent (c'est là, en effet, le principe de tous les photomètres de tirage). Il est bon cependant de remarquer que cette pratique n'est pas aussi rigoureusement exacte, tant s'en faut, que nombre d'opérateurs se l'imaginent. Tandis que, par une vive lumière, un papier au charbon de qualité courante demande pour le tirage un temps moindre que celui nécessaire au noircissement d'un papier sensible à l'argent, la durée d'insolation nécessaire devient beaucoup plus grande pour le papier au charbon que pour le papier aux sels d'argent, si la lumière est faible, et peut même devenir double de cette dernière si la lumière est particulièrement mauvaise. Cette différence dans les sensibilités relatives à une lumière vive ou faible est d'ailleurs encore plus accentuée si l'on compare au papier à l'argent la couche de bitume des photograveurs (L.-P. C., *la Photographie*).

Support provisoire pour le dépouillement des papiers au charbon

On se sert souvent comme supports provisoires pour la mise en pratique du procédé par double transfert, de glaces cirées. Pour cela, M. Lamy recommande une solution de cire jaune dans la benzine. Pour notre compte, nous employons la solution suivante :

Cire vierge blanche râpée.............................. 2 gr.
Éther à 62°.. 50 cc.

et, quand la dissolution est à peu près terminée, on complète avec :

Alcool à 90°... 50 cc.

L'addition de l'alcool (les formules indiquées dans les divers ouvrages spéciaux n'en comportent pas) a pour effet d'empêcher une trop prompte évaporation de l'éther. On peut donc mettre quelques gouttes de ce liquide sur la surface à cirer, et l'on a largement le temps de la recouvrir en entier et d'enlever tout l'excès de liquide avant qu'il se soit complètement évaporé. On obtient ainsi, et de suite, un poli admirable, complètement dépourvu de ces ronds formés par la cire et dont on a tant de peine à se débarrasser quand on n'a pas eu la précaution d'ajouter de l'alcool à l'éther pour dissoudre la cire.

M. Lamy recommande encore de faire subir à la glace cirée

une immersion de cinq minutes environ dans un bain d'alun de chrome à 5 0/0 bien filtré. Le « charbon » reporté sur une glace cirée alunée se détachera très aisément dans ses moindres demi-teintes, et l'on n'aura plus à enregistrer de pertes d'épreuves (BALAGNY, extrait d'un article publié au *Bulletin de la Société française de Photographie*).

Cuve pour le développement des papiers aux mixtions colorées [1]

Pour effectuer dans de bonnes conditions le développement des papiers aux mixtions colorées, il est nécessaire de disposer de quantités d'eau chaude assez considérables pour que celle-ci soit toujours aussi peu chargée que possible de gélatine et de pigment provenant des portions dépouillées de l'image.

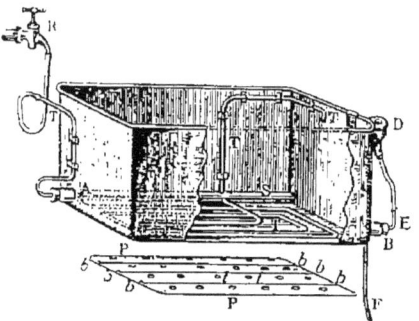

FIG. 172. — Cuve MONPILLARD.

Cette condition s'impose, surtout lorsque nous procédons au dépouillement de ces nouveaux papiers mixtionnés servant à exécuter les monochromes jaune, rouge, et bleu qui, par leur superposition, nous permettent, par la suite, de réaliser la synthèse des colorations que nous désirons reproduire.

En vue de pouvoir travailler dans une eau chaude constamment renouvelée et, par ce fait, toujours chargée d'une quantité aussi faible que possible de résidus provenant du dépouillement des images, j'ai eu l'idée de réaliser le dispositif suivant, dont l'usage, depuis une année déjà, me donne entière satisfaction.

Une cuve rectangulaire en métal (fer-blanc ou cuivre) porte en A, à sa partie inférieure, une tubulure fermée par un bouchon traversé par un tube T de plomb, ou mieux, d'étain, dont la voie est de 8 millimètres; à l'extérieur, ce tube est relevé verticalement et peut être relié à un robinet d'eau de la ville R.

Ce tube, après avoir pénétré dans la cuve, garnit tout le fond de celle-ci, prenant la forme d'un long serpentin plat de 7 à 8 mètres de long pour une surface d'environ 700 centimètres carrés; l'autre extrémité est alors relevée verticalement le long

---

1. Communication faite à la *Société française de Photographie*.

de l'une des parois intérieures et vient déboucher horizontalement à 3 ou 4 centimètres au-dessous du bord supérieur.

Sur la paroi opposée à celle portant la tubulure A est fixée, également à la partie inférieure de la cuve, une autre tubulure B fermée par un bouchon percé d'un trou dans lequel s'engage un tube E de 10 millimètres de voie, recourbé verticalement à l'intérieur et relié à un trop-plein *Elgé* D accroché à la partie supérieure de la cuve.

Sur la face interne et à la partie inférieure de deux parois opposées sont fixées deux cornières SS, sur lesquelles vient reposer une plaque métallique P percée de nombreux trous *ttt*, et sur la surface de laquelle sont soudées des tiges *bbb*, contre lesquelles vient buter l'arête inférieure des plaques de verre servant de support provisoire pour le développement de nos images, l'arête supérieure s'appuyant le long de la paroi de la cuve.

Le fonctionnement de ce dispositif est aisé à comprendre : le tube T étant relié à un robinet d'eau de la ville, la cuve disposée sur un fourneau à gaz, l'eau parcourant le serpentin s'échauffe directement et s'écoule à une température toujours la même pour un réglage donné du robinet d'eau et du chauffage, l'eau chargée de gélatine et de pigment étant constamment évacuée par le trop-plein en F.

Désire-t-on élever la température de la cuve? il suffira de modifier le régime, soit en réduisant la rapidité du courant d'eau, soit en agissant sur le fourneau à gaz, et réciproquement, si l'on désire, au contraire, abaisser la température.

Comme je le dis au début de cette note, l'avantage de ce dispositif consiste dans ce fait que nous travaillons dans une eau chaude constamment renouvelée et, par conséquent, dans un état de propreté qui nous permet d'effectuer le dépouillement de nos images dans d'excellentes conditions, ce qui, cependant, n'exclut pas un dernier lavage de celles-ci dans une cuvette d'eau très propre maintenue à une température de 35° environ ; au sortir de celle-ci, toute trace de gélatine soluble et de pigment a disparu.

Très facile à établir soi-même, je crois qu'une cuve de ce genre peut rendre service à ceux qui pratiquent les procédés aux mixtions colorées (F. MONPILLARD).

Observations pratiques sur les manipulations du papier au charbon

1° *Bulles et ampoules.* — Le premier insuccès le plus fréquent provient de ce que des bulles d'air emprisonnées entre la couche et le papier transfert s'emplissent d'eau au cours du dépouillement et forment des sortes d'ampoules qui grandissent d'une façon désespérante.

Ces bulles proviennent de deux causes : la première tient à ce que le papier au charbon a été raclé après sensibilisation sur une surface imparfaitement nettoyée.

Il est donc nécessaire d'effectuer cette opération sur une glace parfaitement propre ; — personnellement, nous passons sur la glace une éponge trempée avec une faible solution d'ammoniaque, et pour plus de sécurité, nous la frottons légèrement au blanc d'Espagne.

La seconde cause provient de ce qu'un corps étranger a été emprisonné, dans l'opération précédente, entre la glace et le papier au charbon après lequel il est resté collé et s'oppose ensuite à l'adhérence parfaite du support et du papier au charbon.

Il faut donc s'assurer soigneusement que le papier est sain avant de le mettre au séchage et enlever si c'est nécessaire, délicatement les corps étrangers que l'on verrait dans le pigment.

Si le transfert est du papier mince, il est bon de le laisser tremper au moins un quart d'heure dans l'eau froide avant de faire le transfert.

Si, au contraire, celui-ci est très épais et grenu, il faut le laisser détremper au moins trois heures.

Si on suit ces indications, les bulles ne se produiront plus, à la condition, bien entendu, de passer progressivement d'un bain d'eau tiède à un bain d'eau très chaude.

2° *Défaut d'adhérence du papier mixtionné et du papier transfert.* — C'est un accident assez fréquent qui se produit en particulier quand on a laissé tremper trop longtemps le papier au charbon avant de faire le transfert, il faut et il suffit, pour effectuer cette opération, que le papier mixtionné soit devenu plat dans l'eau.

La raclette doit être passée dans tous les sens, faute de quoi l'adhérence se fait mal, car le papier s'étend irrégulièrement, se plisse et se colle mal au support.

3° *Défaut d'adhérence du négatif et du papier sous le châssis-presse.* — Quand il s'agit de dimensions un peu grandes, 24 × 30 ou même 18 × 24, il est souvent très difficile d'appliquer le papier contre le cliché dans le châssis-presse, de sorte que les parties qui ne touchent pas le négatif sont complètement floues.

On évite ce défaut de deux manières :

La première, en redressant le papier au charbon aussitôt sec, après sensibilisation, en le faisant rouler sur le bord d'une table par exemple.

Il est seulement nécessaire de le recouvrir d'une feuille de papier mince pour éviter de toucher la couche sensible avec les doigts.

Le papier se courbe alors dans le sens opposé à la couche et il reste parfaitement plat si on le conserve entre deux cartons.

La seconde façon d'avoir l'adhérence parfaite du négatif et du papier consiste à placer dans le châssis-presse et par dessus ceux-ci un verre ordinaire de la dimension du négatif (H. BELLIÉNI, *Bull. de la Soc. lorraine de Photographie*).

Développement des positifs sur verre

FORMULE BELLIÉNI

A. Sulfite de sodium cristallisé..	150 gr.
Iconogène	15 —
Hydroquinone	5 —
Eau	Q. S. pour 1000 —
B. Eau	Q. S. pour 100 cc.
Carbonate de potassium	15 gr.
C. Bromure de potassium	10 —
Eau	100 cc.

Pour développer, prendre :

A	50 cc.
Eau	70 —
B	10 —
C	2 —

FORMULE A LA POTASSE

A. Eau bouillie	1000 cc.
Sulfite cristallisé	250 gr.
Hydroquinone	10 —
B. Eau	100 cc.
Potasse à la chaux	10 gr.

Ajouter, dissous à chaud et à part :

Ferrocyanure (prussiate *jaune*)	10 gr.
C. Bromure de potassium	10 —
Eau	100 —

Pour développer, prendre :

A	10 cc.
B	1 —
C	10 —
Eau	1, 2 ou 3 volumes.

Plus on augmente la quantité d'eau, plus on arrive aux tons rouges; la durée du développement augmente en conséquence.

(*La Photographie.*

Développement en tons chauds des positives sur verres

MM. LUMIÈRE ont montré la substitution possible de l'acétone aux alcalis dans le révélateur au pyrogallol. Ce révélateur, ainsi modifié, convient admirablement aux positives sur verre.

A la formule primitive de MM. LUMIÈRE :

```
Sulfite de sodium anhydre..................... 5
Pyrogallol.................................... 1
Acétone....................................... 10
Eau...................... Q. S. pour amener le vol. à 100
```

qui donne un excellent ton noir chaud, on peut apporter de légères modifications, portant sur la proportion d'acétone, et obtenir ainsi des tons se rapprochant de la nuance sépia.

La quantité de sulfite et celle de pyrogallol restant les mêmes, on pourra, en diminuant d'autant la quantité d'eau, employer à volonté les doses suivantes d'acétone et obtenir ainsi les tonalités indiquées en regard :

```
    10          20         30        50           60
noir chaud,  noir brun,  brun,    sépia,    sépia rougeâtre
```

Cette dernière proportion est une limite extrême, amenant quelquefois même une cristallisation. Le temps de pose n'a pas à être modifié ; à peine devra-t-on prolonger légèrement l'exposition pour ces dernières tonalités, et cela surtout pour éviter d'avoir à trop pousser le développement.

(La Photographie.)

Diapositives à tons chauds

On obtient des tons chauds au moyen des plaques à tons noirs en augmentant huit ou dix fois le temps de pose et en développant avec un révélateur très faible. M. HODGES, avec les plaques Ilford, les expose à la lumière du jour ; il n'y a pas lieu de craindre le voile en employant le révélateur :

```
Sulfite de sodium............................ 12
Acide citrique............................... 1.05
Pyrogallol................................... 2
Eau......................... Q. S. pour 1000
```

additionné en proportion variable selon le ton désiré, d'une solution à 10 0/0 de bromure de potassium et d'une solution à 10 0/0 d'ammoniaque du commerce. L'image apparaît très lentement, et il ne faut pas forcer la proportion d'ammoniaque pour accélérer sa venue.

CHOIX DE FORMULES ET RECETTES   405

Si, par suite d'une grande surexposition, on a obtenu un ton trop chaud ou une teinte brune accentuée, le bain de virage :

Chlorure d'or..................................... 0^{gr},04
Sulfocyanure d'ammonium........................ 0^{gr},60
Eau.. Q. S. pour 1000

donne une belle teinte violette.   (*La Photographie.*)

Éclairage des lanternes à projections

En maintenant une lanterne à projections à distance fixe d'un écran, et munissant successivement cette lanterne des sources lumineuses d'emploi courant, M. MOLTENI a pu comparer les éclairements obtenus sur l'écran avec ces diverses sources. L'éclairement donné par une lampe à pétrole à cinq mèches est pris pour unité.

Lampe à pétrole, 5 mèches.......................		1 »
Bec Auer, n° 2, sans réflecteur.................		1 »
Acétylène : débit 30 litres à l'heure par bec (becs alignés sur l'axe de la lanterne)...	1 bec....... 3 becs...... 5 becs......	1 06 3 20 4 50
Lumière oxhydrique.............................		16 50
Lumière oxyéthérique...........................		18 50
Lumière électrique : lampes à incandescence (le résultat est indépendant de l'orientation de la lampe).................	32 bougies... 50 bougies...	0 60 0 93
— Lampe à incandescence, type Focus de 100 bougies, filament dans le sens de l'axe.................		3 82
— Lampes à arc................................	7 ampères......... 12 — .... 20 —	39 03 86 05 169 »

Ces résultats, communiqués à la séance du 1er avril de la Société française de Photographie, ont été obtenus en prenant pour étalon de lumière le carcel normal et pour instrument de comparaison le photomètre Bunsen.

Évaluation de la quantité d'oxygène restant après usage dans un cylindre à gaz comprimé

Les cylindres à gaz sont généralement munis d'un manomètre ; si l'on connaît la pression dans le cylindre au moment de la livraison (généralement indiquée par un trait rouge sur le cadran du manomètre) ainsi que la quantité de gaz livré, on peut, à tout instant, déduire la quantité de gaz restant dans le cylindre.

Soit x le nombre inconnu de litres restant dans un cylindre où la pression est 50 atmosphères et qui lors, de la livraison, renfermait 1.100 litres d'oxygène, à la pression de 120 atmosphères.

Le volume et la pression :

$$\frac{\text{Volume primitif}}{\text{Pression primitive}} = \frac{\text{Volume actuel}}{\text{Pression actuelle}}$$

et par conséquent :

$$x = \frac{1100 \times 50}{120} = 458 \text{ lit. } 1/3.$$

Conservation des bâtons de chaux

On a essayé divers moyens pour préserver de l'humidité atmosphérique les bâtons de chaux destinés à l'éclairage oxhydrique des lanternes à projection. La meilleure méthode, qui est aussi la plus simple, consiste à tremper la chaux dans un bain de paraffine fondue qui forme un enduit absolument imperméable, disparaissant de lui-même au moment de l'emploi (D'après le *Bulletin du Photo-Club*).

Table d'agrandissement

AGRANDISSEMENT	DISTANCE de l'original au centre DE L'OBJECTIF	DISTANCE de l'image au centre DE L'OBJECTIF	DISTANCE de l'original A L'IMAGE
1 fois	f + f	f + f	4 f
1 — 1/2	f + 2/3 f	f + f + f/2	4 f + f/6
2 —	f + 1/2 f	f + 2 f	4 f + f/2
2 — 1/2	f + 2/5 f	f + 2 f + f/2	4 f + 9/10 f
3 —	f + 1/3 f	f + 3 f	5 f + f/3
3 — 1/2	f + 28/100 f	f + 3 f + f/2	5 f + 78/100 f
4 —	f + 1/4 f	f + 4 f	6 f + f/4
4 — 1/2	f + 22/100 f	f + 4 f + f/2	6 f + 72/100
5 —	f + 1/5 f	f + 5 f	7 f + f/5

f étant la distance focale de l'objectif.

Un procédé de mise au point pour agrandissement

C'est surtout dans les travaux d'agrandissement que l'exactitude de la mise au point acquiert une importance exceptionnelle. Voici un procédé très ingénieux et très sûr qui nous a été signalé par un de nos collègues et dont plusieurs membres de notre Société ont déjà fait l'essai avec succès. Appliquez sur une glace 9 × 12 ou 13 × 18 un morceau de gaze, un bout de voilette d'une dimension un peu plus grande que celle de la glace employée et repliez les bords au dos de la glace en les collant de façon que la gaze soit bien tendue :

C'est cette trame qui vous servira pour la mise au point, et voici comment vous opérez.

Après avoir mis dans le porte-cliché le négatif que vous voulez agrandir, faites une mise au point approximative en amenant l'image sur le verre dépoli à la dimension que vous avez adoptée.

Remplacez alors le négatif par la glace tramée en mettant la voilette du même côté que la gélatine du cliché, puis faites la mise au point rigoureuse en examinant cette trame, qui couvre entièrement la surface de votre agrandissement ; la ténuité des fils, les nœuds de la trame arrêtent les regards et permettent de juger avec une précision surprenante du point où la netteté est maxima. En quelques secondes, la mise au point est faite. Remettez alors le négatif à la place de la glace tramée et opérez.

Cette méthode de mise au point est simple, commode, rapide et d'une exactitude absolue (*Bulletin de la Société lorraine de Photographie*).

Grands agrandissements sans cuvettes

L'amateur qui fait ses agrandissements à la lanterne peut être arrêté un jour par le manque de grandes cuvettes.

Il opérera comme il suit :

Sur une vitre en verre double bien propre, de dimension de l'épreuve, il mouillera d'abord le dos, puis la face sensible de celle-ci aussitôt après l'impression ; puis il la transportera côté sensible en l'air, sur une planche imperméabilisée par une double couche de vernis à la paraffine. Ensuite, avec une large queue de morue bien douce, il imprégnera rapidement et légèrement toute la surface de l'épreuve avec le révélateur. En arrosant à propos certains endroits avec une éponge, en réitérant ailleurs l'action du révélateur par un coup de pinceau, en employant, en cas d'urgence, une touche de bromure à 1 $^0/_0$, il arrivera à distribuer les intensités suivant l'effet cherché.

L'épreuve transportée alors sur la glace pour le lavage d'arrêt sera fixée enfin sur une deuxième planche paraffinée au moyen d'un pinceau spécial, puis lavée sur place jusqu'à expulsion totale de l'hyposulfite (*la Photographie*).

TABLE DES MATIÈRES

CHAPITRE I

La photographie sans objectif ou sténopéphotographie

Principe de la photographie sans objectif.	1
Matériel.	9
Temps de pose.	15
Viseur focimétrique Delamarre.	19
Applications du sténopé.	26
Diaphragmes infinitésimaux	28
Transformisme et photocaricatures.	33

CHAPITRE II

Les objectifs anachromatiques

Le flou chromatique.	39
Pratique de la correction de mise au point.	46
Les objectifs anachromatiques.	50

CHAPITRE III

Les procédés pigmentaires

Généralités.	56
Formation d'images.	57

CHAPITRE IV

Photogrammes par saupoudrage

Procédés aux sels de fer.	64
Procédés aux sels de chrome.	66
Applications.	70

CHAPITRE V

Les émaux photographiques

Méthode par saupoudrage aux sels de chrome.	72
Méthode par saupoudrage au chlorure ferrique.	84

CHAPITRE VI

Photogrammes en reliefs (médaillons)

Procédé Barbichon....................................	85
Procédé Roselle......................................	87

CHAPITRE VII

Les papiers au charbon à couche épaisse

Procédés sans transfert................................	99
Procédés par transfert simple..........................	100
Procédé avec transfert double..........................	101
Fabrication du papier au charbon.......................	101
Manipulations communes aux divers procédés.............	103
Procédé par simple transfert...........................	114
Procédé par double transfert...........................	116
Retouches...	118

CHAPITRE VIII

Les papiers au charbon à couche mince

Papier charbon-velours Artigue.........................	120
Papier charbon-satin Fresson...........................	130

CHAPITRE IX

La gomme bichromatée

Historique..	150
Les matières premières................................	152
Matériel..	156
Pratique du procédé...................................	161
Procédé Foxlee..	168
Procédé Renault.......................................	168
Impressions multiples.................................	175
Papiers à la gomme du commerce........................	176

CHAPITRE X

Le procédé ozotype

Historique..	177
Pratique du procédé ozotype...........................	180
Théorie chimique......................................	190
Applications diverses.................................	194

CHAPITRE XI
Le montage à sec des photogrammes

Emploi des adhésifs, procédé BULAND.	200
Transformation d'une presse à copier	203
Montage à sec par la gomme laque.	206

CHAPITRE XII
Les positifs sur verre

Généralités	208
Diapositifs aux sels d'argent à image apparente	210
Diapositifs aux sels d'argent à image latente	214
Développement en teintes variées des diapositives	216
Diapositifs à l'albumine	218
Diapositifs au charbon	225

CHAPITRE XIII
Examen des photogrammes

Théorie	228
Le vérant	231

CHAPITRE XIV
La photographie panoramique

Etendue de la surface utilisable du tableau	238
Photographie panoramique	242

CHAPITRE XV
La photographie stéréoscopique

Avantages de la photographie stéréoscopique	252
Choix de l'appareil stéréoscopique	253
Nécessité de la transposition	262
Montage des stéréogrammes	264
Tirage sans transposition, des stéréogrammes sur papier	269
Stéréoscopes	271

CHAPITRE XVI
Les projections

Avantages des projections	275
La lanterne à projections	277
Accessoires	283
Vues de projections	286
Problèmes relatifs aux projections	293
Projections stéréoscopiques	304

CHAPITRE XVII

Les agrandissements

Généralités	308
Méthodes d'agrandissement	308
Éclairage de la petite image	310
Appareils d'agrandissement avec éclairage par lumière diffuse	312
Appareils d'agrandissement avec éclairage par lumière transmise	318
Mise au point	322
Emploi des verres de lunettes	325
Temps de pose	326
Redressement de la perspective	329

CHAPITRE XVIII

La photographie directe des couleurs

Historique	336
Photochromie interférentielle	338
Construction d'un châssis à mercure	342
Préparation des surfaces sensibles	344
Photochromies interférentielles sur colloïdes bichromatés	347
Photochromies interférentielles sans miroir de mercure	349
Montage des photochromies interférentielles	351
Photochromies directes par adaptation	352

CHAPITRE XIX

La photographie indirecte des couleurs

Principe	356
Obtention des trois négatifs	358
Synthèse temporaire des couleurs	369
Projections trichromes	371
Synthèse durable des couleurs	373
Utilisation des réseaux de diffraction	384
Analyse et synthèse des couleurs obtenues sur une surface sensible unique; nouveau procédé de MM. Lumière	392

CHAPITRE XX

Choix de formules et recettes

Tours. — Imp. DESLIS FRÈRES, 6, rue Gambetta.

www.ingramcontent.com/pod-product-compliance
Lightning Source LLC
Chambersburg PA
CBHW050152230526
45470CB00001B/56